Marcus Damm

Psychologie der Eifersucht

Ursachen, Formen und Wege aus der Eifersuchts-Falle

Ausführliche Informationen zu weiteren Büchern aus dem Bereich **Kommunikation** sowie zu jedem unserer lieferbaren und geplanten Bücher finden Sie im Internet unter www.junfermann.de – mit ausführlichem Infotainment-Angebot zum JUNFERMANN-Programm … mit Newsletter und Original-Seiten-Blick …

Besuchen Sie auch unsere e-Publishing-Plattform www.active-books.de – mittlerweile rund 300 Titel im Angebot, mit zahlreichen kostenlosen e-Books zum Kennenlernen dieser innovativen Publikationsmöglichkeit.

Übrigens: Unsere e-Books können Sie leicht auf Ihre Festplatte herunterladen!

**Eine Auswahl von e-Books
bei www.active-books.de**

- Blickhan, Daniela: „Walt Disneys Beitrag zum Familienleben – mehr als nur Zeichentrickfilme?" (kostenlos)
- Weiss, Martin: „Quest – Der Prolog" (kostenlos)
- Damm, Marcus: „Konflikte und Störungen in Partnerschaften" (€ 7,50)
- Grochowiak, Klaus: „Vom Glück und anderen Sorgen" (€ 6,50)
- Reschkowski, Robert: „Schule der Sinnlichkeit" (€ 6,00)
- Schott, Barbara: „Cool bleiben in heißen Phasen" (€ 3,00)
- Betz, Roland: „Menschen motivieren: Die 18 wichtigen Erfolgsgesetze" (€ 2,00)
- Birkenbihl, Vera F.: „Namens-Gedächtnis" (€ 2,00)

Marcus Damm

Psychologie der Eifersucht

Ursachen, Formen und Wege aus der Eifersuchts-Falle

Junfermann Verlag • Paderborn
2006

© Junfermannsche Verlagsbuchhandlung, Paderborn 2006

Satz: La Corde Noire – Peter Marwitz, Kiel

Bibliografische Information der Deutschen Bibliothek

Die Deutsche Bibliothek verzeichnet diese Publikation in der Deutschen Nationalbibliografie; detaillierte bibliografische Daten sind im Internet über http://dnb.ddb.de abrufbar.

ISBN 3-87387-632-9

Ab 1.1.2007: 978-387387-632-3

Inhalt

Vorwort

Wir alle haben schon bewegende Erfahrungen mit Eifersucht gemacht, mal mehr, mal weniger dramatische. Mit anderen Worten, jeder hat entweder selbst einmal diesem speziellen Affekt in einer bestimmten Art und Weise nachgegeben, z.B. in Form von imaginären oder verbal geäußerten Unterstellungen, die den Partner betreffen, oder er war selbst »Opfer«. Wer ernsthaft erwägen würde, sich von dieser Angelegenheit *völlig* freizusprechen, der würde, ganz lapidar gesagt, sein Mensch-Sein verleugnen. Gleichzeitig würde er eine akkurate Kompetenz zur Verdrängung von (seiner Meinung nach) unangenehmen Gedanken und peinlichen psychischen Schattenseiten offenbaren. Dies wäre aber eigentlich nicht unkonventionell, als diese Handhabe ohnehin in unserem Kulturkreis weit verbreitet, ja sozusagen gang und gäbe ist.

Vorliegendes Buch sieht sich als ein Beitrag zu einem tieferen Verständnis der Eifersucht, damit Leserinnen und Leser durch Einsicht und Reflexion lernen können, besser mit sich selbst umzugehen. Auf der anderen Seite wird auch angestrebt, Ihnen die Kompetenz zu vermitteln, mit Ihren Mitmenschen besser klarzukommen, falls jene sehr anfällig für weit überzogene Eifersucht sind.

Im 1. Abschnitt geht es zunächst um allgemeine Phänomene im Alltag. Danach werden mögliche Ursachen thematisiert, und zwar aus verschiedenen Forschungsperspektiven. Nach den Autoren der *Tiefenpsychologie* (Abschnitt 2) offenbart ein stark eifersüchtiger Mensch u.a. ein Persönlichkeitsdefizit. Der Affekt Eifersucht ist demnach Ausdruck eines immensen Minderwertigkeitsgefühls, das, wie bei uns Menschen allgemein üblich, (über-)kompensiert wird. Das heißt, Ohnmacht, Angst und charakterliche Mängel aller Art werden nach Meinung von Tiefenpsychologen in Stärke, Anklage und Streben nach Macht umgewandelt. Ein reifes, seelisch gesundes Individuum hingegen wäre befähigt, die »verwerfliche« Charakteranomalie (Eifersucht) abzustreifen oder wenigstens vernünftig zu kanalisieren. Andererseits wird ein Zusammenhang von Eifersucht und nachteiligen Kindheitserfahrungen erkannt. Wer etwa, so die klinischen Erfahrungen, in frühen Jahren häufig das Gefühl suggeriert bekam, nicht liebenswürdig zu sein, der neigt manchmal im Erwachsenenalter, weil traumatische Erlebnisse unwillkürlich wohl oder übel verinnerlicht werden, notgedrungen zur übertriebenen Eifersucht. Diese spiegelt dann meistens eine grundsätzliche neurotische Angst vor jeglichem Liebesverlust wider.

Demgegenüber sieht die *Evolutionstheorie* die Eifersucht prinzipiell als natürliche und vor allem nützliche Funktion an. Sie wird uns mit in die Wiege gelegt, d.h. sie hat eine angeborene Ursache. Die Missgunst – in durchschnittlicher Ausprägung – ist danach ein angeborener »Schutzschirm« gegen die negativen Konsequenzen, die entstehen würden, wenn ein oder beide Partner Sex mit Personen außerhalb der Beziehung praktizieren würden. Ein einflussreicher amerikanischer Vertreter der Evolutionstheorie fasst dementsprechend zusammen: »Liebe kann ein Leben lang währen. Die gefährliche Emotion Eifersucht hat sich herausgebildet, auf dass sie hier ihre Dienste leiste. Liebe und Eifersucht sind miteinander verflochtene Leidenschaften« (BUSS 2003, S. 28). Bezug nehmend auf die Evolutionstheorie, habe ich eine Studie zum Thema »Liebe und Eifersucht« durchgeführt. Die wesentlichen Ergebnisse der Untersuchung bestätigen verschiedene evolutionstheoretische Erkenntnisse, z.B. den Geschlechterunterschied im Hinblick auf emotionale Reaktionen von Männern und Frauen auf einen Seitensprung des Partners (Abschnitt 2.2).

Auch zahlreiche Philosophen quer durch die Geschichte haben sich mit dem Gefühlsbereich und der Sinnlichkeit des Menschen und somit auch (gezwungenermaßen) mit Eifersucht auseinandergesetzt. Ausgewählte Ansichten und Menschenbilder, die auch heute noch von disputierenden Autoren ins Feld geführt werden, lernen wir ebenda (Abschnitt 2) kennen. Zudem werden wir auf verschiedene Lerntheorien eingehen, die ebenfalls das Thema aus ihrer spezifischen Perspektive erhellen.

Letztendlich werden wir uns also eine integrative Sichtweise aneignen und somit die Entstehungsbedingungen sowie die verschiedenartigen Verarbeitungsformen von Eifersucht befriedigend aufklären können. Abschnitt 2 ist, weil ich aus möglichst vielen wissenschaftlichen »Ecken« berichten wollte, am umfangreichsten ausgefallen.

Die verschiedenen Arten und Gesichter der Eifersucht werden wir im 3. Abschnitt kennen lernen. Ein kritischer Blick auf spezifische Kindheitserfahrungen (Abschnitt 4) scheint außerdem ratsam. Insbesondere die Erkenntnisse der tiefenpsychologischen Charakterkunde eröffnen interessante Einblicke in Bezug auf die Fragen: Wie kommt es zu unangemessener Eifersucht? Welche Rollen spielen dabei Erziehung und Sozialisation? Im 5. Abschnitt erschließen wir integrative therapeutische Vorgehensweisen, um eine übermäßige Missgunst, die entweder Sie oder Ihre Mitmenschen betrifft, anzugehen. Die Anregungen ergeben sich aus den vorangegangenen Ausführungen quasi von selbst. Dabei werden wir wichtige Erkenntnisse der Tiefenpsychologie und Philosophie, von Lerntheorien und der Evolutionspsychologie beachten. Am Schluss des Buches, in Abschnitt 6, werden wesentliche Punkte noch einmal zusammengefasst und angemessene Folgerungen für das Alltagsleben vorgeschlagen.

Ich danke meiner Freundin Astrid Weiß. Durch ihre Anregungen konnte ich das Skript hier und da begradigen, wo es sein musste. Sie, liebe Leserin, lieber Leser, kennen ihren Namen, falls Sie *Direktive Kommunikation: Grundlagen einer sinnvollen Verständigung* (DAMM & WEISS 2005), bei Junfermann erschienen, gelesen haben. Vielen Dank auch, wieder einmal, an Markus und Anja Heer; sie halfen mir bei der Korrektur des

Manuskripts. Ich danke letztlich auch den zahlreichen Teilnehmerinnen und Teilneh-mern der Studie. Viele Ansprechpartner haben offen und ehrlich über ihren Umgang mit Eifersucht erzählt, sodass ich weiteres Material in das Skript einfließen lassen konnte.

Viel Spaß beim Lesen und Reflektieren über unser wichtiges Thema!

Landau (Pfalz), im Sommer 2005
Dr. Marcus Damm

I

Einleitung – Eifersucht in der Zweierbeziehung, Familie und im Alltag

»Eine Gesellschaft Stachelschweine drängte sich an einem kalten Winter-
tage recht nahe zusammen, um durch die gegenseitige Wärme sich vor
dem Erfrieren zu schützen. Jedoch bald empfanden sie die gegenseitigen
Stacheln; welches sie dann wieder voneinander entfernte. Wenn nun das Bedürfnis der Erwärmung sie wieder näher zusammen brachte, wiederholte sich
jenes zweite Übel; so dass sie zwischen beiden Leiden hin und her geworfen
wurden, bis sie eine mäßige Entfernung voneinander herausgefunden
hatten, in der sie es am besten aushalten konnten.«
– *Arthur SCHOPENHAUER*

Die Mehrheit in unserer Gesellschaft würde sich über einen Buchtitel wie *Psychologie der Eifersucht in Zweierbeziehungen* gewiss nicht verwundern. Denn ist es nicht so, dass wir, insgeheim oder offenkundig, jeglicher Liebesbeziehung auch ein gewisses Eifersuchts-Potenzial unterstellen? Mit anderen Worten, Eifersucht und Zweierbeziehungen scheinen miteinander verwandt zu sein. Natürlich gibt es diesbezüglich Unterschiede zwischen den Partnern, die dann und wann ein gravierendes Ausmaß erreichen. Das heißt, der eine scheint den anderen beim »Eifersüchteln« zu übertreffen.

Eine berechtigte Frage in diesem Zusammenhang lautet demzufolge: Kann es sich überhaupt um *echte* Liebe handeln, wenn beide Beteiligten keinerlei Anzeichen von Eifersucht zeigen?

Sind Liebe und Eifersucht »Siamesische Zwillinge«?

In der Tat spüren die meisten Menschen einen unmittelbaren Zusammenhang von Liebe und Eifersucht, der sich in einem Satz folgendermaßen benennen lässt: *Wenn man jemanden liebt, dann ist man zwangsläufig auch eifersüchtig – sonst würde man ja nicht lieben.*

Hierzu ein illustrierendes Beispiel, das diese Tatsache konkret hervortreten lässt. Stellen wir uns folgende Situation vor: Eine seit kurzem verheiratete Frau, Julia, 28 Jahre alt, liest sonntagabends, gemütlich im Ehebett liegend, in ihrem Lieblingsroman. Als sie gerade zur Seite 142 blättern will, hört sie, dass irgendjemand die Tür zu ihrem 3-Zimmer-Appartement aufschließt. »Christian«, ruft sie, »bist du's?« Sie hört Schritte, dann wird die Schlafzimmertür geöffnet. Vor ihr steht ihr Mann. Er grinst sie an: »Hallo, Liebling! Ich komme gerade von meiner Geliebten: Sylvia. Du kennst sie. Wir haben es den ganzen Tag miteinander getrieben. Na, du weißt schon.«

»Ach so«, sagt Julia sichtlich beruhigt. »Ich wusste gar nicht, wo du warst. Na, hat es Spaß gemacht? Ach nee«, sie winkt lässig ab, »erzähl' es mir lieber morgen beim Frühstück. Ich bin müde und wollte eigentlich jetzt schlafen. Gute Nacht!« Während sie die letzten Worte ausspricht, dreht sie sich um und gähnt. In spätestens vier Minuten wird sie schlafen »wie ein Murmeltier«. Christian hingegen ist fit; er schlürft gemächlich in die Küche – Richtung Kühlschrank, um sich ein kühles Bier zu gönnen. Das ist nicht weiter verwunderlich, die letzten Stunden waren ja auch sehr »stressig«.

Was halten Sie von dieser Geschichte? Was empfinden Sie dabei? Vielleicht wird Ihnen der Gedanke »Da stimmt doch etwas nicht, das ist doch wohl eher ein schlechter Witz« aufgekommen sein. Damit wären Sie nicht alleine: Die meisten Menschen, denen ich (aus wissenschaftlichem Interesse) diese kleine Erzählung geschildert habe, z.B. in meinen Seminaren, konnten sich eine derartige Beziehung schon *vorstellen*. – Aber keineswegs, so der Konsens, sei »so was« ein echtes *Liebes*verhältnis.[1]

Es scheint also so zu sein, dass wir a priori, d.h. ohne adäquate Erfahrungen machen zu müssen, stillschweigend davon ausgehen, dass Liebesverhältnisse und Beziehungen, sollten sie ernsthafter Natur sein, keine eben beschriebenen freizügigen Handhabungsweisen vertragen. Und sollten sie schlechterdings doch einmal passieren, dann müssten Benachteiligte doch vor Eifersucht umkommen oder wenigstens den Partner umbringen.

Auch bei vermeintlich harmloseren Konstellationen lassen sich typische Reaktionen beobachten. Ein Beispiel: Irgendwann geht es in meiner Veranstaltung *Liebe und Eifersucht* um Freiheit und Toleranz in einer Partnerschaft, d.h. darum, wie weit Partner »gehen« dürfen, rein flirttechnisch betrachtet. Meine klassische Frage an passender Stelle – »Denkt ihr, eine Zweierbeziehung verträgt ein hohes Maß an Toleranz und Freiheit?« – wird meistens einstimmig mit »Ja!« beantwortet. Daraufhin sage ich gewöhnlich: »Okay, dann stellt euch mal vor, euer Partner erzählt euch, er hätte sich vor drei Wochen mit einem persönlich unbekannten andersgeschlechtlichen Individuum auf einen Kaffee getroffen, nachdem man zuvor gemeinsam einige Zeit im Internet gechattet hätte. *Wer* von euch toleriert das?«

Wenn ich diese Frage stelle, wird es, welch Wunder, sehr ruhig im Seminarraum. Irgendwann (nach einer Schweigeminute der Andacht) sagt jemand, *das* sei ja etwas ganz anderes; die Tischnachbarinnen und -nachbarn stimmen schließlich zu. Oft entwickelt sich daraus aber auch eine ausgiebige Diskussion um das *richtige* Maß an Freiheit in einer Beziehung – sehr zur Freude des Seminarleiters. Natürlich kommen die Kursteilnehmer dabei nie auf einen gemeinsamen Nenner, weil die Unterschiede der Meinungen gewöhnlich durchaus bemerkenswert und letzten Endes einfach unvereinbar sind; hier scheiden sich die Geister. Das kann man natürlich auch bei ähnlichen Angelegenheiten immer wieder feststellen.

So etwa auch bei folgendem Fall. Konstruieren wir die Situation, dass Sie in Ihrer Mittagspause im Lieblingsbistro gerade Ihr obligatorisches Menü genießen. Anwesend sind neben einigen Arbeitskollegen auch andere Gäste. Irgendwann heben Sie geistesabwesend den Kopf und erblicken am anderen Tisch einen »mordsmäßig« attraktiven Vertreter des anderen Geschlechts. Er/sie scheint alle Charakteristiken eines Traummannes bzw. einer Traumfrau zu verkörpern. Sie stoßen Ihren Nachbarn mit dem Ellenbogen an und nicken in die entsprechende Richtung. Nach und nach äugen auch Ihre Kollegen

---

1   Interessanterweise haben sich ausschließlich die Vertreter des männlichen Geschlechts, die zum Zeitpunkt des Kurses liiert waren, mit der Vorstellung, ihre Partnerin würde derartige »ungebundene« Verhaltensweisen gutheißen, schnell anfreunden können. Freilich wurde dabei der Lebensgefährtin nicht dieselbe Eigenständigkeit eingeräumt. Zu dieser Angelegenheit später mehr.

einmal hinüber zum Nachbartisch. Schließlich ergibt sich eine Unterhaltung in Ihrem Team, deren Inhalt sich ausschließlich um das Objekt der Begierde dreht.

Lieber Leser[2], würden Sie nach Feierabend Ihrer Partnerin von diesem Erlebnis erzählen? Etwa: »Du, heute haben wir in der Mittagspause vielleicht eine unglaublich heiße Blondine gesehen, Wahnsinn! Wir haben dann noch eine halbe Stunde über sie gesprochen.« Wahrscheinlich eher nicht, oder? Das »passt« irgendwie nicht. Man schürt doch nicht bewusst Missgunst beim Gegenüber, oder?

Bringen wir den Sachverhalt des bisher Gesagten auf einen Nenner: Die meisten Menschen, die in einer festen Zweierbeziehung leben, können ihrem Pendant in Bezug auf viele Beschäftigungen und Hobbys Unabhängigkeit und Eigenständigkeit zugestehen. Aber es gibt eine Angelegenheit, wo dies nicht so einfach gelingen will: wenn es um Techtelmechtel außerhalb der Zweierbeziehung geht.[3]

---

2   Ich spreche, obwohl ich auf Grund der besseren Lesbarkeit des Öfteren die männliche Schreibweise bevorzuge, im Folgenden immer beide Geschlechter an. Im 5. Abschnitt, wo es um verschiedene Persönlichkeitsstrukturen von Männern und Frauen geht, wechselt die Anredeform ausnahmsweise, je nachdem, um welches Geschlecht es gerade geht.

3   Es versteht sich von selbst, dass wir an dieser Stelle von Beziehungen sprechen, die nach traditionellen Vorstellungen geführt werden, also von Bindungen, bei denen die sexuelle und emotionale Treue von beiden Partnern gefordert wird. Andere Beziehungsformen, die heutzutage gewiss nicht unüblich sind, werden wir später zum Thema machen. Michael MARY hat in seinem Buch 5 Wege, die Liebe zu leben (2002) einige Beispiele der heutigen Partnerschaftsvielfalt präsentiert, auf die er im Therapiealltag gestoßen ist. Diese widersprechen den allgemeinen Vorstellungen bzw. gesellschaftlichen Normen, wie wir später sehen werden (vgl. Abschnitt 6).

1.1 Eifersucht – ein zweischneidiges Schwert in der Partnerschaft

»Eifersucht vermag ein Paar in gegenseitiger verantwortungsvoller Verbundenheit zu halten
– oder einen Mann dazu bringen, seine Frau brutal zu schlagen.«

– David BUSS (2003, S. 14)

Wie einleitend erwähnt, scheint Eifersucht ein menschliches Charakteristikum zu sein. In einer Untersuchung von BUSS u.a. (BUSS 2003) haben nahezu alle befragten Männer und Frauen mindestens eine Phase intensiver Eifersucht in ihrem Leben durchgestanden. 31 Prozent waren ferner der Meinung, sie könnten diesen Affekt manchmal schwer kontrollieren, 38 Prozent wollten deswegen sogar schon handgreiflich werden. Letzterer Sachverhalt ist gewiss nicht förderlich für eine Liebesbeziehung, keine Frage. Wenn der Partner jedoch hin und wieder »nur ein bisschen« eifersüchtig ist, dann hat das anscheinend auch des Öfteren positive Effekte. Diese wollen wir im vorliegenden Rahmen ebenso beachten.

»Mein Pendant wird mit ›klitzekleinen‹ und ›harmlosen‹ Eifersüchteleien zweifellos dann und wann

➤ mein Selbstwertgefühl anheben, weil mir seine Eifersucht zeigt, dass ich ihm/ihr wichtig bin;
➤ eigentlich Interesse zeigen;
➤ meinem Ego schmeicheln;
➤ offenbaren, dass er/sie mir gegenüber (noch) aufmerksam ist;
➤ zeigen, dass er/sie mich liebt.«

Derartige Überzeugungen werden oftmals von Menschen ausgesprochen, die sich im Allgemeinen vom Ausmaß der Eifersucht des Partners nicht gestört fühlen. Aber es gibt noch andere Motivationen, wieso angedeuteter Argwohn vonseiten des Lebensgefährten kein Problem darstellt. Nicht wenige Individuen scheinen Anzeichen von Missgunst sogar zu genießen, weil sie sich dann wichtig, einzigartig oder gebraucht fühlen. Wir dürfen uns merken: auch selbstsüchtige Aufmerksamkeit des Partners *ist* Aufmerksamkeit.

Manchmal wird Missgunst auch *bewusst* geschürt – selbstverständlich ohne dass das zugegeben wird –, um z.B. nicht selbst diesem ungeliebten Affekt anheim zu fallen. Bei manchen Menschen geht es in der Tat frei nach dem Motto: »Lieber bist du der Gelackmeierte [Eifersüchtige] als ich!«

Eifersucht ist ein Paradoxon

Die Fähigkeit zur Toleranz von Eifersüchteleien vonseiten des Partners hängt aber, und das wird oft nicht bedacht, fortwährend von gegenwärtigen Stimmungen ab, von der »Tagesform«. Wer fix und fertig vom Arbeiten abends im gemeinsamen Haushalt aufkreuzt und sich plötzlich anhören muss: »Wieso bist du nicht schon vor 10 Minuten heimgekommen? Ich weiß ganz *genau*, dass du vom Büro aus etwa 30 Minuten brauchst!«, der wird sich garantiert nicht so oft darüber freuen und etwa sagen: »Ach wie schön, mein Partner zeigt mir seine Liebe, er ist *höchst* aufmerksam.«

Im Allgemeinen jedoch können wir sicherlich festhalten: Würde Eifersucht *total* fehlen, eben auch dann, wenn sie (meist unbewusst) provoziert wird, würden vielen liierte Menschen das Gefühl haben, es stimme etwas in ihrer Beziehung nicht. Sie würden vielleicht mit David BUSS (2003, S. 244) sagen: »Das Fehlen von Eifersucht ist eine Art emotionale Bankrotterklärung.«

Im Umkehrschluss verhält es sich aber auch so, dass ein Übermaß an Eifersucht auch nervenaufreibende und zerstörerische Wirkungen nach sich zieht.

»Extreme Eifersucht, die unangebracht und paranoid ist,
- ➤ schränkt mich persönlich ein, macht mich unfrei;
- ➤ entfernt mich emotional von meinem Lebensgefährten;
- ➤ drängt mich in eine untergeordnete Position;
- ➤ zwingt mich immer wieder zu Rechtfertigungen;
- ➤ löst bei mir irgendwann Aggression bzw. Frustration aus;
- ➤ wird mich vielleicht zu einem Seitensprung *motivieren*.«

Diese Argumente stammen von Kursteilnehmern; sie werden von denjenigen Menschen geäußert, die unter der Eifersucht des Partners anscheinend sehr gelitten haben.

An dieser Stelle drängt sich natürlich auch folgende Frage auf: Was ist mit den Fällen, wo Eifersucht möglicherweise begründet erscheint? Vielleicht hat tatsächlich eine Affäre stattgefunden, die man nicht 100-prozentig verschleiern konnte. Manchmal wird auch eine Affäre regelrecht »erahnt«, etwa weil der Partner von jetzt auf gleich neue Vorlieben pflegt, plötzlich einen anderen Musik- oder Literaturgeschmack hat, ein neues Kleidungsstück trägt, unerwartet eine Fremdsprache studiert usw. Diese Phänomene *können* auf ein außerhäusiges Techtelmechtel hindeuten. Aber natürlich kann es auch sein, dass es sich dabei lediglich um Formen von spontan entschlossener Persönlichkeitsentwicklung handelt. Zu dem eben angesprochenen brisanten Thema kommen wir noch.

Definitionen

Wenn im Alltag Eifersucht thematisiert wird, z.B. in den Medien, beim Smalltalk unter Freunden oder auch bei wissenschaftlichen Studien, so scheint es dabei vorwiegend um sexuelle und/oder emotionale Treulosigkeiten in Zweierbeziehungen oder Familien zu gehen. Daher passt auch die Erklärung des Begriffs im *Brockhaus* (2004) sehr gut:

»Eifersucht – qualvoll erlebtes Gefühl vermeintlichen oder tatsächlichen Liebesentzugs. Der Eifersüchtige reagiert auf das wahrgenommene Nachlassen der Zuwendung mit Versuchen, das Liebesobjekt an sich zu binden; erscheint dies aussichtslos, erwägt oder begeht er mitunter Racheakte [. . .]. Im engeren Sinn bedeutet Eifersucht das Verlangen nach absoluter Ausschließlichkeit der Beziehungen zum Partner, das zum Teil mit Affekthandlungen gegenüber Dritten einhergeht, die die Ausschließlichkeit zu bedrohen scheinen.«

Die gesteigerte Form von Eifersucht, die Eifersuchts-Psychose, wird wie folgt beschrieben: »Eifersuchtswahn – wahnhafte Überzeugung, betrogen zu werden, meist bezogen auf den Partner. Eifersuchtswahn wird von nicht nachlassendem Misstrauen, von ständigen Verdächtigungen u.a. begleitet.« Anhand dieser Definitionen können wir eindeutige Aspekte konkret zusammenfassen:

1. Eifersucht kann (seelisch und körperlich betrachtet) sehr qualvoll sein.
2. Die Angst vor Liebesentzug spielt eine Rolle.
3. Missgunst resultiert u.a. aus dem Verlangen nach totaler Ausschließlichkeit der Beziehung zum Partner.
4. Eifersüchteleien werden oft bei eingebildeten oder realen Dreiecksbeziehungen relevant.
5. Wahnhafte Eifersucht zeigt sich anhand verschiedener Ausdrucksformen, z.B. permanentes Unterstellen und Verdächtigen.
6. Psychische und physische Gewalt können Phänomene der wahnhaften Eifersucht sein.

Die klassische Zweierbeziehung ist, wie erwähnt, natürlich nicht die einzige eifersuchtsrelevante Beziehungsform im zwischenmenschlichen Beisammensein. Es gibt ebenso andere Konstellationen, wo Eifersucht entzündet und unterhalten werden kann, z.B. in Familien (Geschwistereifersucht). Auf derartige Angelegenheiten werden wir gleich eingehen. Zuvor möchte ich noch etwas zur Doppelmoral in unserer Gesellschaft (bezüglich eifersüchtigem Verhalten) sowie zur Historie der dunklen Leidenschaft bemerken.

1.2 Fadenscheinige Charakteristiken unserer Gesellschaft: Geschlechtsunterschiede und Doppelmoral

Interessanterweise existieren massenweise Geschlechtsunterschiede in Hinsicht auf unser Hauptthema, die sich weitgehend mithilfe geschichtlich-kultureller Prozesse bzw. Ursachen erklären lassen. Einige wichtige Erkenntnisse diesbezüglich möchte ich jetzt aufzählen.

Das Patriarchat[4], das seit Jahrtausenden in unserem und anderen Kulturkreisen gang und gäbe ist und seine Begleiterscheinungen nach wie vor noch offenbart, hat seit jeher dem männlichen Geschlecht eine vorrangige Position im privaten und öffentlich-gesellschaftlichen Leben ermöglicht. Dabei kamen Frauen generell schlechter weg, z.B. in Hinsicht auf berufliche und familiäre Chancengleichheit, Aufstiegsmöglichkeiten in der Gesellschaft, politische Rechte (Frauen wurden in Deutschland 1919 das erste Mal zu Wahlen zugelassen) usw.

Dass Männer – sogar global betrachtet –immer noch anders charakterisiert werden als Frauen, eben in typischer Weise, zeigt sich auch ganz offenkundig bei wissenschaftlichen Untersuchungen. In einer Studie zur Stereotyp-Forschung von WILLIAMS & BEST (1990), vgl. auch DAMM (2004b, S. 20ff.), wurden Personen in 25 Staaten nach typischen Eigenschaften von Männern und Frauen befragt. Die Ergebnisse sind in folgender Tabelle wiedergegeben. (Stereotype = kollektive Annahmen, Vorurteile über eigentümliche und repräsentative Denk- und Verhaltensweisen von verschiedenen Personengruppen. *Geschlechterstereotype*, um die es hier geht, befassen sich logischerweise mit Charakteristiken von Männern und Frauen.)

Tabelle 1: **Vorurteile über Männer und Frauen**

Männer »sind« ...	Frauen »sind« ...
anmaßend	abergläubisch
abenteuerlustig	abhängig
aggressiv	affektiert
aktiv	attraktiv
dominant	charmant
egoistisch	einfühlsam
ehrgeizig	furchtsam

---

4 Mit dem Begriff bezeichnet man im Allgemeinen die »Männerherrschaft«, d.h. eine von Männern dominierte Gesellschaft.

Männer »sind« ...	Frauen »sind« ...
einfallsreich	gefühlvoll
emotionslos	geschwätzig
mutig	liebevoll
opportunistisch	milde
rational	neugierig
realistisch	schwach
robust	sanft
selbstbewusst	sexy
selbstherrlich	träumerisch
unabhängig	unterwürfig
überheblich	weichherzig
unbekümmert	

Wie Sie leicht sehen, gibt es populäre Vorurteile gegenüber Männern und Frauen. Doch wir brauchen im Prinzip keine weltweiten Studien zu Rate zu ziehen: Auch in Ihrem Freundes- und Bekanntenkreis, liebe Leserin, lieber Leser, herrschen bestimmte Geschlechterstereotype vor. Hören Sie einfach einmal ganz genau hin, wenn sich Frauen über »die« Männer und Männer über »die« Frauen unterhalten.

Woher stammen die Annahmen über die Geschlechter, die im alltäglichen Leben eine gewichtige Rolle spielen? Schließlich beeinflussen sie u.a. unsere Wahrnehmung. Die Forschung ist sich hierbei uneinig. Autoren, die die Geschlechtsunterschiede mit angeborenen Ursachen begründen, streiten mit Wissenschaftlern, die in den Kultureinflüssen den Ausschlag sehen.

Unsere eigene Untersuchung zu Ehekonflikten (DAMM 2004b) konnte Hinweise darauf finden, dass das Handeln der Geschlechter vor allem davon abhängig ist, wie ausgeprägt ein Individuum maskulin oder feminin denkt. Und dieses Denken ist in seinem stereotypen Ausmaß stets abhängig von Erziehung und sonstiger Sozialisation. Somit stützen unsere Ergebnisse ferner auch diese populäre Hypothese: Die Kultur trennt und unterscheidet die Geschlechter von Geburt an. – Im Fachkontext heißt dieses Phänomen *geschlechtsspezifische Sozialisation* (HAGEMANN-WHITE 1984).

Schon seit einigen Jahren wissen Sozialpsychologen, dass das Selbstbild (in Bezug auf das eigene Geschlecht) in diesem Kontext ebenso weit reichend ist. Wichtig hierbei ist das eigene *Androgyniekonzept* (z.B. BIERHOFF-ALFERMANN 1989). Nach dem

Androgyniekonzept können psychosoziale Aspekte, d.h. die Persönlichkeitsmerkmale eines Menschen, etwa Geschlechtsrollenorientierung und Geschlechtsstereotypie, vom biologischen Geschlecht unabhängig auftreten. Man geht daher in der Tradition des Androgyniekonzepts auch von

➤ *instrumentellen* Individuen aus (deren Verhaltensweisen entsprechen weitgehend den Vorurteilen gegenüber Männern, siehe Tabelle 1),

➤ *expressiven* Personen (deren Persönlichkeitsmerkmale ähneln vorwiegend den Vorurteilen gegenüber Frauen, vgl. ebenda),

➤ *Androgynen* (deren Persönlichkeitsmerkmale stimmen sowohl mit maskulinen als auch mit femininen Phänomenen überein) und von

➤ *Undifferenzierten* (keine bedeutsamen geschlechtstypischen Charakteristiken).

Kommen wir aber zurück zum Thema. Wenn wir die in Tabelle 1 genannten Geschlechterstereotype in Verbindung mit der Eifersucht bringen, so können wir leicht schließen, dass Männer sich, allgemein ausgedrückt, in einer vorteilhafteren Position befinden.

Die Alltagserfahrungen decken sich ganz klar mit den hier angestellten Überlegungen. Es dürfte wohl niemand bestreiten, dass sich Männer eher mit Seitensprüngen brüsten dürfen als Frauen, insbesondere vor Geschlechtsgenossen. Der Grund liegt maßgeblich darin, dass die Gesellschaft einen Seitensprung oder eine Affäre zweifellos dem männlichen Geschlecht eher nachsieht als dem weiblichen. Ein kleines Beispiel hierfür gibt der Durchschnittsmensch selbst: Viele Individuen sind der Meinung: »Männer, die viele Affären haben, sind ›bemerkenswert‹, ausschweifende Frauen sind ›Schlampen‹!«

Ein weiterer adäquater Sachverhalt, den jeder leicht nachprüfen kann, ist dieser: Für Männer ist es anscheinend, so die weitläufige Meinung, peinlicher, wenn ihnen »Hörner aufgesetzt« werden. Sie werden demnach leicht Zielscheibe für Hohn und Spott. Die Anzahl von Witzen und Anspielungen, bei denen es um hintergangene Ehemänner geht, ist Legion. Manch ein Betrogener mag sich auch anhören müssen, dass er ein »Schwächling« sei, der seine Frau nicht »unter Kontrolle« habe.

Ein anderes, nicht weniger brisantes Phänomen, das mit männlichen Stereotypen einhergeht, ist das Thema »Gewalt«. Mit einem Satz: *Gewalt ist männlich.* Dieses Diktat wird auch vielen Heranwachsenden nach wie vor von den Medien (vgl. RHODE, MEIS & BONGARTZ 2003), der Schule und Familie vermittelt.

Die meisten Menschen bringen deshalb auch eher das männliche Geschlecht mit Gewalt auf Grund von Eifersucht in Verbindung. Warum? Schreiben wir automatisch eher den Männern gewalttätiges Verhalten zu? Es scheint so zu sein. Eben deshalb, weil einerseits die Geschlechterstereotype (»Männer sind so und so!«) unser Denken und Urteilen von Geburt an stark beeinflussen, andererseits weil in der Tat weltweit, das haben Studien ergeben, meistens der Mann bei Eifersüchteleien gewaltbereiter erscheint (zusammenfassend GRAMMER 2002, S. 501ff.).

Geschlechtsunterschiede lassen sich auch leicht anhand von verschiedenen *Gesetzen* in Bezug auf die Untreue in Ehen nachweisen. Ein Beispiel: Bis 1970 konnte ein Mann in den Bundesstaaten Utah und New Mexiko (USA) mit Straffreiheit (!) rechnen, wenn er seine Frau und ihren Liebhaber *tötete*. Er musste sie »nur« in flagranti im eigenen Bett erwischen, das reichte aus (zitiert nach BUSS 2003, S. 153). In vielen Gesellschaften und Staaten auf der ganzen Welt werden auch heute noch Straftaten von Männern (aus Eifersucht) weniger hart bestraft als die von Frauen. Bis 1810 wurde der Ehebruch durch den Mann sogar in keinem Staat der westlichen Welt als Verbrechen aufgefasst. Ein anderer – religiöser – Sachverhalt, der ein Ungleichgewicht zwischen den Geschlechtern erschafft, scheint interessant: Im Koran steht geschrieben, dass der Mann bis zu vier Frauen haben darf, insofern er sie alle gleich gut versorgen und behandeln kann. Das weibliche Geschlecht hingegen muss bekanntermaßen monogam leben. Sollte sich die Frau scheiden lassen, bekommt sie es mit wirtschaftlichen Benachteiligungen zu tun, der Mann bleibt hiervon verschont. Die Stimme der Frau zählt vor Gericht nur die Hälfte der Aussage eines Mannes. Wenn es ans Erben geht, erhält *sie* die Hälfte des Anteils, den ein Mann zugesprochen bekommen würde. Diese Aspekte sind insofern bedeutend, als sich fast jeder fünfte Mensch auf Erden zum Islam bekennt (STERN 50/2004, S. 82ff.).

Kommen wir jetzt zu ausgewählten gesellschaftlichen Diskriminierungen, die unmittelbar auf die Einwirkungen des Patriarchats zurückzuführen sind: Geradezu barbarisch und grotesk geht es in einigen Kulturen in Nord- und Zentralafrika zu, wo das Zunähen der Schamlippen eine weit verbreitete Praxis ist, um die »eheliche Treue« der Frau zu sichern. Vorher wird oft noch aus »präventiven« Gründen die Klitoris herausgeschnitten. Nach heutigen Schätzungen hat dieses Schicksal 65 Millionen Frauen in 23 Staaten ereilt. Es ist banal, welche Ziele man damit verfolgt: Die Frau soll durch derartige Verstümmelungen vom Beischlaf mit einem Nebenbuhler abgehalten werden. Erstaunlicherweise können die eigenen Verwandten diese schmerzhafte Prozedur in die Wege leiten, und zwar auch dann, wenn die Frau auf eine Vermählung vorbereitet werden soll. *Nach* einer Heirat muss die Naht natürlich wieder aufgeschnitten werden, sonst würde sich die Vagina permanent verengen. Geht der Ehemann im Laufe der Zeit dann und wann auf (Geschäfts-)Reisen, »wird die Vagina der Frau manchmal erneut zugenäht. Die Entscheidung darüber liegt normalerweise beim Gatten, der die Wahrscheinlichkeit ihrer Treue beurteilen darf« (BUSS 2003, S. 225).

Ein weiteres Überbleibsel aus einer von Männern dominierten Zeit, das ich noch nennen will, betrifft den Iran. Dort ist die Steinigung von Ehebrecherinnen nach wie vor noch möglich bzw. üblich, und Amnesty International hat diesbezüglich alle Hände voll zu tun (siehe DIE RHEINPFALZ vom 25.12.2004).

Fazit: Das Ungleichgewicht zwischen den Geschlechtern ist heute weltweit noch sehr auffällig. Ehebruch wird meistens als Verbrechen gegen den männlichen Part definiert, besonders in östlichen und arabischen Ländern. Solche gesellschaftlichen Rahmenbedingungen haben sicherlich weit reichende Auswirkungen auf Eifersüchteleien von Männern und Frauen. Zu diesem Thema kommen wir noch.

Lassen wir die Anmerkungen zu geschichtlichen und kulturellen Aspekten vorerst auf sich beruhen. Wir springen nun gedanklich wieder zurück ins Hier-und-Jetzt, in den Alltag. – Im Folgenden will ich noch andere Praxisfelder der Eifersucht erörtern.

1.3 Eifersucht in Familien

> »Selten bemühen sich Eltern darum, ihre Liebe und Zuneigung möglichst gerecht
> zu verteilen. Sie haben ihre Lieblinge unter den Kindern, nämlich jene, die ihnen
> eher entsprechen oder sich nach ihren Wünschen verhalten. Auch bevorzugen
> oft Väter die Töchter, und Mütter mögen einen Sohn sehr gerne.«
> – *Josef RATTNER & Gerhard DANZER* (2001, S. 89)

Eine familiäre Erziehung, die (a) das Selbstwertgefühl des Kindes entfalten hilft, (b) zwischen Geschwistern ganz allgemein keinen nennenswerten Unterschied macht, (c) Mut zur Individualität und zum Ich-Selbst-Sein (vgl. Abschnitt 5.7.3) vermittelt, wäre u.a. tatsächlich eine Bastion gegen die Entwicklung von Neid und Eifersucht. Befragt man Eltern am »grünen Tisch« zu diesen Themen, wird generell manierlich gelächelt, eifrig genickt und einhellig zugestimmt. So würden auch gewiss viele Erzieher (von mindestens zwei Kindern) die Frage, ob sie ihre Sprösslinge auch weitgehend gleich behandeln, spontan mit »Ja!« beantworten.

Doch in Wahrheit fällt es Eltern im Allgemeinen sehr schwer, zu allen Beteiligten gleich zu »sein«. Mit einfachen Worten, eigentlich ist das Gegenteil üblich. So wird nicht selten Neid und Eifersucht zwischen den Kindern geschürt. Die möglichen Ursachen: Einerseits weil man, wie im einleitenden Zitat erwähnt, seinen »Liebling« hat, andererseits da man oft eine unangenehme Konstellation aus der eigenen Kindheit per Projektion unwillkürlich auf seine Nachkommen überträgt. Manch ein Elternteil inszeniert dasselbe erfahrene Beziehungsmuster mit seinem eigenen neugeborenen Fleisch und Blut (GROSSMANN 2004).

Eine Mutter beispielsweise, die auf Grund von eigenen Erziehungseinflüssen ihre Weiblichkeit ablehnt und daher Minderwertigkeitsgefühle wegen ihrem biologischen Geschlecht hat, wird vielleicht ihrer neugeborenen *Tochter* ein ähnliches Selbstbild antrainieren. Bei Geburt eines *Sohnes* hingegen werden logischerweise wieder ganz andere unbewusste Prozesse aktiviert.

Zusammenfassend gesagt, viele Erzieher verfahren, freilich ohne es wahrzunehmen[5], nach dem Motto: »Wie meine Eltern mir, so ich dir!« Es kommt oft vor, dass sogar ein offensichtliches Ungleichgewicht in Bezug auf die Behandlung von Nachkommen von den Eltern aus dem Bewusstsein verbannt wird. Das heißt, alle sehen die verfahrene Situation – nur die eigenen Eltern nicht. Familientherapeuten wissen von diesen und anderen neurotischen Phänomenen in Familien ausführlich zu berichten (vgl. RICHTER

---

5   Sigmund FREUD hat im Therapiealltag verschiedene Formen der Abwehr bei seinen Klienten festgestellt. Es reicht bereits aus, die Realität zu eigenen Gunsten auf den Kopf zu stellen, indem man eine Art des Widerstandes zu Hilfe nimmt, etwa die Verdrängung.

1970/2001). Die Erscheinungen einer derartigen Familienneurose (ungleiche Behandlung der Kinder) sind zahlreich:

➤ Eine einseitige und unfaire Behandlung zeigt sich etwa beim Verteilen von Lob bezüglich diverser Leistungen, z.B. in der Schule, beim Sport, im Haushalt usw.

➤ Auch fallen bei demjenigen Kind, das nicht »ganz so« geliebt wird wie das andere, die Strafen viel ausgeprägter und sadistischer aus.

➤ Ebenso scheinen die Anlässe von Züchtigungen bei benachteiligten Kindern mit einem anderen Maßstab gemessen zu werden.

➤ Ein Elternteil sagt dann und wann: »Dein Bruder hat das gekonnt, du kannst das nicht! Du bist dumm!«

➤ An Geburtstagen der Kinder wird leicht klar, wer die favorisierte Rolle innehat; wenn man den finanziellen Umfang der Aufwendungen vergleicht, tritt der Unterschied klar zutage.

➤ Aufgaben im Haushalt werden verschiedenartig verteilt, d.h. das geliebte Kind auf dem »Familienthron« wird weitgehend von Arbeiten freigehalten, z.B. »weil es immer [!] so viel zu tun hat«. – Das benachteiligte Individuum hingegen wird großzügig überladen; durch diese unfaire Handhabe entsteht freilich erst das Versagen. Das Ende vom Lied: Die Elternteile fühlen sich beim Anblick des kindlichen Unvermögens wiederum in ihrer Meinung bestätigt, dass ihre Sprösslinge »halt unterschiedliche Naturen haben«. Dass sie dafür größtenteils selbst gesorgt haben, sehen sie nicht, sie wollen es ja auch nicht wahrnehmen.

Kurzum, in nicht wenigen Familien geht es in Bezug auf die Erziehung von Geschwistern höchst ungerecht zu. Das heißt, die Eltern demonstrieren deutliche Unterschiede in der Behandlung ihrer Kinder, ohne dies einmal offen zuzugeben. – Nicht nur deshalb bekommt das benachteiligte Kind auch eine unglaublich absurde und aberwitzige Kommunikation vorgesetzt, die oft unwillkürlich verinnerlicht und nach und nach selbst – meist lebenslang – praktiziert wird; ein Kommunikations-Teufelskreis entsteht (vgl. DAMM & WEISS 2005, Abschnitt 1.3).

Vor Nachbarn, Freunden, Gästen und Paartherapeuten erzählen die hier gemeinten Erzieher mithilfe einer Heuchelfassade selbstverständlich das unvermeidliche Märchen von der Gleichbehandlung der Kinder. Sie lügen dem Gegenüber ins Gesicht, wie stolz sie eigentlich auf beide (!) Heranwachsenden seien usw. Der einzige Mensch in der Familie, der weiß, dass das Humbug ist, ist eben lediglich – der benachteiligte. Er ist wahrlich in einer undankbaren Rolle, aus der er nicht leicht, meistens nie ausbrechen kann. Denn derartige Familienstrukturen fesseln gewöhnlich nachhaltig die Individualität! So scheint manchmal nur der Weg in eine psychosomatische Krankheit oder in die Schizophrenie, z.B. Autismus, logisch zu sein (vgl. Abschnitt 2.4.2 und 4.1.1). Ebenso zeigen sich häufig Körperkrankheiten, die weniger körperliche, sondern vielmehr seelische Ursachen haben (DANZER 1996).

Eine andere Möglichkeit zum psychischen Ausgleich der Opferrolle liegt in der Heraus-bildung von nicht erwünschten, »aneckenden« Verhaltensweisen, die wenigstens, wie auch bei psychosomatischen Krankheiten beobachtbar, negative Formen von Aufmerk-samkeit provozieren: Schimpfen, Herumnölen, Anklagen usw. Das heißt, das Kind stiehlt, lügt, nässt ein, benimmt sich asozial oder verhält sich tollpatschig um Beachtung zu erlangen. Alfred ADLER hat diese infantilen bzw. jugendlichen Verhaltensweisen auf die eben erwähnte Motivation zurückgeführt: dass man sich von seinen Bezugspersonen mehr Liebe und Zuneigung wünscht. Einige Pädagogen demgegenüber bezeichnen Der-artiges manchmal als »Kinderfehler«.

Die gekränkte Seele, das weiß bereits jeder angehende klinische Psychologe, bedient sich eben manchmal auch einiger Ausdrucksformen, die nicht gleich auf den eigentlichen Konflikt hindeuten, sondern das seelische Problem nur verstellt offenbaren.

Auf der anderen Seite entwerfen *begünstigte* Heranwachsende in kinderreichen Familien manchmal höchst egoistische und narzisstische Anschauungen und Lebensphilosophien – gemeint sind die auf dem »Familienthron« sitzenden Sprösslinge. Denn derart Bevor-teilte entwickeln schlechterdings leicht die Überzeugung, über anderen Menschen, ja über der ganzen Welt zu stehen. Sollten sie im Erwachsenenalter dann und wann einmal Enttäuschungen erleben – selbstredend *außerhalb* der Familie, innerhalb dieses Umfeldes sind sie ja stets »Gewinner« –, dann werden diese nolens volens, d.h. wohl oder übel, schlecht verkraftet. Schließlich waren sie jahrelang gewohnt, der »Star« zu sein – so hat der Charakterologe Fritz KÜNKEL diesen familiären Status genannt.

Unsere Darstellungen führen uns zur folgenden Frage: Wie kommen Eltern überhaupt dazu, zwischen ihren Kindern zu unterscheiden, also ein Geschwister zu bevorzugen und das andere die Differenz emotional spüren zu lassen?

Seit sich BATESON u.a. (1969) in den USA ausgiebig mit an Schizophrenie[6] Erkrank-ten und deren Familien beschäftigt haben, wissen wir, dass viele Sippschaften ihr Sy-stem, anders gesagt den Familienfrieden stabilisieren bzw. aufrechterhalten, indem sie *ein* Enfant terrible, einen Sündenbock in ihrer Mitte »erschaffen«. Demnach gibt es notwendigerweise oft ein »schwarzes Schaf«, welches das seelische Gesamtgleichgewicht der Familie aufrechterhält. Dieses Individuum lenkt nämlich, und das ist der tiefere Sinn und Zweck, von den Problemen ab, die die Clique untereinander hat. Daher ist die Gruppe sozusagen auf den Sündenbock angewiesen. Weil dies die Unbenachteiligten auch unbewusst wissen, agieren sie dementsprechend im Team. Mit anderen Worten,

---

6   Diese Krankheit wirkt verheerend: »Schizophrenie ist [. . .] eine seelische Spaltung bzw. der Verlust des Zusammenhalts, der Koordination, der Konsistenz und Kohärenz des Seelischen. Erleben, Wahrneh-mung, kognitive Verarbeitung, Gefühle und Handlungen sind nicht mehr in einem logischen, ›norma-len‹, nachvollziehbaren Zusammenhang, fallen auseinander, verlieren ihren Bezug zueinander« (HANTEL-QUITMANN 1997, S. 90).

charakteristische Konflikte zwischen einzelnen Familienmitgliedern werden an diesem auserwählten Individuum ausgetragen, und zwar von Geburt an. Um es sarkastisch zu sagen (obwohl es hier um eine ernste Sache geht): Jeder darf einmal mit seinem eigenen »Neurosen-Hammer« draufhauen, sobald seelische Konflikte unbewusst das eigene Ich allzu sehr quälen. – Ein Beispiel einer Familienneurose, das in der Familientherapie oft auftaucht, möchte ich zwecks Abrundung des Themas einbringen.

Eine übliche Familienneurose oder: Wie die Ausbildung von Neid und Eifersucht am besten gelingt

In einer zeitgenössischen Familie (Vater, Mutter, Sohn – 23 Jahre, Tochter – 21 Jahre alt), die ökonomisch-materiell gut gestellt ist, ist das Mädchen das schwarze Schaf. Klarer ausgedrückt, die anderen Blutsverwandten projizieren ihre eigenen Neurosen, also ihre seelischen Konflikte, vorwiegend in sie. Die Familie kommt in die Beratungsstelle. Der akute Anlass wird dargestellt durch dauerhafte Depressionen der Tochter. Aufgeschlüsselt und analysiert sieht der Fall so aus (ich beschreibe im Folgenden willkürlich weit verbreitete Neurosen in Familien – in Kurzfassung):

Seit der Geburt ihrer Tochter sieht sich die Mutter in ihrem Mädchen unwillkürlich wieder, auch wegen einer auffallenden äußeren Ähnlichkeit. Weil die erwachsene Frau früher stets hinter ihrer drei Jahre älteren Schwester zurückstehen musste und daraus einen Minderwertigkeitskomplex sowie eine ausgeprägte Geschwistereifersucht entwickelte, zwingt sie ihrem Kind unwillkürlich das eigene Schicksal auf. Wie sieht das konkret aus? Zunächst einmal benachteiligt sie ihre Tochter gegenüber ihrem Sohn. Letzteren hievt sie, auch auf Grund eines unbewältigten Ödipus-Komplexes (vgl. Abschnitt 2.5.1), auf den Familienthron. Der bei der Geburt der Tochter zweijährige Sprössling empfindet, wie üblich, zunächst einen immensen Schock darüber, dass er noch ein Schwesterchen bekommen hat und wetteifert sofort um die Liebe der Mutter. Er wird daher sehr rasch »sauber« und »lieb«, um sich die Gunst seiner Erzeugerin zu sichern, was ihm auch gelingt. Derartige Vorgehensweisen stimmen mit den üblichen Phänomenen der analen Phase der psychosexuellen Entwicklung nach Sigmund FREUD überein (vgl. Abschnitt 4.2).

Durch die teils verschleierte, teils unverblümte Ablehnung vonseiten der Mutter, die des Öfteren offenbart wird, entwickelt die Kleine ein schwaches, labiles und gequältes Selbstbild. Verschiedene Arten des mütterlichen Sadismus tauchen besonders dann auf, wenn die Erzieherin ihre Selbstablehnung (entstanden in der eigenen Kindheit) projiziert und das Mädchen in sadistischer Weise für die eigene Minderwertigkeit sühnen lässt. – *Eigentlich* traktiert sie sich dabei selbst, die Aggressionen werden in entscheidenden Momenten aber auf ein Ersatzobjekt verschoben, um sich nicht selbst mit dem eigenen Problem auseinandersetzen zu müssen (vgl. DAMM 2006).

Das Kind bildet vor dem Hintergrund dieser Erziehung nach und nach psychosomatische Krankheiten und sonstige »Kinderfehler« aus: sie nässt ein, wird tollpatschig und frühreif. Dadurch bewirkt die kindliche Seele zweierlei: 1. Das Minderwertigkeitsgefühl kann kompensiert werden; 2. Sie erzwingt (immerhin negative) Aufmerksamkeit vonseiten der Eltern. Durch die Praxis von typischen Aktivitäten, die Jungen vorwiegend präferieren, möchte sie außerdem die mütterliche Zuneigung erzwingen. Denn immerhin sieht sie ja fast jeden Tag am Verhalten der Mutter gegenüber ihrem Bruder, dass man geliebt wird, wenn man ein Junge, also »männlich« ist.

Zum Vater letztlich ist zu sagen, dass er sein Töchterchen vom ersten Tag an abgöttisch liebt. Aber dadurch, dass er selbst in einem gefühlskalten und sterilen Elternhaus groß geworden ist, kann er ihr nicht viel emotionalen Rückhalt in Bezug auf die sadistischen Anfälle seiner Frau geben. Ferner ist er nicht im Stande, über seine eigenen Gefühle gegenüber seiner Tochter zu sprechen, was u.a. notwendig für die Aufwertung der geschundenen Persönlichkeit wäre.

Nie verkraftet hat er den Beginn ihrer Pubertät, als sein Mädchen die Autonomie endlich entdeckte und u.a. erste Diskobesuche *in praxi* erlebte. Das Schlimmste jedoch war für ihn, als die ersten Geschlechtspartner seiner Tochter sein Haus betraten; er war und ist eben noch immer in »sein kleines Mädchen« verliebt und wird leicht eifersüchtig.

Zurück zur Gegenwart: Die Familie sitzt versammelt vor dem Berater. Vater, Mutter und Sohn sind sich einig, dass die Tochter »schwere Probleme« habe, man müsse ihr gemeinsam helfen. Der Berater erkennt nach diversen Therapiestunden das unbewusste Bezugssystem und schreibt die eigentlichen, die unbewussten Anliegen der einzelnen Familienmitglieder nieder. Er notiert sich:

➤ Der *Vater* liebt seine Tochter sehr. Er hat nie gelernt, Gefühle angstfrei zuzulassen und zu verbalisieren. Manchmal löst seine Frau durch die ausgeprägte Bevorzugung seines Sohnes – angesichts des Ödipus-Komplexes – Zorn in ihm aus, und zwar deshalb, weil dies auch seine eigene Position ihr gegenüber schwächt (der Sohn rückt ja dadurch in das erste Glied).

➤ Die *Mutter* pflegt ein höchst ambivalentes Verhältnis zu ihrer Tochter: Liebe und Hass sind vorhanden. Erstere projiziert zum einen ihre selbst erfahrene Minderwertigkeit, die sich angesichts einer Geschwisterkonkurrenz-Situation entwickelt hat, auf ihr Kind, um das eigene Selbstbild zu entlasten. Wenn die junge Dame nämlich anstelle von ihr sühnt, indem sie z.B. auf Grund von drakonischen Strafen in Tränen ausbricht und dadurch ein willkommenes Aggressionsventil verkörpert, geht es der Erzieherin temporär sichtlich besser. Auf der anderen Seite initiiert Letztere ihre eigene kindliche Konstellation (Geschwistereifersucht) bei ihren eigenen Kindern. Das heißt, ihr Sohn bekommt im Allgemeinen die Sonnenseiten einer großzügigen, spendenden Mutter gezeigt; auf ihre Tochter ergießt sie viele neurotische Altlasten, die sich oft als Aggressionen, Hassimpulse, Neid und Sadismus charakterisieren. Transaktionsanalytisch ausgedrückt: Die Kommunikation gegenüber der Tochter stammt größtenteils aus dem *kritischen* Eltern-Ich, die

Verständigung hinsichtlich ihres Sohnes aus dem *liebevollen* (vgl. BERNE 1964/2005 und GERHOLD 2005).[7]

➤ Der *Bruder* des Mädchens ist auf die Mutter fixiert, die Mutter auf den Sohn. Mit anderen Worten, es handelt sich um einen klassischen Ödipus-Komplex. Er fühlt sich ferner seiner Schwester überlegen, was er im Allgemeinen genießt. Dass er die vorrangige Position in der Familie innehat, beglückt ihn.

➤ Die *Tochter* ist die Symptomträgerin des Systemkonflikts. Sie offenbart die Familien-neurose am augenscheinlichsten, und zwar in seelischer und körperlicher Art und Weise (Depressionen und psychosomatische Krankheiten). Ihre Phänomene offenbaren – ver-schleiert – ihre Bedürfnisse nach Anerkennung, Bestätigung und Liebe.

Im Prinzip ist, wie wir sehen, zunächst einmal die *ganze* Familie mehr oder weniger neurotisch, weil viele verschiedene seelische Strebungen in jedem unbewusst wüten und nicht wahrheitsgemäß zum Ausdruck gebracht werden können. Wir dürfen schließen: Dies kommt in jeder Familie vor, unterschiedlich stark ausgeprägt.

Einer moralischen Beurteilung, z.B. »Das ist aber ungerecht!«, entziehen sich diese Neu-rosen selbstverständlich, denn einerseits handelt es sich dabei um seelische Krankheiten, andererseits eben um unbewusste (!) Prozesse, Konflikte und Bindungsmuster. Das heißt, (a) die Mutter realisiert nicht, dass sie lediglich ihren eigenen Konflikt projiziert, (b) die Tochter denkt, ihre psychosomatischen Krankheiten wären ausschließlich körperlich verursacht, (c) der Bruder weiß nicht, dass er sein stabiles Selbstbild auf der einen Seite seinem Ödipus-Komplex verdankt, der eine langfristige Gewinn bringende Idealisierung vonseiten seiner Mutter mit sich bringt, andererseits durch die permanente Benachteili-gung seiner Schwester mitkonstruiert wurde.

Eine tiefenpsychologische Familientherapie dauert bei derartigen Familienstrukturen meist sehr lange, weil die Mitglieder üblicherweise natürlich ein Interesse daran haben, dass der Symptomträger in seiner Rolle bleibt. Änderungen kommen meist nur dann zu Stande, wenn der Therapeut behutsam vorgeht und *langsam* die verdrängten Neurosen und Beziehungsmuster der einzelnen Beteiligten bewusst machen kann.

Fassen wir zusammen. In unserem fiktiven Beispiel geben die Familienmitglieder der Symptomträgerin zu stets wiederkehrenden Zeitpunkten zu verstehen: »Danke für deine

---

7   Nach Eric BERNE wirkt u.a. die Kommunikation unserer Eltern, die wir in der Kindheit erfahren haben, in uns ein Leben lang fort. Die Art und Weise der Verständigung unserer Bezugspersonen verin-nerlichen wir nämlich unwillkürlich. Manchmal spricht daher aus uns – unbewusst – des Öfteren ein strenger Vater oder aber eine gütige Mutter. Die relevante innerpsychische Instanz wird von BERNE »Eltern-Ich« genannt. Unterschieden wird demnach zwischen dem *liebevollen* und dem *kritischen* Eltern-Ich. Diese beiden Konstrukte sind in jedem Menschen unterschiedlich stark ausgeprägt. Ein Zwangscha-rakter (Abschnitt 4.2), nebenbei erwähnt, repräsentiert zu viele Anteile des *kritischen* Eltern-Ichs, was sich anhand seiner Lebensphilosophie sehr leicht nachweisen lässt.

Anwesenheit. Du hältst unser seelisches Gleichgewicht aufrecht. Denn dadurch, dass du augenscheinlich (!) leidest, anstelle von uns, und gründlich sühnst, müssen wir uns nicht mit unseren eigenen Problemen auseinandersetzen.« Die Lage der Tochter: »Ich liebe und hasse meinen Bruder, weil er mir in adäquaten Situationen über Jahre hinweg stets vorgezogen wurde. Ein ambivalentes Verhältnis verbindet mich auch mit meiner Mutter. Manchmal provoziere ich mithilfe meiner ›Kinderfehler‹ negative Reaktionen. Das ist zwar nicht das Wahre, aber immer noch besser, als wenn ich gar keine Aufmerksamkeit erfahren würde. Unser familiäres Bezugssystem wird von meiner Seite durch meine Symptome (Krankheiten) gespeist. Dadurch möchte ich erreichen, dass ihr mich liebt.« Natürlich entziehen sich derartige Themen dem Wachbewusstsein der Familienmitglieder.

So viel zu unserem imaginären Fall. Individuelle Probleme werden also seit BATESON u.a. (1969) und anderen Forschern zu systemischen, zu familiären Problemen. Übrigens: Das Kriterium, nach dem das schwarze Schaf der Familie, d.h. der Symptomträger der Kollektivneurose, ausgewählt wird, ist oft schlicht und einfach – das Geschlecht. In Bezug auf unser obiges Beispiel heißt das: Wäre die Tochter ein Junge »geworden«, gäbe es wahrscheinlich gar kein ambivalentes Verhältnis zur Mutter. Denn sie bevorzugt ohnehin das männliche Geschlecht – wegen eigener Erfahrungen in der Kindheit. Jungen erhalten automatisch von Geburt an prinzipiell einen Freibrief. Infolgedessen entbehrt der Sadismus gegen die Tochter auch jedweder realen Ursache oder rationalen Begründung. In einfachen Worten, er ist notwendigerweise »da«, weil eine Tochter da ist. Außerdem repräsentiert die mütterliche Freude an Grausamkeit in unserer Konstellation lediglich den Selbsthass auf die eigene Weiblichkeit, der auf die Tochter projiziert, also an ihr angegriffen wird. Das ist alles.

Andere Arten von Eifersucht in Familien

Die Ursachen von Sympathie und Antipathie gegenüber den eigenen Kindern werden von psychoanalytischen Autoren, wie wir in unserer Fallgeschichte kurz erwähnten, u.a. mit den Phänomenen »Ödipus-« und »Elektra-Komplex«[8] erklärt. Zu diesen Prozessen kommen wir unten (vgl. Abschnitt 2.5.1).

Dass viele Kinder um die Liebe ihrer Eltern wetteifern und deshalb mindestens ein Heranwachsender üblicherweise anfällig ist für seelische Fehlentwicklungen, weil Neid und Eifersucht entzündet werden, muss von angehenden und tatsächlichen Eltern begriffen

---

8   Wenn ein Mädchen dauerhaft auf den Vater fixiert ist, ihn weit überzogen liebt (idealisiert) und dabei zeitweise die Mutter emotional ablehnt, weil sie zwischen dem Vater und ihr steht, spricht man von einem Elektra-Komplex. Manche Frauen bewältigen zeitlebens derartige Muster nicht, was sich anhand von bestimmten Phänomenen bei der Partnerwahl im Erwachsenenalter nachweisen lässt. Die gemeinten Frauen suchen sich nämlich des Öfteren Partner, die den eigenen (unbewältigten) Vater repräsentieren sollen (vgl. DAMM & WEISS 2005, Abschnitt 3.5).

und berücksichtigt werden. Denn ansonsten werden schwer wiegende Folgen aufseiten des benachteiligten jungen Menschen meist nicht ausbleiben.

Heranwachsende, die früh zum Neidischsein animiert bzw. gezwungen werden, verinnerlichen nicht selten das starre Selbstbild eines Verlierers, eines Zu-kurz-Gekommenen. Sollte sich eine Überzeugung wie »Ich bin wenig wert, ich bin nicht liebenswert« innerpsychisch verhärten, dann bohrt sich ein Minderwertigkeitsgefühl-Stachel ein Leben lang in die Seele. Derartige Selbstanzweiflungen können sich später in einer Partnerschaft in paranoide Eifersüchteleien verwandeln. (Hier haben wir also eine mögliche Ursache für übertriebene Missgunst vorliegen.) Eine andere Situation: Nicht nur das Verhältnis der Nachkommen untereinander kann von Neid und Eifersucht zerfressen sein, auch die Bindung der Ehepartner selbst. Ein einschneidendes Erlebnis in einer Zweierbeziehung ist z.B. die Geburt eines Kindes. Im ersten Lebensjahr desselben kommen zwei Phänomene in Frage, die insbesondere für den Ehemann manchmal nicht leicht zu bewältigen sind: 1. Viele Frauen haben in dieser Zeit weniger Lust auf Sex; 2. Das Neugeborene wird nicht selten zentrales Objekt der mütterlichen Aufmerksamkeit und Zuneigung.

In dieser Zeit sinkt demzufolge bei vielen Paaren die Beziehungsqualität deutlich (zusammenfassend GRAU & BIERHOFF 2003). Ein Grund hierfür ist u.a. auch oft der Neid *ihres* Mannes, der leicht zu der Überzeugung gelangt, nunmehr ins zweite Glied gerückt zu sein. Dessen ungeachtet ist es nur logisch, dass sich die Mutter ausgiebig um das Kind kümmert, denn immerhin ist aus evolutionsbiologischer Perspektive das Wichtigste passiert, was nur passieren kann: ein Paar hat sich erfolgreich reproduziert. Und es ist eigentlich kein Geheimnis, dass das junge Lebewesen von Natur her ausgiebig Aufmerksamkeit, zwischenmenschliche Wärme und Liebe braucht. Darum besitzen Mütter im Allgemeinen auch den charakteristischen »Bemutterungsinstinkt«, der ganz augenscheinlich nach der Geburt die Fürsorge sicherstellt.

Dass Neid und Eifersucht wichtige Faktoren in Familienbeziehungen darstellen, ist der sozialpsychologischen Forschung natürlich nicht entgangen. In einer Studie von KLANN (2002) berichten 33 Prozent der befragten Paare, Eifersucht sei bei ihnen ein ernst zu nehmendes Partnerschaftsproblem. In unserer eigenen Untersuchung in Eheberatungsstellen (DAMM 2004b) bezeichnen 28,3 Prozent der Probanden die dunkle Leidenschaft als störendes Element in ihrer Ehe. Sie geben an, »eher unzufrieden« bis »sehr unzufrieden« diesbezüglich zu sein. Sie, liebe Leserin, lieber Leser, sehen schnell: Eifersucht hat eine immense Wirkung auf die Qualität von Beziehungen!

Ich möchte noch ein paar Anmerkungen zu anderen Formen von Eifersucht in Familien anfügen.

Sie alle kennen die nicht selten auftretende Mutter-Sohn-Schwiegertochter-Problematik. Das heißt, Mütter, die noch stark auf ihren Sohn fixiert sind und ihn ungern »hergeben«, können leicht Eifersucht und Neid – auf die Schwiegertochter – entwickeln.

Manche Mutter sabotiert gar permanent die Versuche ihres Sohnes, mit anderen Frauen anzubändeln; die eine »taugt nichts«, die andere ist »zu frivol gekleidet«, die dritte kann »nicht kochen« usw. Natürlich kann man immer etwas finden. Neurotische Menschen sind ausgezeichnete »Finder« und »Realitätsverzerrer«. Schwierig (für Ehefrauen) kann es dann werden, wenn der Gatte selbst noch ein bisschen in die eigene Mutter vernarrt, also ein Mutter-Söhnchen ist. Schon so mancher Mann hat seine Gemahlin mit dem einen oder anderen klassischen »Satz des Vergleichs« auf die Palme gebracht, z.B.: »Meine Mutter macht aber kein Sellerie in die Suppe« o.Ä. Eine unbewältigte Mutter-Idealisierung seitens des Mannes zeigt sich auch darin, dass er seine Angetraute im Beisein seiner Erzeugerin, etwa bei Familienfestlichkeiten, nicht umarmen oder küssen will. Mit anderen Worten, er will seine Mutter nicht eifersüchtig machen.

Die Fixierung an den andersgeschlechtlichen Elternteil kommt natürlich auch bei Mädchen vor, das wurde bereits oben erwähnt. Viele Väter, die ihre Töchter im Teenageralter weit überzogen idealisieren, finden an allen pubertierenden Konkurrenten stets irgendwelche Makel. Insbesondere in brisanten Situationen, z.B. Verlobung oder Hochzeit der Tochter, wo es nur sehr schwer ein Zurück gibt, zeigen Tochter-fixierte Väter oft die FREUDschen Fehlleistungen. Derartige Missgeschicke verraten *wahre* Motivationen von Verhaltensweisen im Alltag, welche gewöhnlich verschleiert werden. Die Fehlleistungen offenbaren sich demnach meistens als spezifische Handlungen, die sich mit der Vorsilbe »ver« in Verbindung bringen lassen. Relevant ist beispielsweise das *Ver*lesen, *Ver*gessen, *Ver*schreiben, *Ver*fahren, *Ver*sprechen, *Ver*hören.

Ein Beispiel: Vor kurzem hat mir ein guter Freund erzählt, bei der Hochzeit einer Bekannten hätte der Vater der Braut »aus Versehen« die Schlüssel zu dem Safe »verlegt«, wo er die Trauringe aufbewahrte. Dies stellte quasi, wie wir gleich sehen werden, einen letzten Versuch dar, seine Tochter nicht an einen anderen Mann zu »verlieren«. Den Nachweis für meine Annahme erbrachte der Vater am Abend der (doch noch stattfindenden) Hochzeit selbst. Zu später Stunde sah er in sein Sektglas und erklärte, dass es sehr schwer für ihn sei, »sein kleines Mädchen abzutreten«.[9]

Eine weitere Form von Eifersucht entsteht oft zwischen Müttern und Töchtern. Einige Erzieherinnen erleben während der Pubertät ihres Mädchens »Himmel und Hölle«. Mal erfährt man durch das Aufblühen der Attraktivität des Mädchens Stolz und eine narzisstische Genugtuung – man darf irgendwie selbst noch einmal jung sein und die Adoleszenz unmittelbar miterleben –, dann wiederum empfindet man Neid. Denn *sie* besitzt etwas, was ihre Mutter für immer verloren hat: Jugend. – So viel zum Thema »Missgunst in Familien«. Betrachten wir nun Neid und Eifersucht in einem allgemeinen Rahmen.

---

9   Wer mehr über derartige Fehlleistungen erfahren will, der sollte am besten bei FREUD nachlesen. Die relevante Veröffentlichung heißt *Zur Psychopathologie des Alltagslebens*.

1.4 Neid – ein emotionales Gift im Zwischenmenschlichen

> »Wo die Gleichheit wirklich durchgedrungen und dauernd begründet ist, entsteht jener, im ganzen als unmoralisch geltende Drang, der im Naturzustande kaum begreiflich wäre: der Neid. Der Neidische fühlt jedes Hervorragen des anderen über das gemeinsame Maß und will ihn bis dahin hinabdrücken – oder sich bis dorthin erheben.«
>
> – Friedrich *NIETZSCHE* (1886/1982, S. 466)

Nach RATTNER & DANZER (2003) liegt es in der Natur des Menschen, dass er sich permanent mit anderen vergleicht. Man sieht schnell, diese beiden Gelehrten haben die *richtige*, weil realistische Auffassung vom Wesen des *Homo sapiens*.

Nun bringt die alltägliche Gegenüberstellung oftmals eine recht negative Erfahrung aufseiten desjenigen, der sie anstellt: nämlich eine Erfahrung in Form einer narzisstischen Kränkung. Der/die Andere »hat« mehr, »ist« mehr oder »stellt mehr vor«, d.h. er/sie wird von der Allgemeinheit hochgeschätzt (diese Einteilung geht auf SCHOPENHAUER zurück). Mit einem Wort, auf allen möglichen Gebieten existieren für den Neider Konkurrenten; deren Leistungen und Verdienste kommen den seinigen gleich, mitunter wird er wohl oder übel auch übertroffen.

Einen weiteren interessanten Befund in diesem Zusammenhang hat eine neue Untersuchung von LUTTMER, seines Zeichens Harvard-Professor, erbracht. Demnach schweift man im Allgemeinen gar nicht so weit in die Ferne, um einen Vergleich anzustellen; und vom Ergebnis dieses Vergleichs hängt irrationalerweise auch die Qualität von zwischenmenschlichen Beziehungen ab. LUTTMER fand nämlich bei seiner Stichprobe heraus: Eheleute streiten insbesondere dann um Geld und Hausarbeit, wenn *ein deutlicher Wohlstandsunterschied zu den Nachbarn besteht*. Warum sich u.a. Streits um Ausgaben ergeben, leuchtet uns ein, liebe Leserin, lieber Leser. Anscheinend können es die meisten Menschen seelisch nicht verkraften, wenn ihre Hausgenossen offensichtlich mehr besitzen, vorstellen oder glänzen als sie selbst. Natürlich, so kam außerdem heraus, haben die ehelichen Streitigkeiten auch oft negative Auswirkungen auf die seelische Gesundheit beider Partner.

Das aufschlussreiche Resümee dieser Studie lautet also: Wer wohlhabende Nachbarn hat, fühlt sich ärmer und unglücklicher. Bei gegenteiliger Konstellation, mittellosere Anwohner, geht es den Gemütern generell besser – daher stehen auch weniger Ehekräche an (vgl. PSYCHOLOGIE HEUTE 01/2005, S. 11). Dieser Befund dürfte sich ohne Wenn und Aber auch auf Deutschland übertragen lassen.

Wenn wir uns natürlich nicht allzu viel daraus machen würden, was unsere Mitmenschen (über uns) denken, aufweisen oder vollbringen, würden wir auch weniger Neid verspüren. Arthur SCHOPENHAUER, ein großer Menschenkenner, hat in seinen *Aphorismen zur Lebensweisheit* (1851/1999a) empfohlen, sich in Bezug auf diese menschliche Schwäche ein dickeres Fell zuzulegen. Mit anderen Worten, es bringt nicht viel, täglich so emsig nach rechts und links zu schauen und sich zu pikieren. Sollte es trotzdem dann und wann passieren, dass uns ein Besitzstück eines Mitmenschen reizt, sollen wir dem Neid ein Schnippchen schlagen und uns vorstellen, dass wir genau *jetzt* dieses Gut selbst *verloren* und nun mit den Folgen zu kämpfen hätten.

Eine andere Idee: Zur Steigerung des Glücks nützt es, sich mit Menschen zu vergleichen, denen es weitaus schlechter geht. Diese Kunstfertigkeiten der Vernunft würden dem Neid effizient Einhalt gebieten. Doch aller philosophischen Weisheit ungeachtet treiben Neid und Eifersucht auf breiter Front ihr Unwesen. Wir werden wohl nie genau wissen, wie oft am Tag irgendwo ausgesprochen oder gedacht wird:

➤ »Mein Nachbar fährt ein kostspieliges Auto; es ist teurer als meins! Wie kommt er nur dazu?«
➤ »Wie kommt ein solcher Typ zu so einer Frau?«
➤ »Das Kleid, das sie anhat, ist schicker als meins!«
➤ »So viel Glück hat er nicht verdient!«
➤ »Was!? Du hast die Hausarbeit schon fertig! Streber! Ich noch nicht!«
➤ »Was willst du denn, dir geht es doch gut!«

Was bei allen Anflügen von Neid und Eifersucht auffällt, ist das Bestreben, oder besser gesagt, der Wunsch, über den Mitmenschen zu stehen. Wir wollen uns demnach nicht mit dem unwillkommenen Eindruck anfreunden, den uns unser Auge im Hier-und-Jetzt suggeriert. Daher sagt auch SCHMIDBAUER (1999, S. 35): »Der oder die Eifersüchtige hat viele Komponenten in seiner Persönlichkeit, die beispielsweise mit Fähigkeiten zusammenhängen, andere zu übertreffen, in einer Konkurrenz zu gewinnen, sich durchzusetzen.«

Man kann auch selbstredend neidisch auf *Charaktereigenschaften* der Mitmenschen sein. Wer Vitalität, seelische Gesundheit, Lebens- und Genussfreude ausstrahlt, der zieht nicht selten ausgeprägtes Übelwollen auf sich. Meist wird derartige Missgunst initiiert von Zynikern und Depressiven, aber insbesondere auch von Menschen, die die eigene Körperlich- und Sinnlichkeit verdrängen. Dies geschieht erfahrungsgemäß aus Scham oder Angst, weil man meistens eine verkopfte, überanständige Erziehung erfahren hat. Die dementsprechende gefühlsabwehrende, stets kontrollierte Persönlichkeit ist tiefenpsychologischen Autoren wohlbekannt: sie heißt »anal-sadistischer Charakter«. Wir werden diesen Lebensstil unten noch kennen lernen (Abschnitt 4.2).

Kommen wir zurück zu Eifersucht und Neid im Alltag. Was jeder Mensch, der unser Bildungssystem durchlaufen hat, kennt, das ist der eigentümliche Neid in Schulklassen. Wie wir wissen, spiegeln heutzutage Klassenverbände den Aufbau unserer Konkurrenzgesellschaft wider (RATTNER 1996, S. 41). Es gibt demnach Stars, Gewinner, Außenseiter, Duckmäuser, Verlierer usw. Alleine schon die Vergabe von Zensuren schürt Neid unter den Schülerinnen und Schülern. Wenn der Tischnachbar bessere Noten schreibt, empfindet man leicht Missgunst, man kommt ja anscheinend schlechter weg. Ferner wird effizient Neid entfacht, wenn die Eltern allzu viel Tamtam um exzellente Zensuren machen.

Der eine oder andere Primus, sollte er im Verband nicht anerkannt sein, weil ihm z.B. die Menschenkenntnis und die Kompetenz zum sozialen Umgang völlig abgeht, ist natürlich am ehesten Angriffen aller Art ausgeliefert, weil er oft den Neid einer ganzen Klasse auf sich zieht. – Josef RATTNER (1996, S. 67), selbst praktizierender Seelenarzt, verweist noch auf eine spezielle Art von Eifersucht, die in Therapiegruppen erfahrbar ist. Vielen Klienten ist es nach RATTNER peinlich, dass vor und nach ihnen noch andere Individuen empfangen werden. Man fordert auch hier die Ausschließlichkeit der Beziehung, und zwar zum Therapeuten.

Diese Gedanken zu ausgewählten Formen von Eifersucht und Neid sollen vorerst genügen. Ich denke, Sie, liebe Leserin, lieber Leser, sind ausreichend auf unser Thema vorbereitet. Bevor wir im nächsten Abschnitt die möglichen Ursachen von Eifersucht und Neid in Augenschein nehmen, möchte ich das bisher Gesagte kurz sammeln.

Fazit

Alfred ADLER (1927/2001, S.197) hat einmal gesagt, dass man mit den hier behandelten menschlichen Schattenseiten einfach rechnen muss, wir wären nämlich *alle* nicht frei davon. Er hat wahrscheinlich Recht. Einen kleinen Beweis für diese nüchterne Feststellung erhalten wir z.B. dann, wenn wir in einem Moment, in dem uns etwas Großes gelungen ist, denken: »Da werden meine Nachbarn, Eltern, Freunde usw. aber vor Neid erblassen.«

Apropos erblassen: Wir erkennen Neidregungen unserer Mitmenschen interessanterweise recht schnell. Zunächst einmal ist da der typische (Neid-)Blick, der meist begleitet wird von einem Zusammenpressen der Lippen. Physiologisch gesehen passiert auch einiges: Gefühle des Neids beeinflussen die Blutzirkulation, d.h. die äußeren Blutgefäße. Daher spricht der Volksmund auch von gelbem oder grünem Neid.

Missgunst zeigt sich schon bei Säuglingen und Kleinkindern. Anzeichen dafür sind meist:

➤ Den Mitmenschen permanent etwas wegnehmen wollen,
➤ dauerhaft etwas kaputtmachen und
➤ den Spielverderber spielen,
➤ Außenseitertum und
➤ Schadenfreude.

Sollten derartige Phänomene beständig in Kombination gezeigt werden, müssen Eltern reagieren, und zwar am besten mit Liebe und Zuneigung sowie mit ausführlichem Lob für Leistungen auf verschiedenen Gebieten. Denn, wie wir oben festgestellt haben: Neid entsteht immer aus einem Gefühl von Unterlegenheit, aus einem Empfinden des Zu-kurz-Kommens.

Doch Neid ist nicht immer nur schlecht, darauf habe ich noch gar nicht hingewiesen. Es gibt Ausnahmen. Neid und Eifersucht können uns anspornen, aus unserem Leben etwas Wertvolles zu machen oder Persönlichkeitsentwicklung zu betreiben. Talente werden so-gar unbewusst manchmal durch Neid gefördert. Rivalität hat, wie auch jeder weiß, nicht nur negative Auswirkungen.

Ansonsten aber ist vor allem ausgeprägter Neid ein Charakteristikum einer gequälten Existenz. Man denke hierbei an den toten Gesichtsausdruck der vielen »Türsteher« und Fenstergucker, auf dem Land und in der Stadt, denen der Neid auf alles und jeden ins Gesicht geschrieben steht.

In Bezug auf erste Ansätze einer Therapie von Argwohn lässt sich grundsätzlich sagen: Wer eine stabile Persönlichkeit ist, wird weniger Grund haben, missgünstig zu sein. Nun bringt dies aber auch die Notwendigkeit mit sich, aus seinem Dasein etwas Sinnvolles, etwas Menschliches zu machen. Diesen (wahrhaft anstrengenden) Ausweg aus dem exis-tenziellen menschlichen Dilemma beschreibt Verena KAST (2003, S. 44) sehr treffend: »Je autonomer Menschen sind, je bewußter sie gleichzeitig auch bezogen sind auf Mit-menschen und je besser sie sich selbst akzeptieren können, umso eher können sie mit Neid produktiv umgehen.«

Ich finde daher auch, wir sollten uns keine allzu schweren Gedanken um Neid und Ei-fersucht machen. Es sind zwar echte Schattenseiten der menschlichen Psyche, aber wir können sie in vernünftige Bahnen lenken. Schon allein mithilfe der bisherigen Reflexion über diese Trostlosigkeiten sind wir im Stande, uns ansatzweise von deren unsichtbaren Fesseln zu lösen. Es zählt der eiserne Grundsatz der Tiefenpsychologie: Je besser wir unsere tiefschichtige und komplexe Persönlichkeit kennen lernen, desto kompletter und ganzheitlicher können wir werden. Dies wird deshalb möglich, weil wir durch aufrich-tige Selbsterkenntnis diverse abgespaltene Schattenseiten ausleuchten und endlich in-tegrieren können, die wir seit Jahren verdrängt haben. – Einige Eifersuchtsreaktionen zählen ja zu unseren Schattenseiten. Ganzheitlichkeit ist das primäre Ziel: Denn nur *ganze Menschen sind wahre Menschen.*

Ich werde Ihnen hoffentlich mithilfe der folgenden Darstellungen klarmachen können, wie das zufrieden stellend funktioniert. – Noch eine letzte Information für diejenigen, die oft Zielscheibe von Angriffen aus Neid und Eifersucht sind. Wem im Alltag unge-rechtfertigt viel Missgunst entgegenschlägt, der mag sich mit dem Gedanken trösten, dass Neid immer (!) auch eine Art der verzerrten Bewunderung darstellt. Denn, wie oben erwähnt, Neid entsteht erst dann, sobald wir denken, unsere Mitmenschen hätten uns etwas *voraus*.

2

Die blinde Leidenschaft – angeborenes Potenzial oder Charakterschwäche?

»Die Evolution hat uns alle mit einer reichhaltigen Mischung an Emotionen ausgestattet, die Eifersucht, Neid, Angst, Wut, Freude, Leidenschaft und Liebe beinhaltet. Ein tieferes Verständnis unserer gefährlichen Leidenschaften wird die Konflikte, die zwischen Liebenden, zwischen Rivalen oder zwischen Liebenden, die zu Rivalen werden, bestehen, nicht aus der Welt schaffen können. Es mag jedoch, in einem bescheidenen Maße, zur Bildung eines emotionalen Wissens beitragen, damit wir besser mit ihnen umgehen können.«
– David BUSS

»Aus dem Gefühl der Zurückgesetztheit hat sich eine andere Form des Ehrgeizes entwickelt, die Eifersucht, ein Zug, der dem Menschen oft ein Leben lang anhaftet. [. . .] Eifersucht [ist] eine besondere Form des Strebens nach Macht.«
– Alfred ADLER

»Wenn wir von der Liebe in der westlichen Kultur sprechen, wollen wir uns zunächst fragen, ob die Gesellschaftsstruktur der westlichen Zivilisation und der aus ihr resultierende Geist der Entwicklung von Liebe förderlich ist. Wir müssen diese Frage verneinen.«
– Erich FROMM

Auf der ganzen Welt streiten Psychologen, Anthropologen, Kulturphilosophen und andere Wissenschaftler über das Problem, wie sich die Existenz der Eifersucht letztendlich vernunftgerecht begründen lässt. Das heißt, man disputiert darüber, welche Komponente des Seins die hauptsächliche Ursache darstellt. Die adäquate Frage lautet also: Ist die blinde Leidenschaft eher angeboren, auf Grund von bestimmten familiären Beziehungsmustern entstanden oder aber ist die Leidenschaft etwa eine Folge der gesellschaftlichen Verhältnisse, die seit Jahrtausenden den Männern mehr Vorrechte und Machtpositionen einräumen als den Frauen?

Im Folgenden werden die einzelnen Perspektiven umrissen sowie aufschlussreiche Erkenntnisse diskutiert. – Vorab ein Wort zur Theorie, nach der die Eifersucht *ausschließlich* ein Ergebnis von kapitalistischen Gesellschaften sei. Diese auf Lerntheorien verweisende Auslegung (vgl. Abschnitt 2.6) trifft zwar sicherlich einen Teil der Wahrheit, reicht aber nicht vollends aus, um ein sicheres Fundament bereitzustellen. Wenn nämlich (humanistisch orientierte) Autoren, die sich dieser Auffassung verpflichtet fühlen, z.B. Peter LAUSTER, Alfred ADLER, Erich FROMM, Michael MARY, vollends »richtig liegen« würden, dann würde es diese Phänomene nicht geben:

1. Es existieren glasklare geschlechtsspezifische Unterschiede bezüglich der Anlässe, *wann* Missgunst entfacht wird. – Männer werden generell dann eifersüchtig, wenn die Partnerin sexuell untreu zu werden scheint, das weibliche Geschlecht hingegen verspürt grundsätzlich mehr Eifersucht bei *emotionaler* Untreue des Mannes. Diese und andere Erscheinungen (siehe folgender Abschnitt) spiegeln eindeutig angeborene Komponenten wider. Die beobachtbaren Sachverhalte entsprechen innerhalb der evolutionstheoretischen Argumentation ferner einer biologischen Sinnhaftigkeit.

2. In *allen* Zivilisationen und Staaten gibt es Missgunst. So hält BUSS (2003, S. 50) fest: »Kulturen in tropischen Paradiesen, die völlig frei von Eifersucht sind, existieren lediglich in den romantischen Vorstellungen mancher Anthropologen und wurden in Wirklichkeit nie entdeckt.«

3. Unsere nächsten Verwandten im Tierreich, die Menschenaffen, z.B. Schimpansen und Gibbons, zeigen den Affekt Eifersucht bei relevanten Anlässen ebenso, obwohl sie nicht »kulturgeschädigt« sind.

4. Kulturkritische Individuen, intellektuelle Autoren und Philosophen, die eine von gängigen Vorstellungen weitgehend unabhängige Alltagsphilosophie praktiziert haben, z.B. Polygamie, haben die so genannte »gesellschaftlich-vermittelte« Eifersucht keineswegs ausmerzen können. Sie hatten zeitlebens mal mehr, mal weniger mit ihr zu kämpfen. Beispielhaft seien hier genannt: Simone de BEAUVOIR, Albert CAMUS, Charles BUKOWSKI, Henry MILLER.

Was Anhänger der These, dass die gesellschaftlichen Verhältnisse die Eifersucht erst erschaffen würden, oft übersehen: *Die Kultur selbst ist bereits ein (vorläufiges?) Ergebnis der natürlichen Selektion, d.h. von der Evolution hervorgebracht.* Demzufolge ist möglicherweise das Phänomen »Eifersucht« weniger verursacht von den Einflüssen der Kultur, sondern vielmehr auf angeborene Dispositionen zurückzuführen. Demnach wäre Missgunst *ein Fingerzeig auf unsere Natürlichkeit, die unter dem Deckmantel der Zivilisation die Realität durchpulst.*

Wir erkennen schnell, obige Auffassungen sind nach kritischer wissenschaftlicher Überprüfung anzweifelbar. Dessen ungeachtet steht natürlich fest, dass einige Wahrheit in ihnen steckt (siehe unten) – nur eben nicht die ganze. Im Zweifelsfall ist sowieso zu empfehlen, eine *integrative* Perspektive zu erschließen, die möglichst viele relevante wissenschaftliche Befunde verschiedener Forschungszweige berücksichtigt.

Wir werden also zunächst, weil wir ernsthafte Ursachenforschung betreiben wollen, etwas weiter ausholen: Im Folgenden thematisieren wir vier Wissenschaftsrichtungen, die sich u.a. mit Neid und Eifersucht beschäftigen:

1. Evolutionstheorie;
2. Philosophie;
3. Tiefenpsychologie;
4. Lerntheorien.

2.1 Evolutionstheoretische Erkenntnisse

»Eifersucht ist emotionales Wissen, das unbewusst zum Ausdruck gebracht wird,
das über Millionen von Jahren von unseren Vorfahren zu uns gekommen ist.«
– *David BUSS* (2003, S. 19)

In den Jahrmillionen der Menschheitsgeschichte hat es immer wieder Probleme in Bezug
auf die alltägliche Lebensbewältigung gegeben, mit denen sich unsere Urmütter und
-väter auseinandersetzen mussten. Allgemein gesagt, es war nicht gerade einfach, in einer
noch naturbelassenen Welt zu überleben; sie barg viele Gefahren.

Zu den Problembereichen unserer Vorfahren hat irgendwann auch einmal die Fortpflanzung, d.h. Reproduktion, gehört. Genauer ausgedrückt, es haben sich vor Urzeiten im
Hinblick auf die Partnerschaft *verschiedene* Anforderungen für Männer und Frauen ergeben. Dies resultierte u.a. aus der biologischen Verschiedenheit der Gattungen. Das
männliche Geschlecht muss z.B. weniger Zeit und Engagement in die Nachkommenschaft investieren. Es reicht ja schon aus, die Frau zu befruchten, wofür einige Stunden,
Minuten oder gar Sekunden ausreichen. Frauen müssen üblicherweise neun Monate
lang mit den Folgen dieses verhältnismäßig kurzzeitigen Zwischenfalls klarkommen.
Wichtig für alle Beteiligten, vor allem für ein heranwachsendes Menschenkind, wäre
demnach eine längerfristige Beziehung der beiden Erwachsenen. Doch was wäre stark
genug, diese auch *längerfristig* zu garantieren? Denn wieso sollte man, nachdem man sich
zur Zeugung eines Kindes einfand, nunmehr vor weiteren sexuellen und emotionalen
Abenteuern mit anderen Männchen bzw. Weibchen Halt machen?

Weil *man* das nicht macht? Weil es nicht vernünftig ist? Weil es gegen moralische Richt-
linien verstößt? Nein, nichts dergleichen. Nur starke Leidenschaften, (fast) unbändige
Affekte »aus dem Bauch heraus« bringen dahingehend effiziente Bindungskräfte auf.
Kurz gesagt: Liebe und Eifersucht.

Evolutionstheoretiker nehmen demzufolge an, dass sich die Missgunst als Bewältigungs-
mechanismus in Hinsicht auf das eben geschilderte Problem herausgebildet hat. Der
adäquate wissenschaftliche Ausdruck für die Entwicklung eines nützlichen Verhaltens-
schemas heißt »Adaption«. Eifersucht ist in diesem Verständnis zunächst einmal ein
nützlicher Schutzschirm gegen emotionale und sexuelle Treulosigkeiten. Warum es damals wie heute bei Unterstellungen von Untreue regelmäßig zu Irrtümern und Fehlein-
schätzungen kam bzw. kommt, erklären HASELTON & BUSS (2000) mit ihrer »Fehler-
Management-Theorie«. Einige Worte hierzu.

Stellen Sie sich vor, liebe Leserin, lieber Leser, Sie spazieren alleine in der Abenddämme-
rung durch ein Waldgebiet. Irgendwann erspähen Sie, in einer Entfernung von ca. 20
Metern, unter zahlreichen Blättern ein dünnes, »längliches Etwas«, das wie eine – mög-

licherweise gefährliche – Schlange aussieht. Das Objekt könnte aber auch lediglich ein abgebrochener Ast sein. Man kann es nicht genau erkennen. Was nun? Bedenken wir, dass in Urzeiten diese Situation verständlicherweise weitaus häufiger auftrat als heute. Jedenfalls, Sie könnten also mit der Annahme »Das ist bestimmt nur ein Ast« Recht behalten. Nun denn, auf geht's! Man wird doch nicht immer daneben liegen, nicht? Was aber, wenn es sich doch um ein giftiges Tier handelt? Dann sind Sie, wenn Sie loslaufen, zweifellos in ernsthafter Gefahr, und zwar in Lebensgefahr. Ein Typ Mensch, der von Natur her oft »unvorsichtiger« ist, wird sich unwillkürlich öfter in Gefahr bringen als ein Individuum, das intuitiv bedächtiger vorgeht. Evolutionstheoretiker stellen fest, dass die natürliche Auslese (= Selektion) im Laufe der Zeit den »vorsichtigen« Typen hervorgebracht hat, um schlicht und einfach die Zukunft und den Fortbestand der menschlichen Existenz zu sichern. Typ 2 wird sich zwar öfter irren, aber, lapidar gesagt, auch länger leben.[10]

Jetzt scheint die Übertragung auf *unser* Thema sehr aufschlussreich zu sein: <u>Oft unterstellte Untreue auf Grund von überdurchschnittlich ausgeprägter Eifersucht, die nicht zutrifft, wird weniger »Kosten« nach sich ziehen, als wenn man tatsächliche Seitensprünge gar nicht oder nur sehr selten bemerken würde</u>. Der »Unvorsichtige«, Nicht-Eifersüchtige hätte über kurz oder lang das Nachsehen in einer Partnerschaft. Konkreter: Männer würden ihre Ressourcen irgendwann in ein oder mehrere Kinder investieren, die von einem Dritten gezeugt wurden, also letztlich auf Fremdverpaarung zurückzuführen sind. Frauen stehen vor einem ähnlichen Fall: Sie könnten ihren Gatten leicht an eine Nebenbuhlerin verlieren, und zwar dauerhaft, wenn sie von Natur her *nicht* eifersüchtig wären. Für beide Geschlechter verheißen die Folgen von Untreue in diesem Sinn immense Nachteile.

Fassen wir also zusammen: Der bemerkenswerte Affekt Eifersucht ist nach der Evolutionstheorie eine nützliche, Paarbeziehungen stabilisierende Anpassungsfunktion. Die dunkle Leidenschaft hat sich demnach wegen eines Problems, das sich aus den biologischen Eigentümlichkeiten der Geschlechter ergeben hat, entwickelt, um Unordnungen zu begradigen. Missgunst taucht daher auch nicht erst *nach* begangener Untreue auf, sondern bereits dann, wenn die »feinen Antennen des emotionalen Verstandes« auch nur den leisesten Anschein melden, es *könnte* dahingehend etwas passieren.

---

10 Ähnlich argumentiert man auch bei anderen Phänomenen. Ein anderes Beispiel: Die in allen Kulturen weit verbreitete Schlangenphobie wird von verschiedenen evolutionstheoretischen Autoren als rudimentäres natürliches Überbleibsel betrachtet, das uns in früheren Zeiten des Öfteren vor tödlichen Verletzungen bewahrt hat. Dass uns Schlangen heutzutage gewöhnlich nicht mehr das Leben schwer machen, spielt keine Rolle. Die Furcht vor Schlangen »steckt uns eben in den Knochen« (siehe DAMM 2006).

Die Motivation zum Sex kommt aus dem Verborgenen

Im Folgenden möchte ich auf einige interessante Zusammenhänge hinweisen, um danach auf die angekündigten Geschlechtsunterschiede einzugehen.

Es besteht eine Beziehung zwischen dem weiblichen Zyklus und, um es einmal sachlich und unromantisch auszudrücken, der Paarungsbereitschaft von Frauen. Diesem Verhältnis wurde in einigen Forschungsprojekten nachgegangen. Exemplarisch möchte ich eine neuere Erhebung nennen: 1152 Frauen haben an einer Langzeitstudie von BAKER & BELLIS (1991) teilgenommen. Die Vertreterinnen des weiblichen Geschlechts wurden zu ihrem Zyklus befragt. Außerdem sollten die Testpersonen offenbaren, an welchen Tagen im Jahr sie am meisten Lust auf Sex haben.

Folgender Zusammenhang trat dabei zutage: Bei den meisten Frauen steigt die Lust auf Sex ab dem 6. Tag des Zyklus nennenswert an. Der Höhepunkt liegt eindeutig zwischen dem 10. und 14. Tag. Das Phänomen ist nicht verwunderlich, als in diesem Zeitraum die Wahrscheinlichkeit, schwanger zu werden, am höchsten ist.

Nun gilt diese Gesetzmäßigkeit interessanterweise aber nicht nur in Bezug auf Sex mit dem *eigenen* Partner, sondern auch dann, wenn *Seitensprünge* relevant werden: <u>Frauen gehen am ehesten bzw. häufigsten mit einem Liebhaber ins Bett, wenn der Zeitpunkt der höchsten Schwangerschaftswahrscheinlichkeit gekommen ist.</u>

Ein Beleg dieses Zusammenhangs hat nicht lange auf sich warten lassen. In einer Erhebung von FISCHMANN (1996) haben Frauen, die in einer festen Partnerschaft leben, während der fruchtbaren Tage öfter alleine eine Diskothek aufgesucht. Darüber hinaus konnte auch beobachtet werden, dass sie vermehrt aufreizende Kleidung tragen bzw. »mehr Haut sehen lassen« als in den unfruchtbaren Phasen ihres Zyklus. Ferner sind sie auffallender an männlichen Bezugspersonen interessiert als eine gemischte Vergleichsgruppe von Frauen.

BELLIS & BAKER (1991) fanden außerdem heraus: Ein nicht belangloser Anteil des weiblichen Geschlechts lässt sich in der fruchtbaren Zeit auf »Doppelverpaarungen« ein. »Bei Doppelkopulationen verpaart sich das Weibchen mit einem zweiten Männchen, während sie noch fruchtbare Spermien des ersten Männchens in sich trägt« (GRAMMER 2002, S. 483). – Warum ist das so? Hat das einen Sinn? Ja, einen biologisch-relevanten.

Spermienwettbewerb

Wie lange Spermien im Vaginaltrakt der Frau überleben, ist noch nicht gänzlich geklärt, auch deshalb, weil dies fortwährend von der psychischen und körperlichen Konstitution der jeweiligen Person abhängt. Man kann jedoch nach GRAMMER (2002) davon ausgehen, dass es mindestens fünf Tage sind, bei günstigen Bedingungen können es sogar 14 Tage sein.

Aufschlussreich ist nun der Befund von SMITH (1984). Demnach kommen Intrapaarkopulationen (Sex mit dem eigenen Partner) in etablierten Zweierbeziehungen u.a in unfruchtbaren Zeiträumen des Zyklus vor. – Extrapaarkopulationen (Seitensprünge) hingegen werden kurz vor der Ovulation (Eisprung) praktiziert. 50 von 162 Frauen, die eine Extrapaarkopulation initiierten, praktizierten sie nach eigenen Aussagen im Durchschnitt zwei bis fünf Tage nach dem Sex mit ihrem Partner – sie verpaarten sich *doppelt*.

Was passiert, wenn eine Frau funktionstüchtige Spermien von unterschiedlichen Quellen in sich trägt? – »Die Spermien der daran beteiligten Männchen treten [. . .] in Wettbewerb um die Befruchtung« (GRAMMER 2002, S. 483). Die These wird durch die Tatsache unterstützt, dass es eine spezifische Art von Spermien gibt, deren Daseinszweck nicht die Befruchtung ist – das nimmt man ja allgemein an –, nein, sie haben subtilere Aufgaben wahrzunehmen. Man hat herausgefunden: Wenn Spermien zweier verschiedener Männer in einem Reagenzglas vermischt werden, geht es auf einmal ziemlich »rabiat« zur Sache. Denn die Vertreter der »Killerspermien-Art«, die bei jeder Pollution mit ausgestoßen werden, verwenden ihren Schwanz, der eigentlich für das Fortkommen zuständig ist, dazu, um ein Spermium des anderen Männchens *einzuwickeln* und abzutöten. Dabei stirbt der »Aggressor« selbst.

Derartige Aktionen geschehen deshalb, weil es beim Spermienwettbewerb ausschließlich um die hochrelevante Frage geht: Welcher Mann besitzt die bessere DNA und schafft letztendlich die Befruchtung der Eizelle? – Nun können wir auch eine weitere spannende Frage beantworten, nämlich: »Warum haben Frauen Abenteuer?«

Aus evolutionstheoretischer Perspektive haben Frauen deshalb Affären, weil es von Naturwegen her nützlich ist, die besten Gene an die Nachkommen weiterzugeben. Frauen können durch sexuelle Abenteuer Kinder mit genetisch größerer Vielfalt zur Welt bringen. Dies ist letztendlich biologisch sinnvoll.

Es erscheint wichtig darauf hinzuweisen, dass sich diese Handhabe im Allgemeinen dem Bewusstsein entzieht. Eine vermählte Frau, die es in den fruchtbaren Tagen auf einen One-night-stand anlegt, denkt sich mit Sicherheit nicht: »Ich erlebe gerade die wichtigste Zyklus-Phase und will mal sehen, wo ich noch ein paar gute Gene aufgabeln kann, um einen Spermienwettbewerb anzuregen.«

Eine gerade fruchtbare Frau muss sich noch nicht einmal Kinder herbeiwünschen. Der Antrieb zur Doppelverpaarung ist »eben da«, er ist für die Natur sinnvoll. Er beruht auf einem uralten emotionalen Wissen. Das heißt, die Motivation zur Doppelverpaarung entwickelte sich in einer Zeit, in der es noch keine Geburtenkontrolle, etwa durch Verhütungsmittel, gab. In Urzeiten hatte Sex Babys zur Folge, »und zwar unabhängig vom Wunsch der Frau, sich zu reproduzieren oder nicht« (BUSS 2003, S. 195).

Per Adaption, weil Seitensprünge aus evolutionstheoretischen Gründen von Nutzen sind, wurde dieser Mechanismus beibehalten. Er ist auch noch heute augenscheinlich. Ansonsten wäre es wohl auch schwer erklärbar, wieso für Seitensprünge im Durchschnitt äußerlich attraktive, athletische und sexy Partner ausgewählt werden, die im biologischen Kontext »Gesundheit« vermitteln (GANGESTAD & THORNHILL 1997). In genannter Untersuchung wurde ferner festgestellt, dass der Grad der Intelligenz des Männchens bei Seitensprüngen keine Rolle spielt.[11]

2.1.1 Eifersucht von Männern und Frauen in Bezug auf Partnerwahl und Untreue

Einige Charakteristiken der biologisch-determinierten Partnerwahl wurden bereits schon früher veröffentlicht (DAMM 2004a; DAMM & WEISS 2005). Im Folgenden wird der Schwerpunkt daher auf die Eifersuchtsthematik gelegt.[12] Dabei bleiben wichtige Aspekte, die die Partnersuche betreffen, selbstverständlich nicht unerwähnt; sie gehören immerhin in den Gesamtzusammenhang. – Zahllose evolutionstheoretische Experimente und Forschungsprojekte haben gezeigt:

➤ **Männer bevorzugen auf dem »Partnermarkt« generell Frauen, die hohe physische Attraktivität und Jugendlichkeit ausstrahlen (= Merkmale einer optimalen Reproduktionsfähigkeit);**

➤ **Frauen präferieren intelligente, materiell gut gestellte und gesellschaftlich erfolgreiche Männer. Das Aussehen des Partners hingegen spielt vergleichsweise nur eine sekundäre Rolle; aber nur dann, wenn eine langfristige Zweierbeziehung in Betracht gezogen wird.**

Die evolutionstheoretischen Überzeugungen, dass Männer und Frauen in Bezug auf die eben genannten Partner-Suchbilder auch Eifersucht in *unterschiedlichen* Situationen zeigen, insofern sie in einer festen Beziehung stehen, werden weithin bestätigt. Folgende Untersuchung mag dies beispielhaft zeigen.

In der Studie von BUSS (1994) zum Thema »Untreue« zeigt sich ganz eindeutig der eben erwähnte Geschlechtsunterschied (im Fettdruck). Die befragten vermählten Per-

---

11   Das erklärt auch den Umstand, wieso der flüchtig bekannte Mann, mit dem »Frau« spontan ein einmaliges Techtelmechtel erlebt, gewöhnlich nicht für eine dauerhafte Beziehung in Frage kommt. Denn immerhin scheint *er* ja nicht viel gegen spontan beschlossene sexuelle Abenteuer mit fremden Damen zu haben; wahrscheinlich auch dann nicht, wenn man mit ihm eine bodenständige Beziehung eingehen würde. Mit anderen Worten: *Die besten Spender sind oftmals nicht die zuverlässigsten Väter.*

12   Die tiefenpsychologischen Erklärungen werden hierbei vorerst ausgeklammert. Wir werden sie weiter unten ausführlich berücksichtigen.

sonen stammten aus den Ländern USA, Niederlande, Deutschland, Japan, Korea und Simbabwe. Es ging um die Frage bzw. die Entscheidung, welche Konstellation emotional alarmierender sei:

1. Man entdeckt, dass der Partner eine *emotionale* Bindung zu einem andersgeschlechtlichen Menschen aufgebaut hat. Mit jenem wurden Vertraulichkeiten austauscht. Sex dagegen hat zu *keinem* Zeitpunkt stattgefunden;

2. Es kommt heraus, dass das Pendant mit einem andersgeschlechtlichen Individuum einen (!) *sexuellen* Seitensprung erlebt hat. Ein emotionaler Austausch blieb bei diesem einmaligen Techtelmechtel außen vor.

Das wichtigste Ergebnis der Befragung: <u>Für Männer ist die Vorstellung, die Freundin würde sexuell untreu, das größte Grauen. – Die Mehrheit der Frauen hingegen lehnt den Gedanken schärfer ab, ihr Partner würde eine emotionale (sogar nicht-sexuelle) Beziehung zu einer anderen Frau aufnehmen.</u>

Auch eine neuere Studie von George BRASE u.a. (University of Sunderland) bestätigt diesen weltweit gültigen Befund.

In einer eigenen Untersuchung (vgl. Abschnitt 2.2) bin ich dieser Thematik nachgegangen. Die Ergebnisse sind sehr aufschlussreich, wie Sie später sehen werden.

2.1.1.1 Wann Frauen eifersüchtig werden

> »Da anderweitiges emotionales Engagement das verlässlichste Zeichen für [. . .] verhängnisvollen Verlust ist, reagieren Frauen besonders sensibel auf Hinweise über die Gefühle des Partners für andere Frauen.«
> *– David BUSS* (2003, S. 17)

Wie kommt die Mehrheit der Frauen überhaupt dazu, hochgradig eifersüchtig zu werden, sobald der Partner emotional mit einer Nebenbuhlerin anbandelt? (Zudem ist erstaunlich, dass weibliche Missgunst sogar unabhängig davon entsteht, ob eine sexuelle Komponente bei der Außenbeziehung mitschwingt oder nicht.)

Aus evolutionsbiologischer Perspektive leuchtet dies mittlerweile schnell ein: Die eigene Beziehung wird aus Sicht der Frau am ehesten gefährdet, wenn der Mann sein Interesse, seine Aufmerksamkeit und seine materiellen Ressourcen, die er z.B. in Geschenke und sonstige Aufmerksamkeiten investiert, einer Konkurrentin zukommen lässt. – Eine einmalige »Sexgeschichte« andererseits, also ein One-night-stand, wäre zwar auch höchst verwerflich – immerhin verheißt dies normalerweise eine Kränkung des Selbstwertgefühls –, aber das Abenteuer würde beileibe nicht *dauerhaft* schädigend sein. Denn im

Falle eines nächtlichen Techtelmechtels wird der Partner mit der Geliebten wahrscheinlich nicht das Weite suchen.

Erstaunlicherweise scheinen viele Vertreterinnen des weiblichen Geschlechts die Tatsache zu spüren, dass ein einmaliger Seitensprung des Freundes nicht den Verlust der emotionalen Basis der eigenen Beziehung bedeutet. Vielleicht erahnen Frauen dies intuitiv »aus dem Bauch heraus« (was wieder im evolutionären Kontext sinnvoll wäre). Doch das ist lediglich meine Vermutung; sie bedarf der wissenschaftlichen Überprüfung.

Warum Männer fremdgehen

Seitensprünge sind im Allgemeinen Männersache – wenn wir dem Volksmund glauben schenken wollen. Das zeigen auch Alltagserfahrungen (und die Wissenschaft). In einer Untersuchung von BUSS (1998) gaben die befragten Männer im Durchschnitt an, sie würden sich acht Sexualpartner in den nächsten drei Jahren wünschen, Frauen hätten gerne lediglich einen bis zwei.

Auf der anderen Seite spielen auch Emotionen in Hinsicht auf sexuelle Abenteuer eine große Rolle, d.h. hier haben wir wieder einen Geschlechtsunterschied vorliegen. Die meisten Männer können sich demnach generell gut vorstellen, Sex mit Personen zu praktizieren, zu denen sie keine persönlichen Beziehungen pflegen. Ferner müssen auch keine wohlwollenden Meinungen oder positiven Gefühle gegenüber der Sexualpartnerin in spe bestehen. Anders die Mehrheit des weiblichen Geschlechts. Für die meisten Frauen ist Sex mit Männern, die sie nicht lieben oder mögen, nicht oder nur sehr schwer denkbar.

Das männliche Geschlecht scheint auch in Bezug auf Affären in der Partnerschaft williger zu sein, was eine Arbeit von JOHNSON (1970) zeigt. Demnach hat ca. die Hälfte (48%) der interviewten Männer zugegeben, sie würden die Möglichkeit, außerehelichen Sex zu erleben, nicht ausschlagen. Nur 5 Prozent der Frauen waren derselben Meinung. Ein Geschlechtsunterschied par excellence!

Warum verhält es sich so? Bei der Klärung dieser Differenz wird meistens abermals auf die ungleichen körperlichen Ausgangsbedingungen der Geschlechter verwiesen. Konkret gesagt: Ein Mann produziert permanent ausreichend Spermien und könnte mit, sagen wir, 100 Frauen in einem Jahr eine Menge Kinder zeugen, im Optimalfall eben 100. Eine Frau indessen könnte mit 100 Liebhabern in derselben Zeitspanne generell nur ein Menschenkind gebären.

Eine andere Verschiedenheit betrifft, wie erwähnt, den Umfang der Investition in eine Zeugung. Männer brauchen für die Befruchtung nur wenige Stunden, Minuten oder gar Sekunden. Demgegenüber müssen sich Frauen mit den potenziellen Folgen dieser Aktion auseinandersetzen. Mit anderen Worten, sie müssen sich vielleicht auf eine nachträgliche Zeitspanne von neun Monaten einstellen, die körperliche und seelische Beeinträchtigungen mit sich bringt.

Männer können es sich also, um es wissenschaftlich-nüchtern auszudrücken, emotional und materiell eher leisten, mal eben fremdzugehen. Entspricht das der männlichen Natur? Evolutionstheoretiker sind davon überzeugt: »Männer phantasieren über attraktive Frauen mit viel nackter Haut, die leicht zu haben sind und wenig Verbindlichkeit fordern« (BUSS 2003, S. 167).

Aus Sicht der Evolutionstheorie hat dieses Charakteristikum wieder einen Sinn: Männer erhöhen durch die praktizierte Untreue letzten Endes ihren reproduktiven Erfolg, d.h. sie pflanzen sich effektiver fort. Indessen sind Frauen hinsichtlich dieser Angelegenheit eher benachteiligt. Sie müssen sich schon genau überlegen, mit wem sie Sex haben – wegen der potenziellen Folgen.

Halten wir kurzerhand fest: Der Anreiz zum außerehelichen Sex liegt aus der Sicht des männlichen Geschlechts schlicht und einfach in der effektiveren Reproduktion. Das ist übrigens das metaphysische Ziel jeglichen Lebens auf Erden. Männer versuchen also (nach evolutionstheoretischen Überlegungen) »ihrer Natur« nachzukommen, indem sie möglichst viele Frauen befruchten. Ähnlich verhält es sich mit Frauen, die Doppelverpaarungen praktizieren (siehe oben).

Wichtig ist: Die charakteristischen männlichen und weiblichen Verhaltensweisen sind weitgehend unbewusst. Liierte Männer »auf der Pirsch« sagen sich wahrscheinlich nicht: »So, in dieser Nacht möchte ich mich auf breiter Front reproduzieren!«

»Findest du sie attraktiv?« – »Liebst du sie?«

Oben haben wir festgehalten, dass Frauen vorwiegend zur Missgunst neigen, wenn der Partner positive Gefühle gegenüber einer Nebenbuhlerin entwickelt.[13] Aber Eifersucht auf Grund von emotionaler Untreue wird natürlich vor allem bei einem längerfristigen außerhäusigen Techtelmechtel mit Konkurrentinnen relevant.

---

13 Eine derartige Konstellation findet man hervorragend dargestellt in der Filmproduktion *Darf ich bitten?* (2004). Richard Gere spielt einen verheirateten Mann in mittleren Jahren, der ein unspektakuläres, geordnetes, geradliniges Leben führt, ohne wirkliche Höhepunkte. Als er eines Tages nach Feierabend mit der S-Bahn quer durch die Stadt fährt, sieht er am Fenster eines Wohnhauses für Sekundenbruchteile eine attraktive Frau stehen, gespielt von Jennifer Lopez, in die er sich sofort verliebt (Liebe auf den ersten Blick sozusagen). Er findet heraus, dass sie in einer Tanzschule als Lehrerin arbeitet. Er meldet sich dort an, um ihr näher zu kommen. Seiner Ehefrau verschweigt er dies. Doch irgendwann spürt sie etwas (weibliche Intuition?), er blüht ja verständlicherweise auch im Alltag auf. Sie entwickelt daraufhin eine ausgeprägte Form von Eifersucht, die bei derartigen emotionalen Seitensprüngen (sexuell ist nichts zwischen ihrem Mann und der Unbekannten gelaufen) in dieser Art üblich ist (vgl. Abschnitt 2.1.1.2).

Wir dürfen ferner davon ausgehen, dass, wenn eine Frau ihren Mann auf einer Party beim Flirten mit einem anderen »Weibchen« beobachtet, noch ein anderes relevantes Kriterium auf den Plan tritt: der Grad der Attraktivität. Stellen wir uns einmal genau diesen Fall vor. Viele eifersüchtige Frauen neigen in derartigen Situationen zum unmittelbaren *Vergleich des eigenen Erscheinungsbildes mit dem der Konkurrentin* (BUUNK & DIJKSTRA 1998).

Es gibt übrigens, Sie werden es wissen, einen bestimmten Typ des weiblichen Geschlechts, der ganz leicht den Neid der meisten anwesenden Frauen auf sich zieht. Parallel hierzu reizt dieser Charakter aber auch die Mehrheit der Männer am effektivsten, am eindrucksvollsten. Ich habe Derartiges selbst des Öfteren auf Partys erlebt, der eine oder andere Leser bestimmt auch. *Sie* tritt ein – und die Stimmung beginnt augenblicklich zu knistern. Männliche Blicke durchbohren sie, die anwesenden Frauen demgegenüber tuscheln irgendwann über die »Tussi«, »Schlampe«, das »Luder« usw. Die Chemie zwischen den aufeinander treffenden Damen stimmt schon »aus dem Bauch heraus« irgendwie nicht. Derartige Vamps, manche offenbaren eine hysterische Persönlichkeitsstruktur (vgl. Abschnitt 4.3.4), vereinigen gewöhnlich alle Attraktivitätsmerkmale, die von Mutter Natur überhaupt vergeben werden können. Gemeint sind diese (auch gesellschaftlich hoch im Kurs stehenden) Schönheitsideale:

➤ symmetrisches Gesicht,
➤ verführerisch geschminkter Augenbereich,
➤ vitale Haarstruktur,
➤ makellose jugendliche Haut,
➤ schlanke Figur,
➤ offene (aufreizende) Körpersprache,
➤ eine eng anliegende (mondäne) Kleidung,
➤ ausgeprägte sekundäre Geschlechtsmerkmale.

Sollte ein liierter Mann mit einem derartigen Vamp flirten, kann es leicht passieren, dass seine Lebensgefährtin früher oder später sehr kühl oder aufbrausend wird, was natürlich abhängig ist von ihrem elementaren Temperament.

Die Erklärung: Argwöhnische Frauen scheinen letzten Endes unbewusst zu wissen, welche weiblichen Merkmale von Männern im Allgemeinen präferiert werden. Nicht von ungefähr kommt es auch, dass Partnerinnen in Hinsicht auf eine Konkurrentin früher oder später wissen wollen: »Findest du sie attraktiv?«

Frauen werden also, zusammenfassend gesagt, bei spontanen Flirts ihres Gatten am ehesten eifersüchtig, wenn die Rivalin

➤ jünger,
➤ aufreizender und
➤ attraktiver erscheint.

So viel zur Psychologie des spontanen Techtelmechtels von liierten Männern in fremden Gefilden. Ganz anders verhält es sich natürlich bei waschechten außerehelichen Beziehungen. Ich meine diejenigen Verhältnisse, die erst nach *längerer Zeit* von der Gattin entdeckt oder vom Ehemann gebeichtet werden. Die hintergangene Frau hat zunächst drei Möglichkeiten: Sie kann (a) sich trennen, (b) das außereheliche Verhältnis tolerieren – was viel seelischen Schmerz mit sich bringt – oder (c) um ihren Mann kämpfen, ihn zurückerobern wollen.

Gehen wir einmal von der dritten Möglichkeit aus. Interessanterweise neigen nicht wenige Frauen in diesem Fall zum geschlechtstypischen Verhalten, wie wir es oben festgehalten haben. Eine weibliche Strategie, den Mann zu beeindrucken, entspricht geradewegs den evolutionstheoretischen Gesetzmäßigkeiten: Die Frau optimiert das weibliche Erscheinungsbild. Das heißt, nicht selten werden öfter Frisörtermine festgelegt, ausgewählte Bekleidungsgeschäfte oder Fitnessstudios frequentiert usw.

Viele Frauen trennen sich aber auch, sobald sie den Treuebruch bemerken, weil sie in der emotionalen Doppelrolle des Partners, die vor allem bei längerfristigen Abenteuern existent zu sein scheint, den Verlust der gemeinsamen Vertrauensbasis vermuten. Dabei kommt es selbstredend auch immer auf die derzeitige Lebenssituation der Hintergangenen an: Bin ich gerade schwanger? Übe ich einen Beruf aus? Werde ich von meinem sozialen Umfeld nach einer Trennung noch anerkannt? – Es geht also häufig um die Frage: Was setze ich aufs Spiel, wenn ich *ihn* verlasse?

2.1.1.2 Was bei Männern generell Eifersucht auslöst

> »Aus der Sicht [. . .] unserer männlichen Vorfahren bestand die schlimmst
> mögliche Form der Untreue, die eine Partnerin begehen konnte – zumindest was
> Reproduktion betrifft –, in sexueller Untreue. Die sexuelle Untreue untergräbt das
> Vertrauen des Mannes, der leibliche Vater ihrer Kinder zu sein.«
> – *David BUSS* (2003, S. 16)

Über die verschiedenen Ausprägungen von männlicher Eifersucht in unserer Gesellschaft wurde schon gesprochen. Nun wollen wir sehen, bei welchen Anlässen sie am ehesten zutage treten. – Zunächst ist festzustellen, dass Männer grundsätzlich keine Eifersucht verspüren, wenn ein *nicht* ernst zu nehmender Rivale auftaucht, dieser löst bekanntlich keinerlei Neidregungen aus. Anders gesagt: »Dann muss man sich ja keine Gedanken machen.« Weil Eifersucht in der Tat sehr viel mit Neid zu tun hat, können wir annehmen: animalische Schattenseiten werden dann erweckt, wenn ein Konkurrent auf den Plan tritt, der auf hochgeschätzten, allgemein anerkannten »maskulinen« Themengebieten etwas voraushat. Diesem »Etwas« sind Evolutionstheoretiker auf die Schliche gekommen. Relevant sind demnach vor allem diese Angelegenheiten:

➤ *Die Fähigkeit, materielle Ressourcen zur Verfügung zu stellen* (diese Kompetenz ist den meisten Frauen sehr wichtig),

➤ *die soziale Stellung in der Gesellschaft* (wird vom weiblichen Geschlecht allgemein hochgeschätzt),

➤ *Ehrgeiz* (diese Eigenschaft bürgt generell für eine erfolgreiche Karriere),

➤ *Intelligenz* (dito),

➤ *hohe Attraktivität des äußeren Erscheinungsbildes* (vermittelt Beschützer- und Versorgermerkmale und gesundes Erbgut).

Die hohe Relevanz dieser Phänomene wird in nahezu allen Studien bestätigt. Ein Beispiel: Nach BUUNK & DIJKSTRA (1998) sind Männer *erst dann* anderen Geschlechtsgenossen gegenüber missgünstig gestimmt, wenn jene in mindestens einer der eben genannten Eigenschaften überlegen sind.

Derartige Aspekte sind interessanterweise genau die Charakteristiken, bei denen Frauen am wahrscheinlichsten schwach werden. Demnach scheinen auch die meisten Männer unbewusst zu erahnen, was das weibliche Geschlecht auf dem Partnermarkt sucht. Dieser (emotional spürbaren) Tatsache ungeachtet, habe ich bei vielen Alltagsgesprächen die Erfahrung gemacht, dass sich viele meiner Geschlechtsgenossen ungemein über die allgemeinen Suchbilder von Frauen pikieren. Da heißt es dann etwa: »Die Frauen achten doch nur darauf, ob der Mann Kohle hat, der Rest ist egal.«

Natürlich handelt es sich dabei um ein Pauschalurteil, keine Diskussion. Doch es ist insofern »etwas dran«, als Frauen tatsächlich im Durchschnitt einen wohlhabenden, gut gestellten Mann *nicht* links liegen lassen. Ja, dieser wird sogar meistens einem attraktiveren, aber letztlich mittelloseren Individuum vorgezogen (BUUNK & DIJKSTRA 1998). Denn dieses Phänomen hat einen evolutionären Sinn (da mögen sich Männer empören, wie sie wollen): Die *sichere* »Aufzucht« eines Kindes scheint hierbei mehr Erfolgsaussichten zu haben. Bei vermeintlich (wirtschaftlich gesehen) ungünstigeren Verhältnissen sieht das anders aus. Viele Frauen handeln daher unbewusst nur *natürlich*, deshalb ist jede Bewertung vonseiten der Männerwelt überflüssig.

Fahren wir nun mit dem Thema dieses Abschnitts fort.

Woran man erkennt, dass Frauen flirten

Männer werden auch insbesondere dann eifersüchtig, wenn sie merken, dass ihre Angetraute in ihrem Beisein mit Leib und Seele mit einem Widersacher flirtet.

Dies sind allgemeine, weil angeborene Flirtsignale von Frauen (vgl. DAMM 2004a, S. 45f.):

➤ Selbstberührungen aller Art, etwa Kleidung glatt streichen oder (unsichtbare) Fusseln vom Pulli entfernen (MOORE 1985);

➤ spontane Körperbewegungen, die die geschlechtsspezifischen Reize und erogenen Zonen betonen (ebenda);

➤ längerer Blickkontakt mit dem männlichen Gegenüber, der mit einem doppeldeutigen/schelmischen Lächeln kombiniert ist;

➤ plötzliche Präsentation des Brustbereichs, z.B. indem man die Schultern zurückklappt und gleichzeitig den Rücken aufrichtet;

➤ »Head toss« in Kombination mit einem »hair-flip«. »Ein ›head toss‹ beginnt mit einer schnellen Aufwärtsbewegung des Kopfes nach hinten, so dass das Gesicht nach oben schaut. Die Bewegung dauert kürzer als fünf Sekunden. Danach wird der Kopf wieder in seine Ausgangslage zurückgeführt. Ein ›hair-flip‹ besteht darin, daß die Frau eine Hand hebt und mit den Fingern durch ihr Haar fährt« (GRAMMER 2002, S. 305);

➤ sie verschränkt die Arme hinter dem Kopf (dadurch wird wiederum der Brustbereich betont);

➤ spontane Änderung der Sitzhaltung;

➤ regressive, unterwürfige Körpersprache, wodurch sie sich einer dominant-männlichen (des Gegenübers) anpasst, z.B. sich klein und schüchtern geben (Letzteres sind Verhaltensweisen, die oft von hysterischen Frauen praktiziert werden, vgl. Abschnitt 4.3.4).

Wenn einige dieser Aktionen, insbesondere die Verlegenheitsgesten, in **Kombination** präsentiert werden, können wir von echter Flirtbereitschaft ausgehen. Doch dies heißt nicht, dass man in Situationen, in denen die Partnerin flirtet, nun legitimiert wäre, gleich an die Decke zu gehen und sie anzuklagen. Auch Frauen schäkern des Öfteren einfach um des Flirtens willen, d.h. aus Spaß an der Freude. Sie wird nach einem erfolgreichen Techtelmechtel nicht gleich das Weite suchen.

Manchmal besteht die Motivation zum Flirt in fremden Gefilden aber auch darin, mit voller Absicht Missgunst beim Partner zu schüren (siehe oben). Diese Methode erweckt nämlich in positiven Fällen auch leicht eine abhanden gekommene Aufmerksamkeit. Plötzlich merkt *er*, dass er sich seiner Frau doch nicht so sicher ist, wie er annahm. Das spornt möglicherweise an, wie man sich vorstellen kann. Durch die erfolgreiche Provokation von Eifersucht fühlt sich die Frau auf der anderen Seite wieder begehrt, die Leidenschaft ist (wieder) da.

So gesehen kann man derartige Handhabungsweisen von Frauen auch als eine Art Test verstehen: Ist mein Partner noch an mir interessiert? Wird er wenigstens ein bisschen eifersüchtig werden? Wenn nicht, bin ich ihm wohl egal. Nach einer Untersuchung von WHITE (1980) haben 31 Proznt der befragten Frauen und 17 Prozent der Männer zugegeben, dass sie schon dementsprechend vorgegangen sind, um ihr Pendant zu »testen«.

Mit provoziertem Misstrauen lässt sich also wieder etwas Pep in die Beziehung bringen. Darum sagt auch Hans JELLOUSCHEK (2001, S. 102): »Man kann mit der Eifersucht sogar auf eine konstruktive Art ›spielen‹, indem man den Partner ein wenig eifersüchtig macht, um ihn aus Lethargie, Trägheit und Unaufmerksamkeit herauszureißen.«

Kommen wir aber zurück zum tatsächlich praktizierten Treuebruch. Die *sexuelle* Untreue der Partnerin bedeutet für den Mann seit Urzeiten, wie erwähnt, dass er Gefahr läuft, nicht der Vater ihrer Kinder zu sein. Darum sind logischerweise viele Männer eben auf diese Verhaltensweise am meisten eifersüchtig.

»Bleib' bei mir, ich kann dir materielle Sicherheiten bieten!«

Wenn ein Mann in einer Zweierbeziehung bemerkt, dass sich seine Partnerin von ihm entfernt, so kann er um sie kämpfen, resignieren oder sie verlassen. Nehmen wir an, er will sie nicht verlieren. Meistens werden Männer spezifische Praktiken wählen, welche ebenso in den Kontext der Evolutionstheorie passen. Viele streben daher an, ihrer Partnerin zu imponieren, indem sie von den materiellen Ressourcen sprechen, zu denen sie Zugang haben. Häufig sind auch in »Zeiten der Bewährung«, also wenn man es noch einmal miteinander versucht, spontane Geschenke auffällig, die er sich einiges kosten lässt, z.B. ein aufwändiges Dinner, eine Wochenendreise, Schmuck usw.

Derartige Verhaltensweisen spiegeln andererseits haargenau die Suchkriterien bei der Partnerwahl wider: Frauen bevorzugen im Allgemeinen ja vermögende und materiell gut gestellte Männer.

Übrigens, schon die Alltagserfahrung zeigt die Relevanz der evolutionären Prinzipien sehr deutlich. Achten Sie einmal bewusst darauf, wenn Personen aus der Glitzer- und Glamourwelt, ferner populäre Spitzensportler usw. mit ihrem Anhang bei öffentlichen Auftritten zu sehen sind. Eines können Sie ganz gewiss feststellen: Egal, wie unsymmetrisch oder biologisch ungesund das volksbeliebte und gefragte Individuum erscheint: Das Pendant entspricht im Allgemeinen im höchsten Maß den gängigen Suchbildern von Männern bzw. Frauen. Das heißt, es handelt sich dabei vorwiegend um Alpha-Männchen bzw. -Weibchen.

Fazit

»Eifersucht er[weist] sich nicht einfach nur als Hinweis auf eine ›Persönlichkeitsstörung‹. Sie kommt bei ganz normalen Personen mit keinerlei Anzeichen von Neurosen oder Unreife zum Ausdruck. Darüber hinaus hat Eifersucht tiefe evolutionäre Wurzeln, die entscheidend für Erfolg und Reproduktionsfähigkeit unserer Vorfahren waren.«

– *David BUSS* (2003, S. 44)

Eifersucht ist nach Auffassung von Evolutionsbiologen eine Adaption, eine natürliche Anpassungsfunktion – sie entspricht daher einer »evolutionären Logik« (BUSS). Missgunst stellt sozusagen eine Lösung für ein urzeitliches Problem im menschlichen Miteinander dar, das im Laufe der Evolution aufgetreten ist. Männer müssen in Partnerschaften demnach von Natur her eifersüchtig sein, um zu verhindern, dass ihre Partnerin die DNA eines Konkurrenten empfängt und ein Kind von Letzterem gebärt. Auf der anderen Seite neigen Frauen charakteristischerweise zur Eifersucht, weil es logisch erscheint, die sexuelle und emotionale Untreue des Mannes zu unterbinden, um ihn nicht dauerhaft an eine Nebenbuhlerin zu verlieren.

Die Natur verfährt bezüglich der Ausprägung der dunklen Leidenschaft frei nach dem Motto: *Lieber ein bisschen zuviel als zuwenig.* Oftmals heißt es daher: Fehlalarm. Doch in Hinsicht auf den Fortbestand der Krone der Schöpfung ist dies vergleichsweise ein kleines Übel.

Kritik

Trotz aller empirischen Überzeugungskraft: Die Perspektive der Evolutionstheorie hat ihre blinden Flecke und Schwachstellen. Die Erklärung dieser Phänomene bleibt offen:

1. Wie kommt es, dass viele Menschen einen Partner für eine Zweierbeziehung auswählen, der sie äußerlich und oft auch charakterlich an den andersgeschlechtlichen Elternteil erinnert? Demnach bestimmt dann und wann der Faktor »Ähnlichkeit« und nicht »Attraktivität« die Wahl (PERRET u.a. 1994).
2. Warum gibt es in Hinsicht auf die Partnerwahl spezifische Arten des Fetischismus, z.B. ein Anreiz für Fettleibigkeit oder Magersucht, die die biologischen Gesetze auf den Kopf stellen?
3. Weshalb suchen manche Menschen Pendants, die die eigenen charakterlichen Mängel ausgleichen sollen? Warum hat dabei äußere Attraktivität keinerlei Bedeutung (vgl. JUNG 1928/2001 und SILVERSTEIN 2005)?
4. Warum wählen allgemein begehrte Männer, so genannte Alpha-Männchen, Frauen jenseits der 50, die im Allgemeinen nicht mehr fruchtbar sind, für eine Partnerschaft aus (wenn doch die »bestmögliche« Fortpflanzung das höchste Ziel der Naturdetermination ist)?
5. Wenn Männer mit hohem sozialen Status und materiellem Reichtum von Frauen besonders begutachtet werden, wieso werden dann häufig auch Junggesellen für eine Zweierbeziehung in Betracht gezogen, die offensichtlich ein Risiko in Hinsicht sowohl auf die Bindung als auch auf die Nachkommenschaft darstellen, z.B. Süchtige, Gewalttäter, Verwahrloste usw.?

Diese Phänomene lassen sich erfreulicherweise mithilfe von tiefenpsychologischen Ansätzen und Lerntheorien befriedigend beantworten. Diese Wissenschaften spezialisieren sich u.a. auf frühkindliche Einflüsse. Zu diesen Perspektiven kommen wir später. Im Folgenden möchte ich noch meine eigene Untersuchung vorstellen, die evolutionstheoretischen Überzeugungen nachgeht.

2.2 Eigene Untersuchung –
»Verzeihen eher Frauen einen Seitensprung?«

Einige Erkenntnisse der evolutionstheoretischen Forschung sind in der Tat höchst anregend, aber gegenwärtig auch höchst umstritten, z.B. an Universitäten, in Parteien und insbesondere in Frauencafés und -zeitschriften. Vor allem gegen die Geschlechterunterschiede wird »Sturm gelaufen«. Das passiert meistens deshalb, weil sich beispielsweise einige Psychologen vom Fach (meistens Frauen) an der Annahme einer Existenz von natürlichen Differenzen zwischen den Geschlechtern stoßen, egal, um welchen Kontext es auch immer geht. Daher wird auch üblicherweise erst einmal das »Kind mit dem Bade ausgeschüttet«, d.h. es wird spontan abgewehrt. Einige Wissenschaftlerinnen meinen wahrscheinlich, man würde die Frau diskriminieren und unterdrücken, wenn man sie hinsichtlich der Themen »Partnerwahl« und »Eifersucht« auf typisch weibliche Verhaltensmerkmale festlegt, die auch noch angeboren sein sollen. Ein Fehlschluss derartiger Kritiker, wie wir gesehen haben, der wahrscheinlich oftmals durch spezifische Kindheitserfahrungen hervorgerufen wird, die verinnerlicht, aber verdrängt wurden; man denke hierbei etwa an erfahrene Diskriminierungen gegen das weibliche Geschlecht. Es gibt die beschriebenen Unterschiede, kein Zweifel. – Hierzu habe ich eine kleine Studie im Winter 2004 durchgeführt.

2.2.1 Forschungsziele

Ich wollte demnach eine populäre Theorie von David BUSS (2003) selbst überprüfen, und zwar diejenige, nach der Frauen – auf Grund von evolutionstheoretischen Überlegungen – eine einmalige *sexuelle* Untreue des Partners eher verzeihen als Männer. Wie wir ja oben festgestellt haben, sollten Frauen stärker eifersüchtig bei *emotionalen* Treulosigkeiten sein.

Daneben war ich auch neugierig auf die Klärung dieser Frage: Spielt das Lebensalter bei der Einschätzung der Brisanz des Seitensprungs eine Rolle? Ein weiterer Aspekt, der in meiner kleinen Studie relevant war, betrifft die Aggression: Werden eher Männer beim Entdecken der Untreue aggressiv oder Frauen? Ferner wollte ich auch diesen Fragen nachgehen: Sind Frauen daran interessiert, ob die kurzzeitige Geliebte attraktiv(er) war? Wollen Männer (insgeheim) wissen, was der Geliebte »hatte«, was sie vermeintlich nicht haben?

2.2.2 Fragebogen

Um diese Problemstellungen befriedigend und möglichst eindeutig zu klären, habe ich einen adäquaten Fragebogen entworfen (siehe Anhang). Er beginnt mit einer fiktiven

Geschichte, in der Folgendes erzählt wird: Der Partner beichtet unter Tränen, dass er vor drei Monaten nach einem Diskobesuch mit einem unbekannten Individuum des anderen Geschlechts einen One-night-stand »begangen« hätte (wer gerade keinen Lebensgefährten hatte, sollte sich eine Zweierbeziehung vorstellen). Der Partner sagt, er wisse nicht genau, wie es dazu kam; wahrscheinlich zu viel Alkohol. Er hat die betreffende Person, die an diesem Abend nur zufällig in der Stadt war, daraufhin nie wieder gesehen und wird sie auch nie wieder treffen. Eine einmalige Sache also. Es war »nur« Sex – ohne Gefühl, ohne Emotion.

Selbstverständlich wurde die Geschichte für beide Geschlechter entsprechend formuliert. Im Anschluss an die Schilderung des Falles konnten die Versuchspersonen vier mögliche Reaktionen erwägen:

»Ich würde ...
1. ... aus ›Rache‹ selbst einen ONS (One-night-stand) erleben wollen;
2. ... gegenüber meinem Partner aggressiv werden;
3. ... meinem Partner irgendwann verzeihen können.«

Die vierte Möglichkeit lautete (für Männer): *Ich würde (insgeheim) wissen wollen, was der Typ zu bieten hatte, was ich nicht habe* bzw. (im Fall einer weiblichen Probandin): *Ich würde (insgeheim) wissen wollen, ob die Frau attraktiver war als ich.* Mehrfachnennungen waren möglich.

Neben dem Geschlecht wurden ferner auch das Alter und der Berufsstatus erfasst. Letzteres wurde verschlüsselt, also codiert, von 1–3: 1 = arbeitslos, 2 = Student/in, 3 = berufstätig.

Bevor ich die Untersuchung durchführte, stellte ich verschiedene Vermutungen an:
1. Männer neigen eher zu Aggressionsausbrüchen.
2. Das männliche Geschlecht »rächt« sich eher durch einen One-night-stand, (a) weil man generell in seiner »Ehre als Mann« gekränkt wurde, (b) da man wahrscheinlich dazu neigt, seinen reproduktiven Erfolg, der ja nun gefährdet ist, bei einem anderen »Weibchen« sicherzustellen.
3. Frauen wollen eher wissen, ob die Konkurrenz attraktiver war.
4. Frauen verzeihen eher den Seitensprung, weil es sich um eine *einmalige* Sache handelte, die in unserem Fall keine emotionalen Tendenzen beinhaltete.

2.2.3 Befragung

Durchgeführt wurde die Studie, wie bereits erwähnt, im Winter 2004. Woher, so habe ich mich anfangs gefragt – diesem Aspekt muss sich jeder Sozialforscher stellen –, bekomme ich die Daten, also die Versuchspersonen? Dies war glücklicherweise kein Problem. Weil ich in dieser Zeit beruflich in Karlsruhe zu tun hatte, verlegte ich meine Erhebung vorwiegend dorthin.

Mit einem Stapel Fragebögen bepackt durchstreifte ich von November bis Dezember 2004 des Öfteren die Karlsruher Erlebnisgastronomie. Ich sprach die verschiedensten Singles und Paare an, die mir über den Weg liefen. Die meisten Testpersonen konnte ich übrigens in Diskotheken für meine Studie begeistern. Der erhöhte Lärmpegel brachte es leider mit sich, dass ich die Anweisungen bezüglich des Fragebogens in verschiedene Ohren brüllen musste; doch es hat sich gelohnt (siehe unten). Mittlerweile kenne ich die Karlsruher Nachtszene recht gut. Aber ich hatte auch großen Erfolg auf meinen Bahnreisen von Landau (Pfalz) nach Karlsruhe. Darüber hinaus half mir meine Freundin Astrid WEISS; sie befragte Testpersonen in Worms, vor allem in Fitness-Studios und Cafés.

2.2.4 Erfahrungen

Die meisten Menschen, die ich bat, an der Studie teilzunehmen, willigten ein. Die verweigernde Minderheit, ca. 7 Prozent aller Kontaktpersonen, setzte sich vorwiegend aus Individuen zusammen, die sich von den Fragen abgestoßen fühlten. Ich kann mir auch im Nachhinein vorstellen, dass der eine oder andere zum Zeitpunkt der Studie gerade unliebsame Erfahrungen mit dem Thema »Eifersucht« gemacht hat. Die anderen (wenigen) abblockenden Individuen fühlten sich ganz offenbar von dem sexuellen Hintergrund der Befragung bedroht (es ging ja vorwiegend um sexuelle Untreue). Die interessanteste Antwort einer ca. 23-jährigen Studentin lautete: »So etwas fülle ich nicht aus!« Tja, die Sexualität ist trotz FREUD nicht selten immer noch tabuisiert. Und dann sagt Viktor FRANKL, das Hauptanliegen des modernen Menschen wäre die Sinnfrage und nicht mehr die Sexualität.

Denkbar ist natürlich auch, dass mein ausgewähltes Thema bei einigen Ansprechpartnern sofort der Verdrängung anheim fiel. Wer z.B. den Gegenstand, also den Seitensprung, a priori in *seiner* Beziehung als *nicht möglich* abwehrt, d.h. ins Unbewusste verdrängt, der muss natürlich sofort flüchten, sobald er (oder sie) mit der Angelegenheit konfrontiert wird. Derartige Menschen sind nämlich unbewusst der Überzeugung: »Was nicht sein *darf*, das *kann* nicht sein.«

In vielen Gesprächen wurden mir auch einige Schwachstellen des Bogens klar. So wird z.B. nicht die individuelle – aktuelle – Lebenssituation berücksichtigt. Sicher gäbe es, so die Meinung vieler weiblicher Versuchspersonen, Situationen, in denen man mit Seitensprüngen des Partners anders umgehen würde als im »Normalfall«. Ein dementsprechender Fall läge etwa dann vor, wenn die Hintergangene gerade im dritten Monat schwanger wäre o.Ä.

Wir können jedoch trotz dieser Feststellung davon ausgehen, dass die hohe Anzahl an befragten Personen derartige seltene, sicherlich durchaus relevante und anfallende Angelegenheiten weitgehend kompensieren, d.h. ausgleichen.

2.2.5 Teilnehmerinnen und Teilnehmer

Kommen wir zur Beschreibung der befragten Gruppe. Insgesamt haben an der Studie 252 Personen teilgenommen, genauer gesagt, 133 Männer und 119 Frauen. Das Durchschnittsalter der Frauen beträgt 27,2, das der Männer 28,4 Jahre.

Keiner der teilnehmenden Männer ist arbeitslos (0 Prozent), 45,1 Prozent studieren an einer Fachhochschule oder Universität, 54,9 Prozent sind arbeitstätig. Die Verteilung der Frauen ähnelt der der Männer: Keine (0 Prozent) ist erwerbslos, 46,2 Prozent sind Studentinnen, demzufolge haben 53,8 Prozent einen Arbeitsplatz.

2.2.6 Ergebnisse

Nun zu den Resultaten. Wie verarbeiten Männer und Frauen einen sexuellen Seitensprung des Pendants?

Wie zu erwarten war, wird ein großer Anteil des männlichen Geschlechts aggressiv, nämlich 42 Prozent. Rund ein Drittel der Männer zieht in Erwägung, aus »Rache« selbst einen One-night-stand zu erleben (30 Prozent). 36,1 Prozent sind gewillt, der Partnerin irgendwann zu verzeihen. 45,1 Prozent, ca. die Hälfte, würden (insgeheim) wissen wollen, was der Nebenbuhler vergleichsweise zu bieten hatte.

Zu den Frauen ist Folgendes zu sagen: 10,9 Prozent, also eine verschwindend geringe Menge, würden sich mit einem selbst praktizierten One-night-stand »rächen«. Erstaunlicherweise reagieren 48,7 Prozent der Frauen spontan mit Aggressionen gegen den Partner, was ja eigentlich eine Handhabe ist, die man eher dem männlichen Geschlecht zuschreibt. Der größte Anteil der befragten Frauen verzeiht dem Pendant irgendwann den Seitensprung (72,3 Prozent). Für die vierte Reaktion haben sich 47,1 Prozent entschieden: diese Gruppe würde sich demnach für den Grad der Attraktivität der Konkurrentin interessieren.

Bemerkenswert war auch folgender Befund: 80 Prozent (!) der Frauen über 35 verzeihen irgendwann den Seitensprung des Mannes. Wir können hier nur Vermutungen anstellen: Sind verschiedene Erfahrungswerte in der Zweierbeziehung für diesen Trend verantwortlich? Weitere Studien müssen sich dieser Thematik annehmen.

Überprüfung der Annahmen

Anhand der dargestellten Ergebnisse der Studie können wir nun die anfangs aufgestellten Hypothesen überprüfen:

Annahme 1: Männer neigen eher zur Aggression.

Die Hypothese wird verworfen. 42 Prozent der Männer und 48,7 Prozent der Frauen geben an, sie würden auf das Geständnis des Partners spontan mit Angriffen reagieren. Im vorliegenden Projekt wurde also kein nennenswerter Geschlechtsunterschied festgestellt.

Annahme 2: Das männliche Geschlecht rächt sich eher durch einen selbst praktizierten One-night-stand.

Die Hypothese bleibt bestehen. Wie die Studie gezeigt hat, neigt ca. jeder dritte Mann, genauer gesagt 30 Prozent der befragten Personen, zu dieser Handhabe. Lediglich 10,9 Prozent der weiblichen Gruppe haben sich mit dieser Reaktion angefreundet, also ca. jede Zehnte.

Annahme 3: Frauen wollen eher wissen, ob die Konkurrenz etwas voraushat.

Die Hypothese wird verworfen. 47,1 Prozent der Frauen entschieden sich für diese Reaktion, aber auch 48,9 Prozent der Männer. Daraus folgt, dass kein Geschlechtsunterschied in Bezug auf diese Thematik besteht.

Annahme 4: Frauen verzeihen eher einen Seitensprung.

Die Hypothese bleibt bestehen. Fast $^3/_4$ der befragten Frauen, 72,3 Prozent, sehen ihrem Pendant irgendwann das einmalige Abenteuer nach. Demgegenüber sind »nur« 45,1 Prozent der Männer dazu bereit.

2.2.7 Fazit

Die vorliegende Untersuchung stützt einen wesentlichen Befund der Evolutionstheorie, nämlich diesen:

<u>Frauen verzeihen eher einen sexuellen Seitensprung. Denn eine einmalige Untreue des Mannes gefährdet aus evolutionstheoretischer Perspektive nicht die Partnerschaft. Männer hingegen erscheinen eifersüchtiger, weil die sexuelle Untreue der Frau die Gefahr einer »Fremdbefruchtung« mit sich bringt, d.h. den eigenen reproduktiven Erfolg in Frage stellt.</u>

Auf der anderen Seite bestätigte sich eine weitere Annahme, die bisher – meines Wissens – noch nicht wissenschaftlich untersucht wurde:

Ein Großteil der Männer scheint intuitiv nach einem entdeckten Seitensprung der Partnerin mit einem eigenen Abenteuer »dagegenzuhalten«, um die Gefahr einer Fremdbefruchtung zu kompensieren. Mit anderen Worten, durch eigene Reproduktionsversuche in fremden Gefilden soll der »natürliche Auftrag« letztendlich erfüllt werden (was biologisch gesehen folgerichtig wäre).

Natürlich müssen die eben aufgestellten Hypothesen weiter untersucht werden.

Ich möchte nun wieder zur Argumentation zurückkehren und somit auf philosophische Auffassungen zu sprechen kommen, die u.a. den Fragen nachgehen, warum es Eifersucht im menschlichen Alltag gibt und ob wir sie mittels der Vernunft angehen können.

2.3 Sichtweisen von Philosophen

Ethische Grundfragen, mit denen sich Philosophen beschäftigt haben, sind fast immer auf den Menschen und seine alltäglichen Handlungen ausgerichtet gewesen (vgl. STÖRIG 1959/1999). Dass Gefühle wie Eifersucht, Neid, Bosheit usw. zweifelsohne eine große Rolle im Miteinander spielen, wurde von Denkern in den verschiedenen Epochen mal mehr, mal weniger berücksichtigt.

Auf einige Menschenbilder und Ethiken, die seit Beginn der abendländischen Philosophie in Griechenland erschaffen wurden, wollen wir exemplarisch eingehen. Dabei unterscheiden wir zwischen Philosophen, die sich durch eine optimistische Sichtweise (Eifersucht ist überwindbar) und eine pessimistische Anschauung (Missgunst ist unausrottbar) charakterisieren.

Optimisten

Ohne Zweifel ist PLATON (427 v. Chr.–347 v. Chr.) ein Optimist in diesem Sinn. Er sieht die menschliche Seele als dreigeteilt an: Denken, Wille und Begierde. Eifersucht und Neid würden demnach in den Bereich »Begierde« fallen, sie sind sozusagen ja Begleiterscheinungen der Triebe. Gibt es Unsterblichkeit nach PLATON? Ja! Unsterblich ist das Denken, d.h. die reine Vernunft. Weil die Seele nach dem populärsten Schüler des SOKRATES unsterblich ist und nach dem Tod einen anderen Körper »beseelt« (Prinzip der Seelenwanderung), zählt vor allem ein *vernünftiger* Lebensstil – nach philosophischen Grundsätzen, versteht sich.

PLATON hat, wie man anhand der kurzen Beschreibung schließen kann, die Vernunft im Vergleich zur Körperlichkeit, zur Gefühlswelt sehr stark überbewertet. Eigentlich hat er der Sinnlich- bzw. Leiblichkeit sogar misstraut, was etwa im *Höhlengleichnis* deutlich wird. So sagt er an einer Stelle: »Der Körper ist das Grab der Seele.«

Fazit (in Bezug auf unser Leitthema): Eifersucht ist verpönt, weil sie zur Gefühlswelt, zur Begierde gehört. Demnach ist sie im Stande, die Entwicklung der Seele entscheidend zu behindern. Die dunkle Leidenschaft kann und soll dementsprechend durch einsichtiges Denken in ihre Schranken verwiesen werden.

Wir machen einen großen Schritt in das Barockzeitalter und treffen dort auf René DESCARTES (1596–1650). Der Franzose scheint, wenn man die obigen Auffassungen aus der Antike hinzuzieht, ganz auf derselben Wellenlänge wie PLATON zu liegen. Auch er trennt das Psychische streng vom Körperlichen und schafft so einen Gegensatz zwischen beiden Größen, also einen Dualismus. Weil gerade DESCARTES die Vernunft weit über die Gefühlswelt stellt – »Ich *denke*, also bin ich« –, erledigt sich das Problem der Eifersucht recht schnell: Die Vernunft *kann* sie ausschalten, kein Zweifel.

Immanuel KANT (1724-1804) hat die menschlichen Leidenschaften und allgemeinen moralischen Trostlosigkeiten in seiner revolutionären Philosophie stärker berücksichtigt. Der Königsberger sagt, dass der Mensch aus derart »krummem Holz geschnitzt sei, sodass niemals etwas Gerades, Redliches aus ihm werden könne«. Schon auf Grund dieser Bemerkungen müssten wir annehmen, dass der Autor der *Kritik der reinen Vernunft* (1781), *dem* epochalen Werk der Neuzeit, doch eher ein Pessimist ist. Doch KANT kriegt noch die »Kurve der Moral«.

Die negativen Seiten der menschlichen Natur, die allesamt aus unserer Sinnlich- und Körperlichkeit stammen, sind niemals moralisch oder gut zu nennen. Demnach sind Eifersucht und Neid auch höchst verwerfliche Strebungen, mit denen wir uns rational auseinandersetzen müssen. Moralische, sittliche Handlungen können nach KANT nur durch die Tätigkeit der reinen Vernunft hervorgebracht werden. Sinnliche Einflüsse beeinflussen schlechterdings das exakte Denken, sie müssen daher mittels des Verstandes unterdrückt werden. Es bedarf hierfür der maximalen Anstrengung des uns allen innewohnenden *guten Willens*.

Das kann man leicht nachvollziehen. Jeder, der zur ausgeprägten Eifersucht neigt und versucht hat, diesen Affekt durch den gesunden Menschenverstand einzuschrumpfen, ist sich dieser schweren Aufgabe bewusst geworden.

Fazit: Wir können die Eifersucht mithilfe der Vernunft in die Knie zwingen.

Pessimisten

»Nein, können wir nicht!«, verkündet der einflussreichste Schüler KANTs: Arthur SCHOPENHAUER (1788–1860). (Wir kommen nun zu den Denkern, die vorwiegend die Körperlichkeit und Gefühlswelt des Menschen hervorgehoben haben.)

SCHOPENHAUERs Erkenntnisse und Ausführungen über die Natur des *Homo sapiens* könnten trübseliger bzw. beißender gar nicht sein. Der interessierte Leser findet bei ihm u.a. erstaunlicherweise eindeutige Vorwegnahmen der Psychoanalyse, wie z.B. den Mechanismus der Verdrängung oder die Hochschätzung des Unbewussten. SCHOPEN-HAUERs Pessimismus lässt sich auch teilweise aus seinem philosophischen System erklären, welches proklamiert, dass die ganze Welt so schlecht wie der Mensch sein müsse. Sie sei letztendlich auch unsinnig, ja die »schlechteste aller möglichen Welten«. Er resümiert: Der Weltgrund ist irrational, blind, und keineswegs ist er auf einen gütigen Schöpfergott zurückzuführen. Wir bräuchten uns eigentlich gar keine Hölle nach dem Tod auszumalen – wir hätten sie ja schon hier auf Erden.

Der Autor von *Die Welt als Wille und Vorstellung* (1818) war ein Meister der Menschenkenntnis. Besonders beschäftigten ihn die niederen, die animalischen Motivationen unserer Alltagshandlungen. Wie kein anderer Denker zuvor, Michel de MONTAIGNE

(1533–1592) ausgenommen, hat er geheime, unbewusste Machenschaften aufgespürt und ans Licht der Erkenntnis gezogen. SCHOPENHAUER (1851/1999a, S. 192f.) lässt keinen Zweifel an seiner Behauptung aufkommen, dass der Mensch *nicht* die Krone der Schöpfung sei: »Der Mensch ist im Grunde ein wildes, entsetzliches Tier. Wir kennen es bloß im Zustande der Bändigung und Zähmung, welcher Zivilisation heißt: daher erschrecken uns die gelegentlichen Ausbrüche seiner Natur.«

Diese Bemerkung macht deutlich, dass sich die Existenz von Neid und Eifersucht notwendigerweise von selbst versteht (vgl. 1851/1999b). Derartige Menschlichkeiten gänzlich ausschalten zu wollen wäre auch deshalb lächerlich, weil der Mensch nach SCHOPENHAUER nicht willensfrei ist. Das heißt, wer von Natur her sehr eifersüchtig und neidisch ist, der wird es auch noch unabänderlich bis zu seinem Tod sein. Der einzige bescheidene Ausweg wäre der, durch Erkenntnis eine moralische Richtlinie, eine vernünftige Stütze in die individuelle Lebensführung zu integrieren. Dann wären wir in der Lage, ansatzweise moralisch zu handeln, sodass man uns von außen wenigstens eine gute Absicht unterstellen könnte. Mehr wäre aber nicht drin. – SCHOPENHAUER war natürlich nicht der erste Pessimist der Philosophiegeschichte.

Niccoló MACHIAVELLI (1469–1527), ein Denker der Renaissance, erkennt in der menschlichen Natur vor allem Rücksichtslosigkeit und Egoismus, was sich etwa im (Berufs-)Alltag leicht beobachten lässt. Eifersucht und Neid sind demnach keine untypischen Eigenschaften. Daher empfiehlt MACHIAVELLI in seinem lesenswerten Werk *Il Principe* (1513) – »Der Fürst« – allen Menschen, die irgendwelche Machtpositionen innehaben, z.B. im Beruf, die Untergebenen ausgiebig zu demütigen, auszunutzen, unter Kontrolle zu halten und keine Gnade walten zu lassen. Würde man nicht so vorgehen, hätte man zwangsläufig mit den natürlichen Hässlichkeiten der Belegschaft zu kämpfen.

Thomas HOBBES (1588–1679), eine Ikone der Aufklärung in England, hat ähnliche Ansichten vertreten. Der Egoismus ist nach HOBBES *der* Grundantrieb des Menschen. Würden der Staat und die menschliche Gemeinschaft nicht als übergeordnete Instanz fungieren und (notfalls) mit Gewalt einschreiten, würden die sozialen Beziehungen ohne Zweifel in einem »Krieg aller gegen alle« enden.

Baruch de SPINOZA (1632–1677), ein zu Lebzeiten einsamer und ruhmloser Philosoph, war ebenfalls der Meinung, die Menschen würden mehr von ihren Leidenschaften und Instinkten gesteuert als etwa von logischen Urteilen oder »guten« Vorsätzen. Die Vernunft kann nach SPINOZA niemals die Ansprüche der Emotionen und Triebe permanent unterdrücken oder gar ausschalten. Es wäre vermessen, so sagt er, dies auch nur ansatzweise zu versuchen. Das Denken soll das leidenschaftliche Wollen lediglich kanalisieren sowie auf die negativen Folgen aufmerksam machen, die notwendigerweise entstehen, wenn wir unseren Affekten im Alltag ungebremst nachgeben würden.

Wir sehen: SPINOZA steht den Leidenschaften nicht ganz so schwarzseherisch gegenüber wie HOBBES, MACHIAVELLI und SCHOPENHAUER.

Letzterer hat einen sehr großen Einfluss auf Friedrich NIETZSCHE (1844–1900) ausgeübt. Der Autor des *Zarathustra* verfasste in Anerkennung ein Buch mit dem Titel *Schopenhauer als Erzieher*. NIETZSCHEs Philosophie charakterisiert sich auf der einen Seite ähnlich wie die seines »Erziehers«, nämlich als eine Hochschätzung des »Willens«, d.h. des Unbewussten. Und auch der Verkünder des »Übermenschen« hatte den messerscharfen Blick eines (klinischen) Psychologen und ist den Schwächen und charakterlichen Missgestalten des *Homo sapiens* aufs Schärfste in seinen Schriften nachgegangen und entgegengetreten. Dies zeigt sich z.B. in *Menschliches, Allzumenschliches* (1886).

Ein anderer Pessimist ersten Ranges, den ich letztlich noch erwähnen möchte, ist Sigmund FREUD (1856–1939), der Schöpfer der Psychoanalyse. Er hat selbstredend auch den Status eines wahren Philosophen inne. FREUD hat nach eigenen Aussagen im Laufe seiner langjährigen Tätigkeit als Seelenarzt »wenig am Menschen gefunden, was moralisch gut genannt werden könnte« (STORR 1999). Die allgemeine Unmoral in unserer Kultur ist nach FREUD eher gewöhnlich und natürlich als abnormal. Denn letztendlich wäre die »stachelige Gesinnung« des Menschen notwendigerweise von seiner psychischen Beschaffenheit verursacht. Warum ist er dieser Meinung?

Der bedeutendste Bereich der Psyche stellt nach FREUD nicht das bewusste *Ich* dar, davon sind wir ja generell überzeugt, sondern das *Es*. Im *Es* befinden sich die (größtenteils unbewussten) Zentren der animalischen Leidenschaften, frühkindlichen Prägungen, Aggressionen und Triebe. Mit anderen Worten: Im *Es* liegt der eigentliche Kern einer jeden Persönlichkeit. Nur zu einem kleinen Teil ist uns demnach bewusst, wer wir eigentlich sind und was konkret in uns abläuft, wenn wir in den Alltag hinein leben und etwa Beziehungen gestalten, kommunizieren usw.

Fazit: Eifersucht und Neid werden nach FREUD von unserem natürlichen Egoismus bzw. Narzissmus hervorgebracht.[14]

---

14   Auf den Begründer der Psychoanalyse kommen wir im nächsten Abschnitt noch einmal zurück, er hat sich konkret mit Eifersucht auseinandergesetzt.

2.4 Neuere Entwicklungen – ganzheitliche Ansätze

Was Ihnen, liebe Leserin, lieber Leser, bei den Ausführungen zur Philosophie wahrscheinlich aufgefallen ist: die Pessimisten haben die Körperlichkeit, die animalischen Instinkte des Menschen *überbetont*, die Optimisten *überschätzten* hingegen die Vernunft. Diese Überzeugungen sind, lapidar ausgedrückt, heutzutage größtenteils out. Ganzheitliche Entwürfe haben quer durch alle Wissenschaften ihr Haupt erhoben. Bleiben wir vorerst noch bei der Philosophie, dann richten wir den Blick auf andere Forschungsrichtungen.

Der erste Ansatz einer ganzheitlichen Sichtweise, welcher Körperlichkeit und Vernunft zu verbinden suchte, stammt von Max SCHELER (1874–1928), dem Urheber der *philosophischen Anthropologie*. In *Die Stellung des Menschen im Kosmos* (1928) beschreibt er das Wesen des Menschen u.a. bezüglich seines Ranges in der Natur. SCHELER argumentiert, dass die Krone der Schöpfung alle Stufen des »biopsychischen Seins« (d.h. jegliche Ausdrucksformen der belebten Natur) in sich vereine, auch die animalischen Eigenschaften werden hinzugezählt; sie verweisen auf unsere Körperlichkeit. Jene stellen sich z.B. dar als *Instinkte* und *emotionsgeladene Antriebe*. Die Tätigkeiten der Vernunft, bei ihm heißt diese Begabung Geist, werden von den niederen Kräften gespeist. Wir alle sind demnach auf unsere Natürlichkeit angewiesen! Das heißt, Neid und Eifersucht gehören zum Menschsein dazu, weil sie aus den unteren Stufen unserer Seinsbeschaffenheit stammen.

Neben SCHELER hat auch Nicolai HARTMANN einen ganzheitlichen Entwurf vorgelegt, demnach Psychisches mit Physischem verbunden. In *Der Aufbau der realen Welt* (1940) unterteilt er die erfahrbare Wirklichkeit in einzelne (Seins-)Kategorien: das Anorganische, Organische, Seelische und Geistige. Das Verhältnis bzw. die Abhängigkeit der Stufen geht von unten nach oben. Konkret ausgedrückt, seelische und geistige Prozesse bedürfen der organischen und anorganischen Klassen. Das menschliche Bewusstsein sowie der Geist würden ohne organische Energiezufuhr/Kraft also gar nicht existieren. Darum ist nach HARTMANN die Krone der Schöpfung auch ausschließlich *ganzheitlich* zu betrachten und nicht *nur* von »unten« (vom Organischen) oder von »oben« (vom Geist) her.

Ähnliche Überzeugungen sind auch in anderen Wissenschaftsprogrammen aufgetaucht, beispielsweise in der Pädagogik, Anthropologie und Psychologie. Im Nachstehenden möchte ich auf einige ausgewählte Lehren hinweisen.

2.4.1 Neurowissenschaften

Der vorhin erwähnte Dualismus von DESCARTES, d.h. die strikte Trennung von Körper und Geist, wird gegenwärtig von verschiedenen Autoren der Neurowissenschaften widerlegt.[15] So beweist etwa der amerikanische Neurologe Antonio R. DAMASIO (2004), dass nicht nur Wahrnehmungsprozesse, sondern auch die Emotionen von Gehirnabschnitten mitgesteuert werden, und zwar mithilfe von verschiedenen Hormonen und anderen chemischen Substanzen. Gefühle und Empfindung, so DAMASIOs weit reichende Entdeckung, sind ferner keinesfalls unwillkommene Eindringlinge in das *reine Denken*, sondern sie sind schlicht und einfach *fortwährend mit dem reinen Denken verflochten*. Demnach gibt es also gar kein rationales Urteilen, das vollständig frei wäre von Emotionen.

Mit der Darstellung mehrerer Fallbeispiele belegt DAMASIO eindrucksvoll seine Erfahrungen. Eine Anekdote möchte ich hier aufgreifen, um Ihnen, liebe Leserin, lieber Leser, die neurowissenschaftliche Erkenntnis nahe zu bringen, dass unsere alltägliche Gedankenarbeit einen sehr engen Bezug zu unseren Emotionen hat.

Der amerikanische Sprengmeister Phineas GAGE, der beim Eisenbahnbau arbeitete, hat im Jahre 1848 einen unglaublichen Unfall. (In der Tat schreibt das reale Leben selbst die unfassbarsten Geschichten.) Bei seiner Tätigkeit – er sprengt im Weg der geplanten Bahnlinie liegende Felsen – zerknallt eines Tages die von ihm präparierte Dynamit-Ladung wegen einer Fahrlässigkeit zu früh. Die Explosion ereignet sich genau in dem Moment, da er mit einer zwei Meter langen Eisenstange die Sprengladung im angebohrten Felsen bearbeitet. Die Wucht der Detonation ist so stark, dass sein Arbeitsgerät, also die Eisenstange, komplett *durch* seinen Kopf geschossen wird. Sie tritt demzufolge unterhalb des Unterkiefers ein und wird in Sekundenbruchteilen in den Hirnkasten getrieben. Daraufhin durchschlägt sie die Kopfdecke und landet mit einem Krachen 30 Meter weiter im Staub der Erde.

Trotz des Lochs im Schädel, von der ansehnlichen Größe einer Mandarine, überlebt GAGE den Unfall und wird nach einigen Monaten der medizinischen Versorgung wieder körperlich gesund. Die Wunden verheilen letztendlich völlig. Auch um seine kognitiven und sprachlichen Fähigkeiten muss man sich keine Sorgen machen: sie wurden durch die Fraktur nicht beeinträchtigt. – Kurz gesagt, ein medizinisches Wunder. Das heißt, diejenigen Gehirnabschnitte, die für das Gedächtnis und die Kommunikationskompetenz zuständig sind, scheinen trotz des Verlustes an Hirnmasse nicht in Mitleidenschaft gezogen zu sein.

Das Bemerkenswerte ist aber nicht nur seine Genesung, sondern die einsetzende Veränderung seines *Charakters*. Mit anderen Worten, er wird nach und nach ein anderer

---

15 Neurowissenschaftler widmen sich, ganz allgemein gesagt, der Erforschung des Gehirns.

Mensch. *Vor* seinem Unfall war er ein zuverlässiger Arbeiter und »Kumpeltyp«, mit dem die Kollegen gerne Umgang pflegten. Nach dem Dilemma wird er unehrlich, unredlich und unkameradschaftlich. Er verliert irgendwann seinen Job bei der Eisenbahn und startet eine Karriere als Kleinkrimineller und Alkoholiker. Sein Ende ist sehr unrühmlich: er stirbt verwahrlost und einsam in einem Armenviertel.

Wie wird der Fall neuropsychologisch erklärt? Die Eisenstange zerstörte eine Gehirnregion, die zuständig ist für die Klärung der (moralischen) Entscheidungen im Alltag. FREUD hätte vielleicht gesagt: »Das Über-Ich[16] wurde wahrscheinlich rausgeschossen!« GAGE verlor also allmählich verschiedene Persönlichkeitseigenschaften; auch einige, die einen Menschen erst zum Menschen machen, z.B. empathisches Einfühlungsvermögen. Er neigte daraufhin irgendwann auf Grund von einsetzender Emotionslosigkeit zum »gefühlsreduzierten« Denken (!), das nach und nach die soziale Verwahrlosung nach sich zog.

Dieser Fall deutet an, »dass der Körper mehr beisteuert als nur grundlegende Lebensfunktionen und modulatorische Effekte, die sich im Gehirn bemerkbar machen. Vielmehr liefert er einen *Inhalt*, der wesentlicher Bestandteil normaler geistiger Funktionen ist« (DAMASIO 2004, S. 301f.).

2.4.2 Psychosomatik

Die Wechselwirkungen von Körper, Geist und Seele werden insbesondere bei der ganzheitlichen Betrachtung von Krankheiten und Neurosen klar. Die psychosomatische Medizin interessiert sich u.a. für derartige Zusammenhänge. Sie vereint Elemente der traditionellen Medizin und Psychologie.

Anlässlich verschiedener Feststellungen im medizinischen Alltag kommt man zu folgendem Schluss: Bestimmte Krankheiten sind mit an Sicherheit grenzender Wahrscheinlichkeit nicht *nur* auf körperliche Ursachen zurückzuführen, sondern auch mitverursacht durch seelische Konflikte, die meistens den Patienten nur sekundär bewusst sind.

Diese Einsicht ist natürlich nicht neu: In allen Epochen gab es Vertreter einer psychosomatischen Medizin, bereits schon bei den alten Griechen – dort hießen sie Hippokratiker. Doch erst im 20. Jahrhundert stieg die psychosomatische Medizin zur anerkannten Disziplin auf. Dies verdankt sie u.a. Franz ALEXANDER (1950), ein wichtiger Vertreter, und Sigmund FREUD. Diese beiden Wissenschaftler haben (neben anderen) eindrucks-

---

16 Mit dem Begriff »Über-Ich« bezeichnen Tiefenpsychologen denjenigen Bereich der Psyche, in dem unsere von der Gesellschaft übernommenen Verhaltensregeln, die gängigen Ge- und Verbote lagern. Das Über-Ich wird meistens von unseren engsten Bezugspersonen während unserer frühen Kindheit und Jugend gestaltet.

voll auf den Zusammenhang von seelischen Konflikten und körperlichen Symptomen hingewiesen.

Der hauptsächliche Unterschied zwischen Psychosomatik und moderner Schulmedizin liegt darin, dass Erstere auch die sozialen Hintergründe, den Lebensweg des Patienten bei der Diagnose und Behandlung berücksichtigt. – Letztere hingegen bleibt gewöhnlich naturwissenschaftlich ausgerichtet. Die Ärzte, die sich dieser Richtung zugehörig fühlen, diagnostizieren streng wissenschaftlich Krankheitsbilder und leiten dann meist medikamentöse Gegenmaßnahmen ein; auf gesprächstherapeutische Interventionen wird verzichtet.

Was die Schulmedizin vernachlässigt: So genannte psychosomatische Krankheiten, die nach Schätzungen ca. 50 Prozent (!) aller Erkrankungen ausmachen, werden meist durch eine dauerhafte psychische Überlastung hervorgerufen. Spezifische körperliche Missstände, z.B. auch Organschäden, werden nach Ansicht von Vertretern der psychosomatischen Medizin als Erkrankung der *Gesamt*person aufgefasst. Folglich sind auch seelische Konflikte sehr bedeutsam (siehe DANZER 1998).

Man weiß: Unbewältigte psychische Kontroversen können sich wohl oder übel körperlich niederschlagen. Einige Beispiele: Migräne, Magen- und Darmgeschwüre, Kreislaufstörungen, das Asthma bronchiale, Allergien, Neurodermitis, Thyreotoxikose (Schilddrüsenüberfunktion), rheumatische Arthritis, Kopfschmerzen und Gleichgewichtsstörungen. Natürlich müssen auch vererbte Dispositionen, d.h. angeborene Voraussetzungen, hinzukommen, damit eine psychosomatische Krankheit auf Grund von seelischen Konflikten entsteht und gedeiht. – Somit schließt sich wieder der Kreis im Kontext einer ganzheitlichen Betrachtungsweise.

Zusammenfassung: Neuere Erkenntnisse, die in vielen Humanwissenschaften aufgetaucht sind, haben den Antagonismus zwischen Körper und Geist weitgehend überwunden. In Bezug auf unser Leitthema bedeutet dies: Es gibt eindeutige Hinweise darauf, dass Neid und Eifersucht angesichts natürlicher Dispositionen weit verbreitet sind; beide Emotionen haben demnach ihre Daseinsberechtigung.

Und weil wir hier im vorliegenden Rahmen auch ganzheitlich reflektieren wollen, bietet sich an dieser Stelle ein Blick auf die Tiefenpsychologie an. Tiefenpsychologische Autoren gehen u.a. den Sozialisationseinflüssen in der Kindheit und Jugend nach, wenn sie seelische Störungen verstehen wollen. Bei übertriebenem Neid und paranoider Eifersucht handelt es sich nach deren Argumentation ganz klar um Neurosen oder gar Psychosen. Wir wollen im Folgenden dementsprechende Sichtweisen erschließen. Zuvor noch eine kleine Ergänzung zum gegenwärtigen Abschnitt.

PS: Bemerkung zu den weit verbreiteten psychosomatischen Krankheiten in unserer Gesellschaft

Vielleicht haben Sie sich eben beim Durchlesen der Vermerke zur Psychosomatik gefragt, wieso man nicht auf institutioneller Ebene die Bevölkerung aufklärt, dass ca. 50 Prozent aller Krankheiten psychisch mitverursacht sind. Zweifellos wird diese Tatsache weitgehend unterschätzt.

Doch das ist nicht die einzige Bildungslücke, die in unserem Kontext relevant erscheint. Allgemein unterrepräsentiert sind auch die verschiedenen Formen von Psychohygiene, z.B. Autogenes Training. Derartige leicht erlernbare Maßnahmen können aus einigen Krankheiten, die infolge einer zu hohen Dosis von negativem Stress entstanden sind, herausführen. Sicher, vereinzelt bemüht man sich um gesundheitliche Aufklärung, doch charakteristische Interventionen, z.B. von Krankenkassen angebotene Kurse zur Ernährungslehre oder Stressprävention, sind nur die sprichwörtlichen Tropfen auf dem heißen Stein.

All das wirft eine unbequeme Frage auf: Hat irgendjemand ein Interesse an einer kranken und leidenden Bevölkerung? Die Antwort hierauf überlasse ich Ihnen.

Doch wir müssen auch feststellen, dass viele Menschen – unbewusst – süchtig nach Krankheiten sind, weil sie einen sekundären Gewinn nach sich ziehen. Denkbar sind z.B. diese Konstellationen:

➤ Mithilfe einer psychosomatischen Krankheit kann ich Aufmerksamkeit in meinem sozialen Umfeld erregen oder einfach effektiv die Zeit totschlagen.

➤ Ich kann unbewusste Abhängigkeitsbedürfnisse durch eine psychosomatische Erkrankung leicht befriedigen, indem ich z.B. »berechtigterweise« einen Arzt konsultieren kann (immerhin charakterisiert sich ein Arzt-Patient-Verhältnis im Allgemeinen als hierarchisch, d.h. nicht wenige sehen im »allwissenden Halbgott in Weiß« eine umsorgende Vaterfigur).

➤ Eine psychosomatische Krankheit hilft mir effektiv, mein soziales Umfeld zu *kontrollieren*.[17]

Bei den eben genannten Aspekten handelt es sich zweifelsohne um weitgehend unbewusste Charakteristiken.

---

17 Schon Alfred ADLER hat auf dieses Phänomen hingewiesen. Manchmal können wir demnach nach dem *Wozu* einer Erkrankung oder Neurose fragen, z.B.: »*Wozu* ist dieser Mensch krank. Was will er (oder sie) – unbewusst – damit bezwecken?«

2.5 Tiefenpsychologische Erklärungen

> »Eifersucht ist die Emotion des doppelten Zweifels: des Zweifels an sich selbst
> und des Zweifels am anderen Menschen.«
> – *Verena KAST* (2003, S. 159)

Kommen wir nun, wie angekündigt, zur Tiefenpsychologie. Viele Therapeuten dieser Disziplin gehen bekanntlich den geheimen Motivationen von (vor allem) neurotischen Verhaltensweisen auf den Grund. Eifersucht und Neid werden in diesem Kontext zweifelsohne zu den Neurosen gezählt. Meistens wird nachgewiesen, dass Eifersucht mit verschiedenen Formen von fundamentalen Ängsten zusammenhängt. Die dunkle Leidenschaft, die vorwiegend in Zweierbeziehungen auftaucht, ist demnach fast immer eine Reaktion auf eine ganz bestimmte Angst, nämlich der Angst vor dem Liebesverlust sowie vor den Folgen eines vermeintlichen Verlassen-Werdens.

Nach RATTNER & DANZER (2003) zweifeln Individuen, die auffallend eifersüchtig sind, zudem tief im Innern an ihrer eigenen Liebenswürdigkeit. Daher scheinen sie auch zu erahnen, dass ihre auf Eifersucht basierenden Aktionen (siehe Abschnitt 3) wenige bis gar keine Liebesregungen beim Partner hervorrufen. Jemanden zur Liebe zwingen zu wollen ist unmöglich. Liebe muss sich von selbst ergeben. Missgünstig Gestimmte begreifen diesen Punkt jedoch fast nie, weil es sehr viel mit der Kompetenz zum Loslassen zu tun hat. Loslassen kann aber nur jemand, der ein gesundes Selbstbewusstsein besitzt.

Der Umkehrschluss gilt ebenso: Wer sich seiner Kompetenz zur Liebe – bewusst oder unbewusst – nicht sicher ist, der hat auch meist ein labiles Selbstbewusstsein. Daher sagt auch Michael MARY (2002, S. 166): »Je weniger Selbstvertrauen und damit Sicherheit ein Mensch aus sich selbst schöpft, desto mehr Vertrauen und damit Schutz soll ihm seine Partnerschaft vermitteln. Dieser Zusammenhang von Beziehungsvertrauen und Selbstvertrauen lässt sich etwa bei Menschen mit übertriebener Eifersucht beobachten.« Mit anderen Worten: Der Partner soll, meist ungeachtet seiner eigenen Bedürfnisse, das Selbstwertgefühl des Eifersüchtigen jederzeit anheben. Dies impliziert ferner, dass hochgradig eifersüchtige Menschen auch beträchtlich *egoistisch* sind.

Relevanz der frühkindlichen Erfahrungen

Wie bei der tiefenpsychologischen Methode üblich, werden spezifische Erfahrungen in der Kindheit und Adoleszenz für verschiedene Verhaltensauffälligkeiten im Erwachsenenalter geltend gemacht. Besonders ausschlaggebend ist nach Einschätzung von Psychologen die Beziehung zur ersten Bezugsperson (das ist logischerweise häufig die Mutter): »Mutterliebe ist die erste Liebe, die jeder Mensch erfährt, und sie bleibt für ihn ein

Leben lang das Grundmodell der Erfahrung, geliebt zu werden« (LAUSTER 1980/2003, S. 63).

Michael MARY (2002, S. 167) hält in Hinsicht auf unser Leitthema folgenden Aspekt für eine »psychologische Binsenweisheit«: »Eifersucht [erhält] ihre Bedeutung in frühkindlichen familiären Zusammenhängen [. . .], wo der Verlust der wesentlichsten Bezugsperson, der Mutter, lebensbedrohlich erscheinen musste.«

<u>Fazit:</u> Wenn man Neid und Eifersucht tiefenpsychologisch diskutiert, ist es von immenser Wichtigkeit, die frühkindlichen Beziehungsmuster zu untersuchen. Hier wird man, so die Überzeugung, die Ursachen für die meisten neurotischen Ausformungen von Eifersucht und Neid im Erwachsenenalter finden.

Sehen wir uns also zunächst an, was der Ahnherr der Tiefenpsychologie zu dieser Thematik zu sagen hatte.

2.5.1 Sigmund FREUD – drei Ausprägungen von Missgunst

> »Freud hat als einer der ersten den Zusammenhang zwischen Eifersucht,
> Homosexualität und Paranoia aufgedeckt.«
> – *Josef RATTNER* (1996, S. 54)

Der Begründer der Psychoanalyse bezeichnet in seiner Schrift *Über einige neurotische Mechanismen bei Eifersucht, Paranoia und Homosexualität* (1922/2000) die Missgunst als Affektzustand, der im menschlichen Alltag gang und gäbe sei. Ja, er sagt sogar, dass die blinde Leidenschaft dort, wo sie anscheinend fehlt, z.B. weil jemand überzeugter Anhänger der Polygamie ist und jegliche Eifersuchtsregung abstreitet, bereits der Verdrängung zum Opfer gefallen sei. Somit nimmt auch er an, Liebe und Eifersucht würden miteinander verwandt sein (siehe Abschnitt 1).

Drei Formen von Missgunst werden von FREUD unterschieden:
1. die konkurrierende (normale) Eifersucht;
2. die projizierte Missgunst;
3. die wahnhafte Eifersucht (Paranoia).

Die **konkurrierende Eifersucht** in Partnerschaften hat generell drei Ursachen: 1. Schmerz bzw. Trauer über den drohenden *Verlust des Geschlechtspartners*; 2. Sie taucht meistens auf bei einer narzisstischen Kränkung (z.B. wenn das Pendant mit einem andersgeschlechtlichen Individuum flirtet); 3. Die konkurrierende Eifersucht entsteht infolge von *Aggressionen gegen einen Nebenbuhler.*

FREUD macht das kollektive frühkindliche Schicksal für die Existenz der Eifersucht verantwortlich, genauer gesagt, er leitet sie aus dem Geschwister- bzw. Ödipus-Komplex ab. Ein Geschwisterkomplex liegt dann vor, wenn sich ein Schwester- oder Brüderchen permanent gegenüber dem anderen minderwertig oder benachteiligt fühlt und auf Grund dessen ein dauerhaftes Minderwertigkeitsgefühl aufbaut. Dieses Minderwertigkeitsgefühl bleibt meistens ein Leben lang erhalten und zeigt sich z.B. im permanenten Andere-übertrumpfen-Wollen.

Der Ödipus- (in Bezug auf Jungen) bzw. Elektra-Komplex (aus Sicht des Mädchens) beschreibt eine Fixierung auf den andersgeschlechtlichen Elternteil. Die Fixierung charakterisiert sich zeitlebens z.B. dadurch, dass Jungen ein *sehr* enges Verhältnis zur Mutter pflegen und sich daher räumlich und emotional nicht von ihr lösen können. Ähnliches kann sich auch bei Frauen zutragen, und zwar logischerweise in Bezug auf den Vater. Jeder kennt derartige Mütter-Söhnchen und Väter-Töchterchen (mancher Zyniker nennt Vater-fixierte Frauen auch »Prinzessinnen auf der Erbse«).

Fassen wir FREUDs Ausführungen zur normalen Eifersucht zusammen. Nicht wenige Männer werden im Erwachsenenalter von (infantilen) Eifersuchtsempfindungen heimgesucht, sobald ihre bessere Hälfte mit Konkurrenten anbändelt. Der Grund: Auf die Freundin übertragen Mutter-Söhnchen ihre idealisierte Mutter, auf den jeweiligen Mitbewerber den Vater (= Ödipus-Komplex).

Bei hysterischen Frauen, also Vater-Fixierten, demgegenüber bezieht sich die Eifersucht im Erwachsenenalter auf derzeitige Nebenbuhlerinnen. Derartige Missgunstregungen entsprechen dann häufig denjenigen, die man früher gegenüber der Mutter empfunden hatte, als man mit ihr um die Gunst des Vaters wetteiferte (= Elektra-Komplex).

Eine verstärkte Form der blinden Leidenschaft ist nach FREUD die **projizierte Eifersucht**. Diese ist leicht erklärt und wird, nach kurzer Reflexion, jedem Leser schnell einleuchten (vgl. auch DAMM & WEISS 2005, Abschnitt 4.2.1). Bei dieser Form spielt interessanterweise der *eigene* Antrieb zum Seitensprung eine Rolle. Konkreter: Männer wie auch Frauen wehren eigene Impulse zur Untreue in einer Partnerschaft des Öfteren mit einem bestimmten Abwehrmechanismus ab: mit der Projektion (siehe DAMM 2006). Warum? Weil das Eingeständnis, ein sexuelles Abenteuer erleben zu wollen, in manchen Fällen eine zu starke Belastung des Gewissens nach sich ziehen würde. Daher halst man lieber, natürlich unbewusst, dem Gegenüber diese »unmoralische« Gesinnung auf. Das heißt, der eigene Hang zum Fremdgehen wird am Anderen gesehen und dort dann »berechtigterweise« angegriffen.

Projektionen belasten die Beziehungen im Alltag, der Mechanismus wird leider gewöhnlich nie durchschaut, von keinem der beiden. Es bedarf schon der Selbsterkenntnis, einigen Mutes und der Ehrlichkeit sich selbst gegenüber, um derartige Projektionen zu durchschauen. Das ist ohne Zweifel eine *Conditio sine qua non*. Denn durch die Praxis von Projektionen tut man seinem Partner oftmals das größte Unrecht an, z.B. in Form von permanenten Unterstellungen (vgl. Abschnitt 3).

Die dritte Sorte des Misstrauens nach FREUD, die **wahnhafte Eifersucht**, geht zunächst aus den verdrängten Untreuebestrebungen hervor. Sie entspricht also der zweiten Gattung, »aber die Objekte dieser Phantasien sind gleichgeschlechtlicher Art. Die wahnhafte Eifersucht entspricht einer vergorenen Homosexualität [. . .]« (FREUD 1922/2000, S. 221). Der Begründer der Psychoanalyse deutet damit an, dass zwischen Individuen, die gleichzeitig um einen Menschen buhlen, z.B. zwei Männer um eine Frau, gegensätzliche Emotionen entstehen können. – Das heißt, diese Art der Eifersucht repräsentiert einerseits eine Form von Abwehr, andererseits ermöglicht sie gleichzeitig eine unbewusste Befriedigung einer verdrängten Homosexualität. Dies wird damit erklärt, dass man, aus der Sicht des Mannes, sich mittels der wahnhaften Missgunst sowohl mit dem geliebten Objekt (Partnerin) als auch mit dem männlichen Rivalen auseinandersetzen kann, und zwar in negativer und positiver Art und Weise. – So viel zu FREUDs Ausführungen.

2.5.2 Alfred ADLER – Minderwertigkeitsgefühl und Machtstreben

> »Eifersucht ist eine besondere Form des Strebens nach Macht.«

In seinem Buch *Menschenkenntnis* (1927/2001) bespricht Alfred ADLER verschiedene Charakterneurosen. Diese werden mithilfe der ADLERschen Grundbegriffe tiefenpsychologisch erklärt. Das weit verbreitete *Minderwertigkeitsgefühl* z.B. bringt der FREUD-Kritiker u.a. mit dem *Geltungsstreben* und der *(Über-)Kompensation* in Verbindung. Schauen wir uns genauer an, wie ADLER das Phänomen »Eifersucht« deutet.

Der Schöpfer der Individualpsychologie (ebenda, S. 194ff.) weist die Eifersucht, seiner Meinung nach ein Charakterzug »aggressiver Natur«, nicht nur in Liebes-, sondern auch in allen anderen zwischenmenschlichen Beziehungen nach. Die Ursache jedweder Missgunst ist demnach ein permanentes Gefühl von »Zurücksetztheit«, d.h. ein schmerzhaftes Empfinden von Minderwertigkeit gegenüber den Mitmenschen.

Natürlich sind in erster Linie Kinder mit diesem Thema konfrontiert, ja geradezu anfällig dafür. Zum einen finden sie sich ja von Geburt an in einer Welt der Erwachsenen wieder, in der sie körperlich und geistig zunächst unterlegen sind. – Zum anderen wird der seelische Missstand der Zurücksetztheit manchmal noch stärker gespürt, sobald noch ein Geschwister nachkommt oder bereits eins existiert (siehe Geschwistereifersucht, Abschnitt 1).

Nach dem Autor der *Menschenkenntnis* fühlt sich das ältere Kind bei der Geburt eines Brüder- oder Schwesterchens wie ein »entthronter König«. Eifersucht und Neid ergeben sich bei dieser Konstellation fast zwangsläufig, u.a. auch deshalb, weil Eltern fast nie jedem ihrer Kinder dasselbe Maß an Aufmerksamkeit, Liebe und Wärme entgegenbringen. Man hat seinen Favoriten. Am leichtesten können Eifersüchteleien natürlich entstehen, wenn die Geschwister unterschiedlichen Geschlechts sind.

Insbesondere Mädchen, so wollen wir ferner in diesem Kontext festhalten, sind von geschlechtlicher Diskriminierung bedroht. Denn nach wie vor gilt in unserer Gesellschaft: »It's a man's world!« Mädchen entwickeln bei oft erfahrenen Benachteiligungen leicht einen charakteristischen »männlichen Protest«. Diese Kampfhaltung wird dann oft gegen sämtliche Männer im Jugend- und Erwachsenenalter gerichtet, aus Neid. Derart zurückgesetzte Frauen neigen oft in zwanghafter Weise zu männlichem Gebaren, zur »mannhaften« Lebensphilosophie, die sich etwa auch durch ein maskulines Erscheinungsbild und einen ebensolchen Sprachstil kennzeichnet. Der Volksmund nennt derartige Frauen häufig »Mannsweiber«.

Doch zurück zum Thema. Formen der Eifersucht sind nach ADLER u.a. Misstrauen, Vorschreibungen, Herrschaftsambitionen, Nörgeleien, Kontrollstreben. Eifersüchtigen Menschen geht es demnach auch mehr um Macht als um Liebe.

<u>Fazit:</u> Für FREUD und ADLER ist die »normale« Eifersucht ein Phänomen, das zunächst typisch menschlich ist. Gesteigerte Formen von Missgunst, die projizierte und wahnhafte Ausprägung, sind nach dem Begründer der Psychoanalyse neurotisch zu nennen. Anders ADLER: Er definiert die Eifersucht *generell* als einen aggressiven Charakterzug. Verursacht wird Missgunst seiner Meinung nach durch das kollektive Minderwertigkeitsgefühl, das uns alle in jungen Jahren ereilen würde. Eifersucht ist danach ein Streben nach Macht, eine Kompensation eines schwachen Ichs. Ziel von missgünstigen Vorgehensweisen ist es, den Partner zu unterdrücken und ihn zu binden.

2.5.3 Eifersucht – eine Folge der Einflüsse unserer Haben-Gesellschaft

> »Des Menschen Glück besteht heute darin, ›seinen Spaß zu haben‹.
> Und man hat seinen Spaß, wenn man sich Gebrauchsgüter, Bilder, Essen,
> Trinken, Zigaretten, Menschen, Zeitschriften, Bücher und Filme ›einverleibt‹,
> indem man alles konsumiert, alles verschlingt.«
> – *Erich FROMM* (1956/2001, S. 102)

Viele Tiefenpsychologen haben sich erfreulicherweise auch der ausgiebigen Gesellschaftskritik gewidmet. Sie stießen unweigerlich auf interessante Zusammenhänge von Neurosen und allgemeinen kulturellen Verhältnissen. Betrachten wir beispielsweise das Verhältnis von Eifersucht, Egoismus und Sozialisation. Wir können leicht erkennen, dass die Gesellschaftsphilosophien die Entwicklung von Neid und Eifersucht auf breiter Front fördern. Einige Worte der Erklärung.

Zweifellos zählt hierzulande unglaublich viel, wenn man viel hat, also möglichst viel besitzt. Daher häufen auch viele Individuen zeitlebens und unermüdlich massenhaft Besitztümer und Statussymbole an, über die sie sich definieren. (Sie wissen ja: »Mein Wagen, mein Haus, mein Job!«) Für Geistesbildung, Selbstentwicklung und Menschenkenntnis tut man hingegen im Allgemeinen herzlich wenig. Erschwerend kommt hinzu, dass der Fernseher in vielen Haushalten vorwiegend die Erziehung übernommen hat. Dies ist insofern bedenklich, als das alltägliche Angebot im Durchschnitt sehr fragwürdig erscheint.

Dass die Strukturen unserer Haben-Gesellschaft (FROMM) auch negative Auswirkungen auf unsere Liebesfähigkeit und Toleranzkompetenz gegenüber Lebenspartnern haben, wird von einigen Tiefenpsychologen ausdrücklich betont. Man kommt zu dem Schluss: »So geht die Kindheitserfahrung der mangelnden Liebe mit dem materialistischen Konsum- und Besitzdenken eine verhängnisvolle Einheit ein, und es erscheint ›ganz normal‹, dass man Angst hat, die Liebe als Besitz zu verlieren, und eifersüchtige Reaktionen an sich und am Partner erlebt« (LAUSTER 1980/2003, S. 48).

Demnach *muss* u.a. schon auf Grund der gesellschaftlichen Verhältnisse die Eifersucht eine Begleiterscheinung der Liebe sein. Wenn ich nämlich meinen Partner als Eigentum definiere, komme ich gar nicht umhin, auf jegliche Form von Untreue mit Eifersucht zu reagieren, und zwar deshalb, weil ich Angst bekomme, etwas zu verlieren was ich *habe*. Ein Ausweg aus dem Dilemma würde sich als eine Art »Loslassen-Können« charakterisieren. Daher sagt auch LAUSTER (in Anlehnung an ein französisches Volkslied): »Liebe ist ein Kind der Freiheit!«

Doch ansatzweise frei von Besitzansprüchen in Zweierbeziehungen könnten wir nur dann werden, wenn wir die anerzogene Haben-Mentalität ablegen würden. Das ist wahrlich nicht einfach. Zu viele charakteristische Erfahrungen haben wir verinnerlicht. Derartige internalisierte Denkmuster, die für einen starken Egoismus und somit auch für eine starke Eifersucht verantwortlich sind, stecken tief im Unbewussten. Man kommt also nicht so einfach angstfrei an sie heran.

Halten wir also fest: Wer viel besitzen will, offenbart auch nolens volens einen akkuraten Egoismus, der sich u.a. eben in einer Zweierbeziehung als stark ausgeprägte Missgunst zeigt.

Zusammenfassung der tiefenpsychologischen Erfahrungen

FREUD und ADLER vertraten, nachdem sie ab 1912 getrennte Wege gingen, unterschiedliche Ansichten. Immerhin waren sie sich dahingehend einig, dass Missgunst im Partnerschaftsalltag eine große Rolle spielt. Nimmt Neid aber wahnhafte und neurotische Züge an, ist der betroffene Mensch ein willkommener Klient der Psychotherapie, dem man helfen muss.

Auch nach neueren Auffassungen ist Eifersucht eher pathologisch und daher *keine* Liebe. Hierzu Verena KAST (2003, S. 169): »Eifersucht hängt wenig mit Liebe zusammen, obwohl wir dort eifersüchtig werden, wo wir überzeugt sind, geliebt zu haben, wo uns jemand oder etwas wichtig ist. Ob das allerdings Liebe ist, ist fraglich.«

Fazit: Die Charakterneurose Eifersucht muss gegebenenfalls therapiert werden, sollte die Partnerschaftsqualität allzu sehr beeinträchtigt werden.

2.6 Lerntheorien

> »In der Art, wie die Eifersuchtsdramen in unserer Kindheit und in unserer Adoleszenz erlebt worden sind, werden sie meistens auch im späteren Leben erlebt.«
> – *Verena KAST* (2003, S. 180)

Zum gründlicheren Verständnis der Eifersucht können auch die Lerntheorien einige wichtige Erkenntnisse beisteuern. Der Unterschied zu den oben besprochenen Wissenschaften liegt hauptsächlich darin, dass das Menschenbild dieser Forschungsrichtung keine angeborenen, vor allem keine unbewussten Motivationen zulässt; davon distanziert man sich allgemein aufs Schärfste.

Wie der Name »Lerntheorien« schon verrät bzw. vermuten lässt, lautet die methodische Quintessenz etwa so: Nahezu jedes menschliche Verhalten ist *erlernt*.

Das hat Auswirkungen auf unser Problem. Die Eifersucht ist demnach (a) *nicht* angeboren, (b) *nicht* auf ein Minderwertigkeitsgefühl zurückzuführen und (c) *nicht* durch den Ödipus- bzw. Elektra-Komplex verursacht, weil es nach Auffassung von lerntheoretischen Autoren keinerlei Hinweise darauf gibt, dass Jungen aus einem inneren Antrieb heraus ihre Mutter idealisieren bzw. Mädchen ihren Vater verherrlichen.

Das heißt, psychisch krank bzw. neurotisch sind Individuen nur deshalb, weil sie *unpassende* Verhaltensmuster in ihrer Kindheit oder Pubertät erlernt haben. Derartige Neurotiker sind lediglich nicht in der Lage, *angemessene* alltägliche Handhabungsweisen zu erschließen. Daher heißt die in diesem Kontext relevante Heilkunde auch nicht *Psychotherapie*, wo es um innere Motivationen und Triebschicksale geht, sondern *Verhaltenstherapie*.

Man lehrt, dass alle neurotischen Verhaltensweisen in förderliche Reaktionen umgewandelt werden können, und zwar vorwiegend durch Interventionen vonseiten des Therapeuten. Dieser empfiehlt neue, dienliche Vorgehensweisen oder beschließt z.B. Absprachen mit dem Klienten, die die Umsetzung praktischer Zielsetzungen beinhalten. – An dieser Stelle möchte ich zwei lerntheoretische Annahmen vorstellen, die gut in unseren Rahmen passen:
1. Das *Modell-Lernen* (BANDURA);
2. Die *Theorie des klassischen Konditionierens* (PAWLOW).

2.6.1 Lernen am Modell

Albert BANDURA (1976) hat betont, dass Kleinkinder u.a. dazu neigen würden, Vorgänge und Prozesse im zwischenmenschlichen Miteinander wahrzunehmen. Derartige Beobachtungen haben Auswirkungen auf die eigene Entwicklung. Kinder ahmen nämlich irgendwann praktische Verhaltensweisen von anderen Menschen nach. Insbesondere die Bezugspersonen sind dabei verständlicherweise relevant, immerhin trifft der junge Mensch sie nahezu täglich an.

Heranwachsende tendieren nach BANDURA alsbald dazu, Handlungen, Einstellungen und emotionale Reaktionen von beobachteten Modellen, eben Menschen, zu wiederholen (vgl. BANDURA & WALTERS 1963). Verstärkt wird die Prägung vom sozialen Umfeld vor allem dann, wenn das nachgeahmte Verhalten positive Wirkungen nach sich zieht. – Nehmen wir beispielsweise einen Dreijährigen, der täglich im TV mitverfolgen kann, dass man ein Problem mit einem Mitmenschen am besten durch die Anwendung von körperlicher Gewalt löst. Der Junge wird, wenn die Eltern nicht irgendwann mit ihrem Kind gemeinsam über das Gesehene reflektieren, vielleicht das eigene Verhalten dem medialen Vorbild nach und nach anpassen und im Alltag selbst (erfolgreich) anwenden.

Fassen wir bis hierhin zusammen: Das Beobachtungslernen steht im Vordergrund der kindlichen Entwicklung. Die meisten Menschen – das leuchtet schnell ein – lernen natürlich aus erster Hand, also vorwiegend von den unmittelbaren Bezugspersonen.

Nehmen wir hinsichtlich unseres Leitthemas also einmal an, eine Frau beobachtete in jungen Jahren und über einen langen Zeitraum hinweg, dass ihre Mutter, ihr Vorbild, dem Vater häufig eine Szene machte, wenn dieser sich alle zwei, drei Tage anschickte, mit seinen Freunden »auf Tour« zu gehen. Nach lerntheoretischen Überzeugungen kann das Kind infolge der permanenten Wiederholungen eine ähnliche (an Eifersucht erinnernde) Sensibilität in ebendiesem Sinn entwickeln. Jahre später zeigt sie dann möglicherweise *dasselbe* Verhalten ihrem Ehemann gegenüber, *das ihre Mutter dem Vater früher offenbart hat*. Die Tochter hat dann das Muster ihrer Mutter erlernt und nachgeahmt.

Ein anderes Beispiel: Ein Teenager erlebt auf unbestimmte Dauer, dass seine Freundinnen stets das Weite mit einem Konkurrenten gesucht haben, wenn Ersterer keinerlei Anzeichen von Eifersucht gezeigt hat, also Gleichgültigkeit suggerierte. Demnach wurde möglicherweise auf »eindeutige Signale« vonseiten der Freundin, z.B. Dates mit Rivalen, überhaupt nicht reagiert. Verfestigt sich nun dieses Schema, entwickelt der arme Kerl leicht eine Art Paranoia, sobald sich bei neu beschlossenen Beziehungen Ähnliches abspielt.

Diese Exempel des Beobachtungslernens sollen genügen. Das Fazit dieses Ansatzes lautet also: Je eifersüchtiger eine Bezugsperson in jungen Jahren erschien – mit der man sich sehr stark identifiziert und daher viel von ihr »gelernt« hat –, desto eifersüchtiger wird man wahrscheinlich selbst im Erwachsenenalter.

Diese Gesetzmäßigkeit würde auch möglicherweise den Geschlechtsunterschied hinsichtlich des Phänomens »Eifersucht und männliche Gewalt« erklären. Wenn Jungen und Mädchen nämlich bereits früh beobachten und »lernen«, dass das männliche Geschlecht eher in Verbindung mit körperlicher und psychischer Gewalt gebracht wird, so kann dies verinnerlicht und im Erwachsenenalter leichter eindrucksvoll neu nachgespielt werden.

Kommen wir nun zur anderen Lerntheorie, die hier erläutert werden soll.

2.6.2 Klassisches Konditionieren

In dem lesenswerten Zukunftsroman *Clockwork orange*, verfasst von Anthony BURGESS, geht es um einen Jugendlichen, Alex, und seine Clique. Alex und seine Spießgesellen, die in einer fiktiven Großstadt leben, pflegen nach Einbruch der Dunkelheit spezifische Hobbys, z.B. aus purer Lust und Laune hilflose Bürger zusammenschlagen und ausrauben. Bei einem ihrer Einbrüche – ebenso sehr beliebt – wird Alex wegen Verrats seiner Gang von der Polizei geschnappt. Letztendlich nimmt er an einem staatlichen Umerziehungsprogramm teil. In der so genannten »Ludowico-Therapie« zwingt man das Enfant terrible, Gewaltfilme von der übelsten Sorte anzusehen. Währenddessen bekommt er ein Serum in die Venen gespritzt, welches ausgeprägte Übelkeit auslöst. Mit anderen Worten, beim Anblick von Gewalt empfindet er (künstlich provoziertes) körperliches Leiden.

Irgendwann muss er sich schließlich wie auf Knopfdruck übergeben, nämlich dann, wenn seine Wahrnehmungsorgane irgendwelche Anzeichen von Gewalt melden. Nach der Entlassung aus der Anstalt ist Alex ein anderer Mensch geworden, ein »automatisierter Pazifist« sozusagen. Sobald er von nun an im Alltag mit irgendeiner Form von Gewalt in Berührung kommt, etwa wenn er wieder zuschlagen will, übermannt ihn sofort das bekannte Unwohlsein, das ihn an seine Zeit in der Anstalt erinnert. Die Folge: Er muss von jedweder Aggression ablassen.

Warum passiert das? Was ist geschehen? *Alex wurde klassisch konditioniert.*

Der Entdecker der klassischen Konditionierung ist Iwan P. PAWLOW (1849–1936). Bei seiner Arbeit, der Untersuchung der Verdauungssekretion von Hunden, ist ihm irgendwann ein interessanter Mechanismus aufgefallen. Nachdem er einige Male in den Mund eines Hundes Trockenfutter eingeführt hatte, begann das Tier irgendwann, Speichel zu produzieren, *bevor* es Nahrung verabreicht bekam. PAWLOW (1927) erforschte nun vorwiegend dieses Phänomen. Sie kennen wahrscheinlich das Ergebnis.

PAWLOW erkannte, dass sich ganz gezielt bestimmte körperliche Reaktionen irgendwann durch eigentlich untypische Reize auslösen lassen, und zwar dann, wenn man neuartige Reize mit den ursprünglich relevanten Auslösern längerfristig *kombiniert*. Das heißt, der Hund bekam zunächst eine Schüssel Futter zu *sehen, zeitgleich* ertönte eine Glocke. Der Lernprozess stellte sich letztendlich in der Form dar, dass der Hund irgendwann bereits beim Klingelzeichen (konditionierter Reiz) Speichel produzierte (konditionierte Reaktion), *ohne* dass er dazu erst das Futter (natürlicher Reiz) erblicken musste.

Dieser Reiz-Reaktions-Mechanismus ist weitaus populärer, als Sie vielleicht denken. Ein abscheuliches und grausames Exempel einer klassischen Konditionierung taucht dann und wann im Pferdesport auf. Der Kenner der Szene wird mit dem Begriff »Barren« etwas wirklich Niederträchtiges assoziieren können. Zumindest ist es meiner Meinung nach infam. Gehen wir kurz darauf ein.

Damit Springpferde beim Sport die maximale Sprunghöhe erreichen, schlägt man beim Barren, während der Flugphase über ein Hindernis, dem Tier mit einer rustikalen Stange hart vor die vorderen Schienbeine. Die Tiere erleiden dabei extreme Schmerzen. Der Vorgang wird oft wiederholt. Was man damit erreichen will, entbehrt nicht einer gewissen Logik: Das Pferd »lernt« über kurz oder lang, dass ein übersprungenes Hindernis, also eigentlich ein nicht-relevanter Reiz im Leben des Tieres, unglaublichen Schmerz (Reaktion) verheißt.

Nimmt schließlich das konditionierte Tier irgendwann an einem Springreitturnier teil, kann man davon ausgehen, dass es die Hindernisstangen (konditionierter Reiz) fürchtet, weil sie körperliche Qualen (konditionierte Reaktion) verheißen. Mit anderen Worten, das Tier hält beim Wettkampf die Hindernisbalken für dieselbe Hiebwaffe, die unzählige Male beim Training eingesetzt wurde. – Demnach wird es in der Tat höher springen, aus Angst.

Die Gesetzmäßigkeiten des klassischen Konditionierens lassen sich leicht auf den Menschen übertragen. Wer als Kind dann und wann von einer Katze übel gekratzt wurde, der wird vielleicht später hinaus eine generelle Angst vor Katzen entwickeln und jedes katzenartige Tier in hysterischer Manier meiden. Ein anderes Beispiel: Ein Schüler, der von einem Klassenkameraden irgendwann eine Tracht Prügel bezieht, wird möglicherweise, wenn er Jahre später wieder auf einen ähnlich aussehenden Kraftprotz trifft, also auf einen »konditionierten Reiz«, leicht Angst vor den potenziellen Folgen des Zusammentreffens (konditionierte Reaktion) verspüren. Das diesbezüglich konditionierte Individuum wird zunächst wahrscheinlich (unbewusst) Antipathie entwickeln, obwohl das Gegenüber unter Umständen völlig harmlos ist.

Fazit: Hinter vielen Ängsten, die in unserem Alltag manchmal auftauchen, stehen lediglich vergangene negative Erfahrungen mit entsprechenden Reizen! Das heißt, jeder Mensch hat Lernmechanismen verinnerlicht, die sich als klassische Konditionierungen charakterisieren.

Ist Eifersucht eine Folge von klassischen Konditionierungen?

Versuchen wir einen Brückenschlag. Wir können uns jetzt fragen, ob es vergangene Konstellationen in unserer Kindheit bzw. Jugend gegeben hat, die zu waschechten klassischen Konditionierungen avancierten.

Trifft dies nämlich zu, dann löst der *gegenwärtige* Partner unwillkürlich durchaus konditionierte Eifersüchteleien aus. Denkbar sind z.B. diese beiden Konstellationen:

➤ Man hat während der Kindheit häufig die Situation erlebt, dass sich die eigene Mutter mit Freunden verabredet hat (Reiz). Durch Schreien und Toben (Reaktion) hat man dann und wann Erfolg gehabt, d.h. Mutter hat die geplanten Unternehmungen abgesagt. Der Mechanismus hat sich verhärtet. Jahre später möchte der Partner mit Bekannten etwas unternehmen (konditionierter Reiz). Man zeigt dann notwendigerweise dieselben Verhaltensweisen – Formen von Eifersucht – wie früher (konditionierte Reaktion).

➤ Ein Jugendlicher hat folgende Erfahrungen in der Familie gemacht: Die meisten Streitigkeiten zwischen den Elternteilen (neutrale Reaktion) waren darauf zurückzuführen, dass einer der beiden mit Dritten geflirtet hat (neutraler Reiz). Eigene Konflikte können sich später hinaus (konditionierte Reaktion) dann ergeben, sobald der eigene Partner in fremden Gefilden flirtet (konditionierter Reiz).

2.7 Fazit einer integrativen Sichtweise

Fassen wir die Perspektiven der verschiedenen Wissenschaften, die wir behandelt haben, zusammen, um eine integrative Übersicht zu erschließen:

1. *Evolutionstheorie:* Nach Ansicht dieser Forschungsrichtung ist Eifersucht schlicht und einfach angeboren. Die blinde Leidenschaft hat von Natur her einen Sinn: sie dient der Stabilisierung der gemischtgeschlechtlichen Partnerschaften. Männer werden meistens dann eifersüchtig, wenn Konkurrenten auftauchen, die in bezeichnenden Bereichen etwas voraushaben. Diese Charakteristiken werden interessanterweise gewöhnlich von Frauen bei der Partnerwahl besonders berücksichtigt. Wir können demnach denken an Intelligenz, Ehrgeiz, Körperlänge (Mann größer Frau), sozialer Status, materieller Background. Frauen entwickeln oft Eifersucht, wenn eine Rivalin mit dem Gatten anbändelt, die jünger und attraktiver ist. Diese offenkundigen Geschlechterunterschiede belegen die weit reichende Relevanz der evolutionstheoretischen Perspektive.

2. *Tiefenpsychologie:* Die Seelenärzte widersprechen. Eifersucht ist u.a. eine Ausgleichsreaktion auf Minderwertigkeitsgefühle, also eine Charakteranomalie, eine Schwäche. Eifersucht charakterisiert sich demnach vorwiegend als Streben nach Macht und Kontrolle in der Partnerschaft. Darüber hinaus ist eine ausgeprägte Geschwistereifersucht oder ein unbewältigter Ödipus- bzw. Elektra-Komplex für eine ausgeprägte Missgunst verantwortlich zu machen.

3. *Philosophie:* Ob Eifersucht und Neid Grundkategorien des menschlichen Daseins darstellen, wurde in der Geistesgeschichte immer mal wieder thematisiert. Die Meinungen zu dieser Angelegenheit gehen weit auseinander. Einige Philosophen, die bereits genannten Optimisten, sind davon überzeugt, dass man derartige menschliche Unzulänglichkeiten durch Vernunfttätigkeit bezwingen kann; andere, die Pessimisten, bestreiten dies.

4. *Lerntheorien:* Eifersucht ist erlernt. Das engste soziale Umfeld, das man als Kind bzw. Jugendlicher erfahren hat, determiniert den individuellen Grad an eifersüchtigen Empfindungen im Erwachsenenalter. Vorwiegend entsteht Eifersucht infolge des Beobachtungslernens oder aber durch klassische Konditionierung.

Nachdem wir in diesem Kapitel Eifersucht und Neid aus den Blickwinkeln verschiedener Wissenschaften untersucht haben, können wir nun auf die mannigfachen Erscheinungen im Alltag zu sprechen kommen.

3

Phänomene der Eifersucht

»Wahnhafte – und damit krankhafte – Eifersucht beginnt dann, wenn sie zwei
Merkmale aufweist: zwanghafte Fantasien ohne oder aus nichtigem Anlaß;
Tendenzen zur Gewaltanwendung.«

– Hans JELLOUSCHEK

S ie wissen, liebe Leserin, lieber Leser, dass Menschen mit einem unglaublich starken Antrieb zur Missgunst ein ansehnliches Inventar an charakteristischen Verhaltensweisen repräsentieren. Diese »aufopferungsvollen« Reaktionen sind durchgängig auf diese eine dunkle Leidenschaft zurückzuführen. Ja, man könnte bei einigen Gemütern schon fast einen starren, von Eifersucht gänzlich geprägten Persönlichkeitszug zu Recht annehmen. Derartige Naturen verheißen ihren Partnern eine »kurzweilige« Beziehung.

3.1 Allgemeine Bemerkungen

Eifersucht kann sich auf unzählige Objekte und Personen beziehen

Wer tatsächlich zu ausgeprägtem Zweifel neigt, der ist in Bezug auf seinen Partner generell auf alles neidisch, was mit Letzterem im weitesten Sinn zu tun hat. Bleiben wir vorerst bei den Konstellationen, wo es um Eifersucht auf verschiedene Personen außerhalb der Zweierbeziehung geht.

In bestimmten Situationen wird stets entschlossen einer möglichen »Gefahr der Fahnenflucht« entgegengetreten. Anders ausgedrückt, in jeder Alltagskleinigkeit erblickt man ein potenziell herabsausendes und die Beziehung zerstörendes Damokles-Schwert. Ich habe diesbezüglich schon wirklich anstrengende Individuen kennen gelernt. Für derartige Personen ist es schon ein echtes Verbrechen, wenn der Partner mal eben die Wohnung verlassen will, z.B. zwecks einer notwendigen Erledigung. Oft steht dann eine Auseinandersetzung an, die gewöhnlich mit dem unvermeidlichen Satz »Wohin gehst du?!« beginnt. Natürlich wollen die hier besprochenen »Wächter« alles über die Pläne des Partners wissen, z.B. mit wem er sich wann trifft und warum, wer noch alles hinzukommt usw.

Ganz wichtig scheint dem Missgünstigen der punktgenaue Zeitpunkt der Heimkehr des Pendants zu sein. Sollte der Lebensgefährte es wagen, irgendwann am Abend per Telefon eine Verspätung in Erwägung zu ziehen, z.B. weil es gerade so heiter und amüsant ist, steigt der Adrenalinspiegel spontan: »Warum willst du länger bleiben?« – »Wer ist das im Hintergrund?« – »Lachen die etwa über mich?« – »Warum willst du dich denn jetzt nicht länger mit mir unterhalten?« – »Warum willst du nicht, dass ich vorbeikomme, funke ich dir da bei etwas dazwischen, hm!?«

Mithilfe dieser Vorgehensweisen kann man einerseits erfolgreich die Unternehmungen des Anderen hintertreiben, weil etwa die Gemütsstimmung des Letzteren gewiss von jetzt auf gleich ergraut. – Auf der anderen Seite ist es möglich, dass der »untreue« Partner resigniert die Segel streicht und nach Minuten der Keilerei in letzter Instanz endlich sagt: »Ist ja gut, ich komme gleich nach Hause.«

Auch andere Auffälligkeiten gehen mit der wahnhaften Charakterstruktur einher, von der wir hier reden. Paranoide Individuen durchstöbern beständig die privaten Unterlagen des Partners, z.B. die Innentaschen seiner Kleidungsstücke, die Schubladen seines Schreibtischs oder die Handtasche. Oder aber man liest heimlich die Handy-Nachrichten oder die privaten E-Mails des Anderen, nachdem man erfolgreich und trotz erheblicher Schwierigkeiten das Passwort endlich herausgefunden hat.

Ein bezeichnendes Merkmal einer derartigen Persönlichkeit möchte ich noch nennen, bevor wir zur »eifersüchtigen« Kommunikation fortschreiten: den Hang zur Gewalt. Hierzu kann ich eine eigene Anekdote erzählen. Ich erinnere mich noch gut daran, als ich mich vor gut 13 Jahren in meinem Wohnort des Öfteren mit einem etwas jüngeren Mädchen verabredete. Ich hatte sie im Bus zur Schule kennen gelernt. Der übliche Treffpunkt für derartige Techtelmechtel war meistens die Dorfkneipe. Ich wusste damals, dass sie, nennen wir sie Svea, einen festen Freund hatte. Aber das war unwichtig, da es mir wirklich nicht darum ging, sie ihm auszuspannen. Jedenfalls, irgendwann stürzte sie eines Tages die Tür herein, es sollte das letzte Date sein, und erzählte aufgebracht, dass ihr Freund »voll den Aufstand« gemacht habe. (Den Aufstand hatte es natürlich wegen mir gegeben.) Tja, und wenn sie *jetzt* nicht »augenblicklich zu Hause auftauchen würde, dann würde er vorbei kommen«, ja wirklich, »und dann würde es ›klatschen‹, aber keinen Beifall«. Ich mache es kurz, liebe Leserin, lieber Leser: das war es dann gewesen mit der pubertären Herrlichkeit.

Halten wir fest: Manche Misstrauische machen manchmal vor Handgreiflichkeiten nicht Halt, wenn sie Gefahr laufen, nicht mehr gänzlich im Mittelpunkt des Interesses zu stehen.

Kommen wir nun zu den Bereichen »Hobbys« und »gleichgeschlechtliche Freunde«. Diese beiden Aspekte können ebenso zur Zielscheibe von eifersüchtigen Liierten werden. Bleiben wir zunächst bei einer allgemeinen Betrachtung.

Schon so manche Ehefrau hat sich darüber entrüstet, dass sich ihr Ehegatte jeden Samstagmorgen mit seinen Kumpanen zum Skat verabredet. Auf der anderen Seite sind nicht wenigen Männern die »verdächtigen« Frauenabende ihrer Gattinnen ein Dorn im Auge. Warum stoßen sich einige Individuen an den persönlichen Unternehmungen des Anderen? Ganz einfach: Oftmals deshalb, weil er (oder sie) dann nicht mehr in unmittelbarer Reichweite ist. Vielleicht langweilt man sich auch ohne den Partner, weiß nichts mit sich anzufangen.

Auch das soziale Umfeld des Partners ist dem Eifersüchtigen oft zuwider. Nicht selten ist man demnach neidisch auf die beste Freundin bzw. auf den besten Freund des Lebensgefährten. Gelegentlich geschieht dies anlässlich eines quälenden Eindrucks, der Partner verstehe sich besser mit diesem oder jenen Menschen. Dies kann bereits mordsmäßig kränken und ein schmerzliches Minderwertigkeitsgefühl beleben. Vielleicht ist man auch »einfach so« eifersüchtig, schlicht und einfach auf *jeden* Dritten im Bunde. Man hat dann, wenn dem so ist, oft unbewusst den Anspruch auf die Ausschließlichkeit der Beziehung zum Anderen erhoben.

Wie steht es jetzt um die Freizeitbeschäftigungen? Zunächst einmal ist festzustellen, dass die meisten Männer und Frauen sich besonders in diesem Punkt in typischer Weise unterscheiden: es gibt im Durchschnitt ungleiche Vorlieben. Die Ursachen finden wir oft in der Kindheit und im Jugendalter, z.B. eine geschlechtsspezifische Prägung. Diesem Thema bin ich bereits an anderer Stelle nachgegangen (DAMM 2004a).

Warum sind manche Missgünstige auch misstrauisch dem Hobby des Partners gegenüber? – 1. Das Gegenüber widmet seine Aufmerksamkeit einer anderen Sache, also nicht mir; 2. Während der Partner seiner Lieblingsbeschäftigung nachgeht, hat er – Spaß. Ich weiß, das klingt möglicherweise abwegig, doch ich kenne Fälle, bei denen trifft Punkt 2 haargenau zu: Man gönnt dem Partner nicht die Freude an seinen Steckenpferden. Tja, der Neid.

3.2 Formen von »eifersüchtiger« Kommunikation

Ich habe mit einer Berufsschulklasse über Eifersucht und Liebe diskutiert. Eine Schülerin gab unfreiwilligerweise ein bezeichnendes Beispiel für eifersüchtige Kommunikation ersten Grades, wie ich meine. Sie regte sich nämlich ungemein lautstark über ihren Freund auf, der ihr gleich zu Beginn der Beziehung ein Fotoalbum vom letzten Urlaub *mit seiner Ex-Freundin* gezeigt habe. Sie konnte sich nicht vorstellen, was er damit bezweckte. Im Nachhinein dachte sie, er wäre sadistisch veranlagt. Ich gab zu bedenken, dass das ein Liebesbeweis ihr gegenüber sein *könnte*, weil er möglicherweise mit seiner Handlung suggerieren wollte: »Ich bin über meine ›Ex‹ hinweg, emotional gesehen.« Insofern wäre es ihm nun leicht möglich, so gab ich zu bedenken, ruhigen Gewissens über vergangene und abgeschlossene (!) Zeiten zu palavern. Sie widersprach heftig. Ich fragte sie daraufhin, wie sie es gefunden hätte, wenn er das Fotoalbum vor ihr im Kleiderschrank versteckt, sie es aber irgendwann beim Saubermachen gefunden und durchgeblättert hätte. Sie verstummte kurz und kehrte in sich. Ja, das wäre ebenfalls sehr ärgerlich gewesen. Und was jetzt?

Wir haben in diesem Fall eine anschauliche *Doppelbindung* vorliegen, eine Kommunikationsfalle. Diese Interaktion wird zur *absurden* Verständigung gezählt (siehe WATZLAWICK u.a. 1969/2003). Wie charakterisiert sich diese Art? Insbesondere durch unfaire verbale Gewaltanwendung, der man sich nicht widersetzen kann, mit anderen Worten, man zieht *immer* den Kürzeren.

Eine Doppelbindung liegt z.B. bei dieser Konstellation vor: Mein Partner kann tun oder sagen, was er will – meine Meinung zählt und sonst nichts. Leider tauchen Doppelbindungen recht oft im Alltag auf und ziehen seelische Missstände nach sich. Sollte diese Kommunikationsform etwa jahrelang im Erziehungsalltag praktiziert werden, kann man Kinder und Heranwachsende erfolgreich in die Schizophrenie treiben (BATESON u.a. 1969).

Ein Alltagsbeispiel: Stellen Sie sich vor, Sie genießen gerade eine heiße Schokolade in Ihrem Lieblingsbistro, um den Stress des allwöchentlichen Einkaufsbummels noch psychisch zu verarbeiten. Plötzlich spricht Sie aus heiterem Himmel ein ehemaliger (andersgeschlechtlicher) Mitschüler der Oberstufe von 1972 an, den Sie seit Jahren nicht mehr gesehen haben. Sie freuen sich und erleben einen anregenden Smalltalk. Auf dem Heimweg im Auto überlegen Sie sich, ob Sie das Erlebnis Ihrem Partner erzählen, der charakteristischerweise zur übertriebenen Eifersucht neigt. Sie entschließen sich, das Ereignis unerwähnt zu lassen, um sich unnötige und überflüssige Gespräche zu ersparen. »*Wen* hast du getroffen? Wer ist das?«

Nein, lieber nicht. Für Sie ist der Fall ohnehin abgeschlossen. Soweit, so gut. Malen Sie sich jetzt bitte aus, Sie wurden während des Smalltalks von einem Bekannten *Ihres* Partners gesehen, und auf diesem Weg kommt es ihm (oder ihr) doch noch zu Ohren.

Ihr Pendant stellt Sie nun zwei Tage später triumphierend an den Pranger: »Wenn es dir doch nichts bedeutet hat, wieso hast du mir es dann nicht erzählt? Hmm?« Sie haben also im Nachhinein gerade *wegen* Ihrer präventiven Maßnahme den umgangssprachlichen »Salat«.

Das Dumme ist, auf den Punkt gebracht, dass Sie, wie auch immer Sie sich entschieden hätten, vom Partner aufs Glatteis gezogen werden. Das heißt, wenn Sie bei der Wahrheit geblieben wären, würden Sie etwa hören: »Ach ja, den und den hast du also getroffen, und das war wirklich Zufall? Das glaubst du doch selbst nicht!« Wenn Ihr Gegenüber den Smalltalk hintenherum herausbekommen hätte, würden Sie vielleicht konfrontiert mit: »Ha! Ich wusste es! Du hast eine Affäre!«

Sie sehen leicht, deshalb arbeiten Eifersüchtige gerne – unbewusst – mit Doppelbindungen. Es gibt aber noch eine andere Ursache: Mit derartiger Kommunikation bleibt man am fortwährend längeren Hebel, also in der »gerechten« Position des Anklägers.

Auf Grund der Praxis von Doppelbindungen kann man neidische Menschen sehr schwer von ihrer eingeschlagenen Art und Weise der Kommunikation weglotsen. Das bringt die ungereimte Natur dieser Verständigungs-Art leider mit sich. Die Doppelbindung ist jedoch nicht die einzige beliebte Kommunikationsform von Eifersüchtigen.

Auf einige Arten von paradoxer Kommunikation wurde bereits in einer anderen Arbeit hingewiesen (DAMM & WEISS 2005, Abschnitt 1.3). Aus der dortigen Auflistung werden im Folgenden diejenigen Anwendungen aufgeführt und beschrieben, die von misstrauischen Individuen normalerweise genutzt werden, weil sie verschiedenartige Vorteile verschaffen:

1. Der ungünstig gestimmte Kommunikator streut generell gerne hinderliche, weil offensive **Du-Botschaften** in den Beziehungsalltag ein. Diese werden üblicherweise angereichert mit unterstützenden Adjektiven und Zeitbestimmungen. Hinzu kommt auch oft eine subjektive Bewertung, meist eine unvorteilhafte. Einige Beispiele für derartige Muster: »Du schaust immer anderen Frauen/Männern hinterher!« – »Du liebst mich gar nicht mehr!« – »Du solltest nicht alleine weggehen, das macht man nicht in einer Beziehung. Das sagt jeder.« – »Du lügst immer!« – »Für die anderen machst du immer viel mehr als für mich.« – »Auf die Maria/den Marek stehst du, gell? Mit ihr/ihm würdest du mal gerne, nicht?«

2. **Auf Manipulation ausgerichtete Mitteilungen.** Weil die meisten Menschen mit ausgeprägter Eifersucht am liebsten eine 24-stündige Symbiose mit dem Partner eingehen möchten oder wenigsten die absolute Gewissheit über seinen Alltagsablauf haben wollen, gebrauchen sie häufig Botschaften, die derartige Zielsetzungen realisieren sollen. Natürlich bleiben dabei Manipulationsversuche nicht außen vor, denn schließlich weichen die Planungen des Partners wohl oder übel auch einmal von den eigenen Entwürfen ab. Einige Beispiele der offenen Manipulation: »Komm', bleib' doch zu Hause!«

– »Du willst doch eigentlich heute Abend gar nicht dahin.« – »Schatz, du gehst heute nicht mehr weg, gell?« Bei derartigen Motivationen, den Gefährten zu binden, kommt gelegentlich auch eine spezielle körpersprachliche Kommunikation hinzu. Gemeint sind z.B. psychosomatische Phänomene (vgl. Abschnitt 2.4.2), etwa spontane Migräne oder sonstige Kopfschmerzen, Angstzustände, depressive Verstimmungen, Asthma, Magenschmerzen, Heulkrämpfe, Fieberanfälle, Schüttelfrost usw. Derartige Symptome sollen dann zusätzlich Druck auf das Gegenüber ausüben, *denn wer wird denn so herzlos sein und den hilflosen Erkrankten alleine lassen?*

3. Sehr oft wird auch die **Verantwortung für eigene Gefühle geleugnet und ungefragt dem Pendant aufgebürdet**. Das heißt, man ist felsenfest davon überzeugt, und teilt dies auch entschlossen mit, dass das Pendant die eigenen unerfreulichen Eifersuchtsgefühle »machen« würde. Doch es ist natürlich unmöglich, jemandem Gefühle zu *machen*. Für meine Gefühle bin immer noch ich selbst verantwortlich. Das kann man leicht daran erkennen, dass man, wenn man eine positive Gemütsstimmung erlebt, generell toleranter den meisten Dingen gegenüber steht als in einer nachteiligen Gefühlslage. Somit liegt jegliche Verantwortung bei mir. Ein anderer Beleg: Wenn der Partner mit einem Dritten auf einer Party flirtet, ist es für den einen Menschen okay, für den anderen bereits ein Treuebruch. Somit wird Eifersucht zur relativen Größe, zur individuellen Sache. Wenn ich also eifersüchtig bin, dann bin *ich* es! (Das Thema wird im 5. Abschnitt noch einmal angeschnitten, weil es bei dieser Angelegenheit viele Irrtümer gibt.)

4. Wenn eigene Gefühlszustände mitgeteilt werden, dann bedient man sich nicht selten der paradoxen Methode, **kritikschwangere Du-Botschaften** zu schicken. Im Unterschied zu den wertenden Du-Botschaften, die oben beschrieben wurden, handelt es sich hierbei um eine Kommunikationsart, die gleichzeitig etwas über die psychischen Mängel oder Bedürfnisse des Senders aussagt. Paradoxerweise wird demnach z.B. ein eigentlicher *Appell* als *Vorwurf* ausgesprochen. Ein Beispiel: »Du bist nie für mich da« bedeutet wahrheitsgemäß meistens: »Ich wünsche mir, du würdest mir mehr Aufmerksamkeit entgegenbringen.« Der Satz »Du findest mich gar nicht mehr attraktiv« meint erfahrungsgemäß: »Bitte mache mir mehr Komplimente bezüglich meines Aussehens!« Natürlich ist es für den Empfänger derartiger Nachrichten generell schwer, einen kühlen Kopf zu bewahren, also angemessen und zurückhaltend zu reagieren, indem er z.B. aktiv zuhört oder paraphrasiert (vgl. DAMM & WEISS 2005). Denn im Allgemeinen fühlen wir uns durch derartige Angriffe ungemein herausgefordert. Niemand will der »Buhmann der Zweierbeziehung« sein – das nagt am Selbstwert.

5. Weil Eifersucht ein Affektzustand ist, fällt auch die **Kommunikation**, die aus ihr erwächst, gelegentlich **affektgeladen** aus. Mit anderen Worten, augenscheinliche Aggression (aus Frustration) entlädt sich bei eifersüchtigen Menschen sporadisch in bezeichnender Ausprägung. Natürlich kommt beim Ausbruch von aufgestauten animalischen Zuständen oft nichts Vernünftiges zu Stande, weil man in diesen Situationen dann und

wann den Kopf verliert und Dinge sagt, die man häufig im Nachhinein bereut. »Schatz, das was ich vorhin gesagt habe, habe ich nicht so gemeint.« Leider merkt sich der Partner jedes einzelne verletzende Wort, um bei passender Gelegenheit ein Ass im Ärmel zu haben. Mit dieser unnatürlichen Verständigung kommt man in der Tat nicht weit.

Bilder im Kopf

Eine weitere Eigenart von außergewöhnlich eifersüchtigen Menschen läuft auf der kognitiven Ebene ab, d.h. in der Sphäre des Denkens und Urteilens. Sie, die gemeinten Individuen, sind generell einfallsreiche »Regisseure« von charakteristischen Szenen und »Filmen« in ihrer Fantasie. Wir brauchen nicht lange zu überlegen, um was es dabei vorwiegend geht. Richtig, um alle denkbaren Arten von Treuebruch. Das heißt, der missgünstig Gestimmte sitzt alleine im stillen Kämmerlein und malt sich ausführlich die relevanten und schmerzhaften Situationen aus, und zwar bis ins *kleinste Detail*. Da geht es z.B. um den Ort, wo sich der Partner *gerade* aufhält, wie er jetzt an der Bar steht, einen Drink bestellt. Dann, so geht die Fantasiereise häufig weiter, spricht er (oder sie) einen attraktiven Vertreter des anderen Geschlechts an, einfach so, so ganz berechnend, und initiiert professionell einen Smalltalk. Der Traum beinhaltet meist auch die Vorstellung des Flirts, des ersten Kusses sowie des praktizierten Verkehrs mit dem Konkurrenten.

Natürlich wird das eigene Gemüt bei derartigen negativen Trips leicht in Raserei versetzt. (Manche Eifersüchtige stellen sich ja gerade deshalb diese Situationen vor.) Eine potenzielle Folge hiervon ist, dass der Traum oft mit der Realität vermengt wird. Man »fährt seinen Film«, wie man sagt. Manch einer steigert sich dermaßen in seine Improvisationen hinein, dass der Partner nach seiner Heimkehr aus heiterem Himmel mit den übelsten Vorwürfen konfrontiert wird.

Interessanterweise thematisieren wahnhaft Eifersüchtige in ihrem Film, wie ich ihn eben beschrieben habe, meist auch den *Konkurrenten bzw. die Konkurrentin selbst*. Und hier kommt FREUD wieder ins Spiel, der, wie oben besprochen, bei der wahnhaften Eifersucht, der dritten Art, die Existenz einer versteckten Homosexualität unterstellt hat. Das heißt, wenn sich der Eifersüchtige immer wieder ein *genaues* Bild vom Rivalen macht – vielleicht kennt man ihn flüchtig – und sich vorstellt, wie dieser Mensch den Partner verführt und mit ihm Sex hat, dann ist des Öfteren die Tatsache nicht von der Hand zu weisen, dass der Eifersüchtige den Konkurrenten idealisiert und sein *eigenes* sexuelles Interesse ihm gegenüber *auf die Partnerin projiziert*. Natürlich offenbaren sich derartige Mechanismen dementsprechend auch manchmal bei Frauen in Bezug auf eine Rivalin.

Wie dem auch sei, für Argwöhnische, die oft ihre aufregenden Filme produzieren, gilt zweifellos das bekannte Sprichwort, nach dem man die Dämonen, die man einmal gerufen hat, so schnell nicht wieder los wird. Darum können wir von derartigen charakteristischen Vorgehensweisen nur abraten, sie quälen das Ich auf unglaubliche Weise.

Von Filmproduktionen ablassen – das ist sozusagen ein erster therapeutischer Ratschlag, den man berücksichtigen kann. Ein weiterer Vorschlag, vorab erwähnt, für diejenigen, die sich mit einem höchst misstrauischen Partner arrangieren müssen: Nehmen Sie das Pendant einmal mit zum Männer- bzw. Frauenabend. Zum einen wird er (oder sie) *sehen* (!), wie es da so zugeht. Eine resultierende Folge: es bleibt weniger Raum für Kreativität bezüglich der Regieanweisungen in selbst produzierten »Fantasiereisen über die Untreue«. – Zum anderen wird er (oder sie) vielleicht durch die Reaktionen der anderen merken, wie unangebracht die meisten Ängste waren. Diese Art der »Schocktherapie« entspricht dem *direkten* Konditionieren (vgl. Abschnitt 5.6).

Natürlich hängt die Art und Weise der Verarbeitung von eifersüchtigen Affekten, das Handling, wie man so schön sagt, immer ab von der individuellen Persönlichkeit und von der aktuellen Gefühlsstimmung.

Folgerichtig kommen wir daher im Nachstehenden zu verschiedenen Umgangsarten. Weiter unten lernen wir dann ausführlich Ursachen der Entwicklung und Eigenarten von bestimmten Eifersuchts-Persönlichkeiten kennen (Abschnitt 4).

3.3 Verschiedene Arten des Umgangs

Skizzenhaft möchte ich auf lebensbejahende, zwiespältige, paranoide und depressive Umgangsformen mit Eifersucht eingehen.

Lebensbejahende Eifersüchtige

> »Mein Partner lässt mir die Freiheit, das zu tun, was ich will. Ich kann mich treffen mit wem und wann ich will, ohne dass es dabei lästige Gespräche oder gar Unterstellungen gibt. *Deshalb* übertreibe ich es nicht und gehe ihm auch nicht fremd – gerade *weil* ich es leicht tun könnte. Ich tue es auch deshalb nicht, weil ich weiß, dass seine Großzügigkeit einzigartig ist. So einen Mann finde ich nie wieder! Ich erzähle ihm auch – nach Kriterien des gesunden Menschenverstandes – von anderen Männern.«
>
> *– Manuela, Psychologie-Studentin aus Landau, 25 Jahre alt*

Es gibt Menschen, die beim Thema »Eifersuchtsprobleme in Beziehungen« verständnislos den Kopf schütteln und einfach abwinken. Die Theorie von FREUD, nach der Eifersucht in *jedem* Liebesverhältnis anzutreffen sei, scheint bei diesen Individuen nicht zu greifen. Ich habe sie *lebensbejahende Eifersüchtige* genannt, auf die Gefahr hin, dass die Leserin, der Leser bei dieser Bezeichnung einen Circulus vitiosus, d.h. einen Widerspruch in sich selbst, unterstellt. Dies wäre auf den ersten Blick hin gewiss möglich, weil man im Allgemeinen Eifersucht mit Egoismus und damit wahrscheinlich eher mit einem *negativen* Begriff wie »lebensverneinend« verbinden würde. Mit anderen Worten, man könnte annehmen, ein Mensch, der eifersüchtig ist, könne kein lebensbejahendes Wesen offenbaren.

Doch es gibt sie, die eben vorgestellten positiven Ausnahmen. Ich habe beispielsweise mit einer befreundeten Psychologie-Studentin gesprochen, die nach eigenen Aussagen »spielend leicht« mit der Missgunst umgeht. Sie würde folgende präventive Verhaltensweisen mit ihrem Freund gemeinsam (!) praktizieren:

1. Wenn beide Partner separat Bekannte treffen, werden, bevor man sich alleine auf den Weg macht, generell erstmal *keine* W-Fragen gestellt. Tabu sind also folgende Frageformen: » *Wie* lange bleibst du?« – » *Wann* kommst du wieder?« – » *Wer* kommt denn noch alles mit?« – Der wesentliche Vorteil, der durch solche passive Vorgehensweisen entsteht: Wenn man dahingehend weniger gefragt wird, *erzählt man von sich aus mehr.*

2. Eine andere Handhabungsweise, die den Beziehungsalltag betrifft: Niemand fragt den anderen, von wem er gerade eine SMS bekommen hat. – Positive Wirkung: siehe Punkt 1.

3. Jegliche Unterstellungen sind generell verboten, z.B.: »Du hast doch mit ihr/ihm irgendwas.« – Erfreulicher Effekt: siehe Punkt 1.

Ich muss noch klarstellen, dass diese Gebote als a priori beschlossene Richtlinien zu verstehen sind. Sie sind demnach nicht etwa erwachsen aus schlechten Erfahrungen, sondern sie wurden zu Beginn der Beziehung bewusst gemeinsam abgesprochen, um verträgliche *Voraussetzungen* für einen adäquaten Umgang mit Eifersucht zu erschaffen.

Wir können feststellen, dass der eben beschriebene bejahende Lebensstil gewaltige Vorteile in einer Zweierbeziehung ermöglicht. Doch nur dann, wenn der Partner ebenso ähnliche Überzeugungen vertritt. Ist dem nicht so, kann man dem lebensbejahenden Menschen schnell einen Strick aus seinen Gepflogenheiten drehen. Man kann ihm, wie oben mehrfach thematisiert, Gleichgültigkeit und mangelhafte Aufmerksamkeit vorwerfen.

Finden sich jedoch zwei Menschen, die sich durch den beschriebenen Umgang mit Eifersucht kennzeichnen, können beide sicherlich, neben den anderen bereits genannten Wirkungen, auf diese positiven Effekte bauen:

➤ Die sexuelle Leidenschaft vergeht mit an Sicherheit grenzender Wahrscheinlichkeit *nie*, denn man ist sich seines Partners nicht sicher (ein ähnlicher Zustand wie zu Beginn der Beziehung). Und vor der Unsicherheit hat man im Allgemeinen mehr Respekt als vor der Gewohnheit. Ferner wird auch die sinnliche Aufmerksamkeit permanent angeregt.
➤ Die Partnerschaft charakterisiert sich durch einen Wechsel von intimer Nähe und Distanz, ohne Zweifel ein Gewinn bringender Aspekt.

Zwiespältige Eifersüchtige

Andere Menschen wiederum präferieren einen eher ambivalenten Umgang mit der dunklen Leidenschaft. Man ist also bei relevanten Konstellationen oft hin und her gerissen.

Eine innerliche Uneinigkeit ist zunächst einmal kein Zustand, den man neurotisch nennen könnte. Denn, ganz allgemein gesagt, wir alle erleben jeden Tag innere Zwiespälte, in der Partnerschaft, im Beruf, im stillen Kämmerlein usw. Der hauptsächliche Grund liegt darin, dass jeder Mensch zahlreiche psychische Konstrukte verinnerlicht hat, die von den engsten Bezugspersonen herstammen. Diese Konstrukte beeinflussen unser alltägliches Denken und Handeln; wovon wir aber gewöhnlich nicht viel mitbekommen. Der Tiefenpsychologe Fritz KÜNKEL (1928/2003, S. 117) drückt den Sachverhalt so aus: »Wir alle sind von unseren Bezugspersonen in weit höherem Maße abhängig, als wir meinen.«

In Hinsicht auf Menschen, die besonders zu inneren Zwiespältigkeiten neigen, heißt das: Es kann permanent zu alltäglichen Komplikationen kommen, weil fortwährend mindestens zwei Strebungen *unbewusst* gegeneinander arbeiten, z.B. ein verinnerlichter (toleranter) Vater und eine (hysterische) eifersüchtige Mutter. Ein geradliniger, durchgängiger Umgang mit Missgunst scheint dann nicht so einfach zu sein. Demnach kann es leicht passieren, dass z.B. Vereinbarungen nicht eingehalten werden. Wer etwa einmal verlauten lässt: »Geh' heute Abend ruhig mit deinen Freunden los«, der bekommt häufig, so ca. zehn Minuten bevor der Partner das Haus verlassen will, noch kalte Füße, d.h. Angst. Infolgedessen fällt so mancher wieder ins andere Extrem: Er/sie möchte die Unternehmung dann doch noch verhindern.

Paranoide Verhaltensmerkmale

In Anlehnung an einen SHAKESPEARE-Klassiker hat man in tiefenpsychologischen Kreisen den Begriff »Othello-Syndrom« zur Charakterisierung von psychotischen Eifersüchtigen herangezogen. Der gleichnamige Held der Erzählung erlebt bekanntlich die unglaublichsten seelischen Qualen aus Eifersucht, die man sich vorstellen kann. – Es geht natürlich dabei um eine Frau, die er liebt, und um Mord und Totschlag.

Wer in der Realität eine ähnliche Psychose wie Othello entwickelt, wird seinem Partner wahrhaft einen aufregenden und lebhaften Alltag aufzwingen, aufregend und lebhaft im zynischen Sinn, versteht sich.

Alle Menschen, die am eindeutigsten in Beziehungen infolge von Neid leiden, geben an, entweder einen wahnhaft eifersüchtigen Partner zu haben oder dem besagten Bild selbst zu entsprechen. Der Albtraum in der Partnerschaft definiert sich meist durch folgende Phänomene:
➤ Permanente Verdächtigungen,
➤ Manipulationen,
➤ Ängste,
➤ lautstarke Auseinandersetzungen,
➤ verschiedene Arten von psychischer und physischer Gewalt.

Sie haben es vielleicht gemerkt – es handelt sich dabei um Charakteristiken der wahnhaften Eifersucht, wie wir sie zu Anfang des Buches definiert haben. Damit Sie eine Vorstellung davon bekommen, wie weit eine derartige Psychose gehen kann, will ich einen adäquaten Fall (nach BUSS 2003, S. 109) ansprechen. Es geht dabei um einen Ehemann, der seiner Frau permanent Ehebruch vorwirft. Die Lage spitzt sich zu: »Er behauptete, die Vagina seiner Frau habe sich verändert, und meinte, ›Spuren‹ von dem Glied eines anderen Mannes in ihrer Vagina spüren zu können.«

Menschen, die in paranoider Art und Weise mit Eifersucht umgehen, tragen manchmal unbewältigte traumatische Erfahrungen aus der Kindheit oder Jugend mit sich herum. Sie wuchsen beispielsweise in zerrütteten Verhältnissen heran, z.B. in Familien, wo Eifersucht täglich ähnlich wahnhaft offenbart wurde. Oder aber der Schicksalsschlag einer Trennung der Eltern drückt das Gemüt tagtäglich unbewusst herab und quält das Ich vom Kindesalter an. Mitunter kann sich auch eine verinnerlichte neurotische Geschwistereifersucht in Missgunst verwandeln, die den derzeitigen Partner ähnlich hart trifft.

Wie auch immer die Mechanismen, die zu einer psychotischen Eifersucht geführt haben, verursacht wurden, das betroffene Individuum quält permanent sich selbst und den Partner in einer ausgeprägten Weise, scheinbar wird man dabei nicht müde.

Depressive Verhaltensweisen

Wer einen paranoiden Umgang mit Eifersucht favorisiert, der lässt u.a. Aggressionen bereitwillig und ungebremst nach außen hin ab, z.B. dann, wenn der Partner eigene Unternehmungen starten will. – Andere Individuen dagegen, die einen eher introvertierten Umgang in Bezug auf Aggressionen und Missgunst pflegen, favorisieren typisch depressive Bewältigungsmechanismen (vgl. Abschnitt 4.1). Aus der Aggression gegen *andere* wird bei dieser Handhabungsweise demnach eine Aggression *gegen sich selbst*.

Wer also zu depressiven Charakteristiken neigt und irgendwann Eifersucht verspürt, etwa weil der Partner mit seinen Freunden einen Kurzurlaub gestartet hat und nun nicht mehr erreichbar ist, der offenbart häufig diese Bewältigungsmechanismen:
➤ Der Frust wird mit viel Alkohol ertränkt.
➤ Man erliegt mehreren Fressattacken.
➤ Man heult ausgiebig und wird körperlich krank.
➤ Man ruft seinen besten Freund oder die beste Freundin an und klagt ausführlich über sein Unglück und Leid. Nach Beendigung des Telefonats wird der nächste Freund oder die nächste Freundin angerufen usw.

Weil unterdrückte Aggressionen sich auch körperlich bemerkbar machen können, darauf will ich noch einmal hinweisen, gehen nicht selten psychosomatische Krankheiten gerade mit diesem Verhaltensstil einher (vgl. Abschnitt 2.4.2).

Ich möchte an dieser Stelle nicht weiter auf depressive Verhaltensweisen eingehen, sie begegnen uns unten noch einmal.

Vorab dürfen Menschen, die zum depressiven Umgang mit Eifersucht neigen und symbiotisch veranlagt sind, einen Ausspruch von NIETZSCHE (1886/1986, S. 239) auf sich wirken lassen: »Leben wir zu nahe mit einem Menschen zusammen, so geht es uns so, wie wenn wir einen guten Kupferstich immer wieder mit bloßen Händen anfassen:

eines Tages haben wir schlechtes beschmutztes Papier und nichts weiter in den Händen. Auch die Seele eines Menschen wird durch beständiges Angreifen endlich abgegriffen; mindestens *erscheint* sie uns endlich so – wir sehen ihre ursprüngliche Zeichnung und Schönheit nie wieder.«

Fassen wir das Wesentliche dieses Abschnitts jetzt in einer Tabelle zusammen, um uns die Unterschiede der Handhabungsweisen klar vor Augen führen:

Tabelle 2: Verschiedene Reaktionen auf Eifersucht

Situation	Reaktionen
Bei einem gemeinsamen Diskobesuch hat ein junges Paar großen Spaß: Man tanzt ausgiebig bis in die Nacht hinein, trinkt ein paar Cocktails und schaut sich die feiernden Menschen an. Nachdem *er* irgendwann von der Toilette kommt, sieht er *sie* mit einem anderen Typen quatschen.	**Lebensbejahende Verhaltensweisen:** *Er* stellt sich, ohne dabei Aufmerksamkeit zu erregen, neben die beiden und richtet sein Blickfeld zur Tanzfläche hin. *Er* wahrt den Takt und macht keinerlei Anzeichen, dass ihn der Smalltalk seiner Freundin stört (er stört ihn auch wirklich nicht).
	Ambivalente Reaktionen: Er weiß nicht recht, wie er nun reagieren soll. Die Situation überfordert ihn nach und nach. Seine innere Zerrissenheit zeigt sich in einer unruhigen Körpersprache. Irgendwann wird er den Smalltalk seiner Freundin unter einem Vorwand unterbrechen und stören.
	Paranoide Bewältigungsmechanismen: *Er* läuft spontan und auf schnellstem Weg zum Konkurrenten und sagt ihm, er solle sich schnell aus dem Staub machen. Möglich ist auch, dass er seine Freundin verbal traktiert (»Was soll das?! Was willst du denn von dem?«). Der weitere Abend wird wahrscheinlich ausschließlich von Gesprächen über den »verwerflichen« Vorfall geprägt sein.

Situation	Reaktionen
	Depressive Lösungsversuche: *Er* erstarrt augenblicklich zur Salzsäure, als er die beiden sieht. Der Anblick versetzt ihm einen Schlag in die Magengrube. Zielstrebig orientiert er sich Richtung Theke, wo er einen starken Drink bestellt. Aus einiger Entfernung beobachtet er das Geschehen und will Mitleid erregen, z.B. durch den unvermeidlichen »Hundeblick«.

Noch eine Anmerkung: Natürlich ist es möglich, dass ein Mensch zu verschiedenen Bewältigungsformen neigt, d.h. heute eher paranoid erscheint, morgen eher depressiv. Ferner müssen wir uns bewusst machen, dass die Grenzen zwischen den Charakteristiken nicht glasklar zu ziehen sind, sie verwischen des Öfteren. Die Auswahl der jeweiligen Reaktionen hängt außerdem im Allgemeinen von der derzeitigen psychischen Gemütsverfassung ab.

Doch nicht selten, und das ist das Interessante, passiert es auch, dass ein Mensch fortwährend und konstant zu *einer* Reaktion neigt, sein ganzes Leben lang. Dies kommt dann vor, wenn diese eine typische Verhaltensweise dem hauptsächlichen Charakterzug entspricht. Später werden wir die tiefenpsychologische Menschenkenntnis kennen lernen, sie hat sich diesem Thema eindrucksvoll angenommen (Abschnitt 4).

3.4 Charakteristische Verhaltensweisen von Eifersüchtigen

Wie oben erwähnt, zeigt sich Eifersucht einmal offen und eindeutig, z.B. in Form von ausgesprochenen Unterstellungen, ein andermal versteckt oder verschleiert. Im Folgenden möchte ich auf die allgemein üblichen Formen von Misstrauen eingehen, die in Zweierbeziehungen dann und wann auftauchen. In der Tat sind sie sehr populär.

Es scheint mir an dieser Stelle sehr wichtig klarzustellen, dass in der Regel jeder Mensch zu solchen Verhaltensweisen neigt. Dabei ist es egal, ob er (oder sie) eher weniger oder mehr zur blinden Leidenschaft neigt. Die Unterschiede bezüglich der Eifersucht sind nur graduell zu sehen, sie betreffen (fast) jeden – eben in differenzierter Ausprägung.

Wie wir gleich sehen werden, sind u.a. auch die kulturellen Verhältnisse daran beteiligt. Nehmen wir uns also ein paar übliche Verhaltensweisen vor.

3.4.1 Besitzen-Wollen

> »Da wir in einer Gesellschaft leben, die sich vollständig dem Besitz- und Profit-
> streben verschrieben hat, sehen wir selten Beispiele der Existenzweise des Seins,
> und die meisten Menschen sehen die auf das Haben gerichtete Existenz als die
> natürliche, ja die einzig denkbare Art zu leben an.«
> – *Erich FROMM* (1976/2003, S. 38)

Es ist eine Binsenweisheit, dass es in der menschlichen Natur liegt, möglichst viel besitzen bzw. haben zu wollen, besonders in Hinsicht auf materielle Dinge. Nach SCHOPENHAUER ist vorwiegend der angeborene Egoismus dafür verantwortlich; daher wollen wir stets mehr und mehr und mehr. ADLER ergänzte den Sachverhalt durch seine Erkenntnis, nach der eine defizitäre Persönlichkeit zum Zwecke der Kompensation u.a. manchmal einen großen Reichtum zur Schau stellt, damit die arme Seele durch die Bewunderung von außen gnädig gestimmt wird. Das heißt, je ärmer das innere Ich, desto reicher muss man nach außen hin erscheinen.

Dem allgemeinen Antrieb, viel zu haben, kommt entgegen, dass Menschen, denen viel Besitz anhaftet, generell sehr angesehen, bewundert und beneidet werden. Wer viel hat, so wird oft argumentiert, der hat auch viele Sicherheiten, er (oder sie) lebt *sicher*.

Von Geburt an werden wir im Elternhaus, in der Schule und Gleichaltrigengruppe mit derartigen gesellschaftlichen Konstrukten berieselt. Sicherlich liegt im Grunde genommen nichts gegen derartige Meinungen in der Hand. Wer sie jedoch allzu sehr verinnerlicht, der avanciert leicht zu einem emsigen »Hamster im Rad«, der sein Leben ausschließlich dem schnöden Mammon widmet. Dies lenkt dann effizient von jedweder Form von Selbsterkenntnis und Persönlichkeitsentwicklung ab.

Auf Grund der allgemeinen Hochschätzung von reichen und vermögenden Personen können wir zweifellos jenen gesellschaftskritischen Geistern zustimmen, die den gängigen kulturellen Normen ankreiden, dass sie die Entwicklung von Neid und Eifersucht begünstigen. – In unserem Rahmen interessiert jedoch vor allem dieser Sachverhalt: Eine verinnerlichte Erwartungshaltung, möglichst viel zu besitzen, wird leicht auch auf die Zweierbeziehung, auf den Partner ausgedehnt.

Wie sieht es im zwischenmenschlichen Bereich diesbezüglich aus? Im schlechtesten Fall wird der andere zum Eigentum erklärt, jedoch meist im stillen Kämmerlein. »So etwas« hängt man generell nicht an die »große Glocke«. Man verfährt dann oft nach dem Motto: Je mehr mir der Partner gehört, desto sicherer bin ich mir seiner.

Das *wahnhafte* Besitzen-Wollen zeigt sich dann auch eindrucksvoll in Form einer auffälligen Eifersucht gegenüber anderen Personen, die mit dem Partner in irgendeiner Form zu tun haben, z.B. seine Eltern, Freunde, Lehrer usw. Daher stellt LAUSTER (1980/2003, S. 45) in Bezug auf die potenziellen Eifersuchts-Zielscheiben fest: »Die extreme Eifersucht ist also auf jede Liebe des Partners eifersüchtig, nicht nur auf eine erotische Beziehung zu einem anderen Menschen.«

Wir können also nicht verleugnen: einige kulturelle Vorstellungen erschaffen die Bedingungen für die Ausprägung einer wahnhaften Eifersucht. Erstaunlicherweise liefern auch übliche *Sprachgepflogenheiten* echte »Steilvorlagen« für derartige Ambitionen. Denn heißt es z.B. nicht generell: »Ja, das ist *meine* Freundin!« Hier schwingt schon a priori eine gewisse Besitzhaltung mit, finden Sie nicht? – Die kollektive »Gehirnwäsche« vonseiten der Gesellschaft trägt also zu einem gewissen Maße dazu bei, ein subjektives Besitzdenken auszuprägen, das ganz offenbar auch eine ausgereifte Eifersucht nach sich ziehen kann.

Peter LAUSTER (1980/2003, S. 46) sieht in den gesellschaftlichen Rahmenbedingungen sogar die *einzige* Ursache jedweder Missgunst. Er sagt, zum Zeitpunkt der Partnerwahl wären wir demgegenüber noch nicht zur dunklen Leidenschaft fähig, weil unsere sinnliche Aufmerksamkeit dem anderen Menschen gegenüber alle Kraft in Anspruch nehme. Der Neuverliebte würde ferner ausschließlich *geben, mit allen Sinnen achtsam sein* und noch nichts beanspruchen. Erst wenn die Partnerschaft offiziell beschlossen wäre, würde das Pendant als Besitz definiert. Genau dieser Akt wäre demnach der Anlass, der den »Stein der Eifersucht« ins Rollen bringen würde. Der Besitzanspruch kommt nach dem Verfasser von *Die Liebe* also erst *danach* hinzu.

Ich denke, diese Theorie ist nicht ganz stichhaltig. Der berechtigte Einwand gegen die These, dass Eifersucht erst mit dem Besitzanspruch im Nachhinein entsteht, lautet: Es kommt demgegenüber sehr oft vor, dass extrem eifersüchtige Menschen bereits Neid auf einen Dritten empfinden, wenn sie das Objekt der Begierde noch nicht einmal *angesprochen haben*, wenn sie den Partner in spe also noch gar nicht kennen. So erträumt sich so mancher eine ideale Beziehung zu einem »vollkommenen« Menschen und ist währenddessen höchst neidisch auf Konkurrenten. Als Beispiel können wir auch die allgemeine Verehrung von Boy- oder Girlgroups im Teenager-Alter hinzuziehen; Eifersucht ist diesbezüglich nichts Ungewöhnliches. Missgunst kann demnach schon lange vor dem eigentlichen Kennenlernen vorhanden sein.

Aber ungeachtet dieses Einspruchs möchte ich die Gesellschaftskritik natürlich keineswegs abtun. Sie hat ihre Berechtigung und liefert wichtige Erkenntnisse zu einer integrativen Sichtweise, die wir in diesem Buch ja einnehmen wollen.

3.4.2 Überwachen

Sie erinnern sich bestimmt an die noch nicht allzu ferne Zeit, als die Handys unseren Berufsalltag und Freizeitbereich nach und nach eroberten. Diese Entwicklung machte natürlich auch vor den Kinderzimmern nicht Halt. Letztendlich haben heutzutage nicht wenige Kinder der Altersgruppe der 5 bis 12-Jährigen ein Handy dabei, wenn sie den Kindergarten, die Grund-, Haupt-, Realschule bzw. das Gymnasium aufsuchen.

Sehr nützlich sei das Handy, sagen viele Mütter und Väter, und zwar auf Grund einiger spezifischer Vorteile, die es mit sich bringt. Der hauptsächliche Pluspunkt sei, dass sich das Kind im Falle von auftretenden Alltagsproblemen sofort telefonisch melden und die Eltern informieren und/oder um Hilfe rufen könne. Dies ist in der Tat eine nützliche Sache.

Die *eigentliche* Motivation vieler Eltern, ihren Nachwuchs mit einem Handy auszustatten, ist aber nicht selten eine Art von Kontrollsucht. Falls sich etwa der Heranwachsende nicht an ein vorgegebenes Zeitfenster hält, also nach irgendeiner Alltagsbeschäftigung nicht zum vereinbarten Zeitpunkt zu Hause aufkreuzt, kann man spielend leicht mit ihm Kontakt aufnehmen und direkt fragen: »Wo bist du?« – »Warum bist du noch nicht hier?« – »Wer ist das im Hintergrund?« usw. In Zeiten ohne Handy war das nicht so einfach machbar. Wir können uns vorstellen: Viele Kinder, das wird sich in einiger Zeit bemerkbar machen, werden auch später im Erwachsenenalter, vielleicht aus einem inneren Zwang heraus, das elterliche »Überwachungsgerät« bei Unternehmungen aller Art bei sich führen, weil sie es von Kindesbeinen an schließlich so und nicht anders gewohnt sind.

Ich bin mir auch ganz sicher, dass zahlreiche Mütter sich ferner *das* Gerät der Zukunft zulegen werden, mit dem man per Peilsender das Kind orten kann, egal, wo es sich auch aufhalten mag. Einige Handys sind mit dieser Technik bereits ausgestattet.

Schlagen wir nun eine Brücke zu unserer hauptsächlichen Angelegenheit. Kontrolle hängt natürlich auch oft mit Eifersucht zusammen (vgl. Abschnitt 4.2). Und daher wären auch gewiss missgünstige Menschen schnell bei der Sache, wenn sie ihren Partner dementsprechend »verwanzen« könnten wie einige Eltern bald ihre Sprösslinge. Freilich wäre auch diesen Individuen darüber hinaus die Vorstellung höchst angenehm, sie könnten sich jederzeit unsichtbar machen und ihrem Partner überall hin folgen. Ja, und gäbe es ein Gerät, mit dem man die Gedanken von anderen Menschen lesen könnte, dann wären die hier gemeinten Subjekte, die zur Eifersucht tendieren, mit Sicherheit die ersten Kunden.

In der Tat finden wir bei Menschen mit ausgeprägten Misstrauensregungen letzten Endes immer auch den Hang, den Partner zu überwachen. Die Hauptmotivation könnte man dementsprechend zusammenfassen: Man will letztlich die *absolute* Gewissheit haben, dass er (oder sie) nicht untreu wird. Daher ist heutzutage auch gewöhnlich das Handy das bevorzugte Mittel einer derartigen Überwachungsmanie. Wie kann man vorgehen? Normalerweise wird die Handynummer des Partners, zeitlich schön verstreut, bei separaten Unternehmungen mehrmals gewählt. Meistens wird irgendeine Belanglosigkeit als Grund für den Anruf angegeben. So kann man etwa leicht wissen wollen, ob der Partner die Haustür auch wirklich abgeschlossen hat, ob das Auto, das man in die Werkstatt bringen will, ohne Probleme angesprungen ist, ob das Pendant daran gedacht hat, die Telefonrechnung pünktlich zu bezahlen usw.

Natürlich geht es bei den mehr oder weniger aufgezwungenen Telefonaten keineswegs um den jeweiligen fadenscheinigen Aufhänger, sondern vielmehr um die Überprüfung der Informationen, die der Partner gegeben hat, bevor er sich alleine auf den Weg machte. Der Eifersüchtige spitzt demnach ganz fein die Ohren und will möglichst viel »nebenbei« herausfinden, z.B. den Aufenthaltsort des Partners, die Zusammensetzung seines derzeitigen sozialen Umfelds.

Derartige Check-Anrufe kann man zweifelsohne beliebig oft tätigen, es gibt immer einen Grund, anzurufen. An anderer Stelle habe ich gesagt, Neurotiker sind ausgezeichnete »Finder«. Manchmal geht die Quälerei auch über in einen Telefonterror, indem man alle fünf Minuten stets aufs Neue ein weiteres Argument *findet*, um die Wahlwiederholungstaste zu drücken. Manchmal, und das ist dann das Fatale, ist der oder die Eifersüchtige auch wirklich davon überzeugt, dass der Wahn, die Telefonleitung heißlaufen zu lassen, *nicht* abnormal sei, weil er (oder sie) selbst davon felsenfest überzeugt ist, »nur deshalb so oft anzurufen, weil man *wirklich* etwas über den erwähnten Gegenstand wissen will«. Die wahnhafte Sucht wird auf diesem Weg rationalisiert, also (un-)logisch zurechtgeschliffen, wie das bei neurotischen Individuen im Allgemeinen ja üblich ist (vgl. DAMM 2006).

Nebenbei bemerkt: interessant wäre mit Sicherheit die Durchführung einer Studie, die klärt, wie viele Millionen Euro jedes Jahr nur auf Grund von eifersüchtigen Gefühlsregungen vertelefoniert werden.

Bleiben wir aber beim wesentlichen Thema dieses Abschnitts, beim Überwachen. Eine andere Arbeitsweise von schizoiden Eifersüchtigen, von der mir einige Männer erzählt haben, die ich während der Untersuchung (vgl. Abschnitt 2.2) befragt habe, ist die, während separaten Unternehmungen die besten Freunde zu beauftragen, sich auf den Weg zu machen und ein »Auge auf die Frau zu werfen«. Relevant kann das etwa bei verschiedenen Anlässen werden, z.B. wenn Partys stattfinden, die man jeweils getrennt aufsucht. Nachdem der Handlanger ausreichend »Beweise« für die Untreue gesammelt hat, das müssen natürlich beileibe keine sein, konfrontiert der Auftraggeber seine Partnerin mit den an den Haaren herbeigezogenen »glasklaren« Fakten. Natürlich, das brauche ich eigentlich nicht zu erwähnen, kommt es auch vor, dass man dem Pendant auch wirklich auf die Schliche kommt, sollte er (oder sie) bei solchen Gelegenheiten Seitensprünge in Erwägung ziehen oder tatsächlich praktizieren.

Zu den hier besprochenen Methoden der Überwachung gehört auch das Abhören von privaten Telefonleitungen, was bei paranoiden Menschen nicht selten vorkommen mag. Es gibt spezifische Fälle, die manchmal von der Tagespresse aufgegriffen werden, Sie werden sie kennen. Da hat z.B. ein Ehepartner über Jahre hinweg den privaten Telefonanschluss des anderen angezapft. Dies geschieht dann wahrlich im Stile eines Geheimagenten.

3.4.3 Nachspionieren

> »Schon die Vorstellung, der Partner liebe jemand anderen, ist meist unerträglich.
> Viele Partner haben deshalb die Treue zur Bedingung gemacht,
> weil sie eine Partnerschaft nicht ertragen könnten,
> die nicht das Gefühl grundlegender Sicherheit vermittelt.«
> – *Michael MARY* (2002, S. 166)

Auch das Motto »Vertrauen ist gut, Kontrolle ist besser« steht bei Menschen, die zu ausgeprägter Missgunst tendieren, auf der Beliebtheitsliste ganz weit oben. Von diesem Antrieb profitieren vor allem Privatdetektive. Jene werden oft bei vermuteter Untreue oder angenommenen Affären des Lebensgefährten beauftragt, ein bisschen zu »schnüffeln«, zu recherchieren und wenn möglich eindeutige Fotos anzufertigen. Wir alle kennen Derartiges etwa aus durchschnittlichen oder auch guten Krimigeschichten im TV, etwa wenn irgendwann die Ehefrau oder der Gatte einen DIN A4-Umschlag, der pikante Fotos beinhaltet, triumphierend auf den Küchentisch knallt.

Wir können unterscheiden zwischen dem **Nachspionieren aus Angst** und dem **Nachstellen aus Projektion**.

Nachspionieren aus Angst

Oftmals wird aus Gründen der Prävention bespitzelt. Die Motivation hierzu ist einzig und alleine eine tief sitzende Angst, und zwar die Angst vor dem Verlassenwerden; vielleicht ist es auch die (berechtigte?) Furcht davor, dass der andere die eigenen Eifersüchteleien nicht mehr länger mitmachen will.

Wie wir oben gehört haben, laufen wahnhaft Argwöhnische immer Gefahr, einer dementsprechenden existenziellen Angst anheim zu fallen. Wahrscheinlich wissen sie insgeheim, dass ihre aggressive Eifersuchtsbewältigung sie wenig liebenswert macht. – Paradoxerweise ist trotz aller Aggressionsbekundung und Plusmacherei (ADLER) nicht zu übersehen, dass Eifersüchtige meistens nur eins wollen: Liebe. Doch Liebe erzwingen zu wollen ist ein Widerspruch in sich; sie muss sich von selbst ergeben. Die Liebe ist tatsächlich ein »Kind der Freiheit«, wie Peter LAUSTER sagt.

Derjenige, der zu dem zeitraubenden Hobby neigt, dem Partner nachzuspionieren, gibt meistens keine Auskunft über seinen wunden Punkt, d.h. die Angst vor dem Verlassenwerden. Stattdessen kommuniziert man irrationalerweise generell unklar und undurchsichtig oder auch »eifersüchtig« (vgl. Abschnitt 3.2), um seine wankelmütigen Stellen und existenziellen Bedürfnisse zu verheimlichen. Eine ehrliche Selbstoffenbarung wie »Ich liebe dich, und es tut mir leid, dass ich dir das Leben manchmal schwer mache« hingegen würde schon eher in die richtige Richtung gehen. Doch Derartiges kommt leider generell nie über die Lippen. Wie soll nun aber der Partner bei einer unstimmigen Kommunikation die eigentlich legitimen Grundbedürfnisse des missgünstigen Gegenübers wahrnehmen? Gar nicht. – Doch die folgende Reaktion ist weitaus fataler.

Nachstellen aus Projektion

Nach RATTNER & DANZER (2001) sind höchst untreue Menschen interessanterweise selbst auch maßlos eifersüchtig. Ich meine untreu jetzt in dem Sinn, dass man ohne Wenn und Aber in den passenden Situationen einen Seitensprung praktizieren würde oder bereits praktiziert hat. Von beidem weiß der Partner natürlich nichts.

Jedenfalls ist bei dieser Art der Spionage auffällig, dass sie *nur* deshalb praktiziert wird, *weil man seine eigenen Seitensprungambitionen auf den Partner projiziert.* Dieser neurotische seelische Vorgang ist psychologischen Autoren wohlbekannt. Man beschreibt damit Ambitionen, eigene Schattenseiten und verwerfliche Strebungen am Partner zu sehen und dort zu negieren. Diese Art der Projektion entspricht, wie erwähnt, der zweiten Form der Eifersucht nach FREUD (siehe Abschnitt 2.5.1).

Der wesentliche Vorteil einer negativen Projektion besteht nun darin, dass man trotz der eigenen »Leichen im Keller« ein reines Gewissen erzwingen kann. Das heißt, zur Untreue neigende Individuen beschuldigen mittels der Projektion willkürlich ihr Gegenüber. Dabei ist auffallend: <u>Je stärker die eigene Motivation zum Seitensprung ausfällt, desto aus-</u>

geprägter zeigen sich eigene Eifersüchteleien. Doch wir dürfen nicht vorschnell verurteilen: Schlechterdings ist der Mechanismus der Projektion üblicherweise unbewusst.

Derartige seelische Vorgänge sind nicht die einzigen, die der Verdrängung von quälenden Gedanken dienen. Wer mehr über diese Form der Abwehr von eigenen Schattenseiten erfahren will, wird u.a. an anderer Stelle fündig (vgl. DAMM & WEISS 2005). – So viel zunächst zu den zwei verschiedenen Motivationen, die eifersüchtige Menschen empfinden können, wenn sie dem Partner nachspionieren. Abschließend möchte ich noch ein kurzes Beispiel eines krassen Falles schildern; danach wird ein populärer Eifersuchts-Untreue-Teufelskreis beschrieben.

Der 30-jährige Partner einer mir bekannten jungen Frau, sie ist 27 Jahre alt, offenbarte eine maßlose Eifersucht. An einem Tag im Sommer letzten Jahres hatte sie sich mit einer Freundin im Kneipenviertel ihrer Heimatstadt verabredet. Das missfiel ihrem Freund sehr, der sich, wahrscheinlich wegen einer erheblichen Verstimmung an diesem Tag, partout nicht damit abfinden wollte. Sie sollte sich mit ihm treffen, und sonst nichts. (Die ausgiebigen Diskussionen spielten sich am Handy ab.) Irgendwann wurde es ihr zu bunt und sie schaltete ihr Telefon aus, was sie einige Überwindung kostete. Nach einem zweistündigen Gespräch »unter Frauen« wurde sie unruhig. Trotz des Ratschlages ihrer Seelenverwandten, es nicht zu tun, schaltete sie ihr Handy ein. Innerhalb von 50 Sekunden meldete das Telefon 36 Anrufe in Abwesenheit und 12 Nachrichten auf dem netzinternen Anrufbeantworter. Sie begann, die Botschaften abzuhören. Ihr Freund war unglaublich aufgebracht und sauer. Die Aufnahmen verkündeten, dass er wüsste, dass sie sich hundertprozentig mit einem anderen Kerl getroffen habe. Er würde sie jetzt suchen.

Nachdem meine Bekannte einige Mitteilungen abgehört hatte – alle anzuhören war nicht nötig, sie wiederholten sich –, wurde es ihr noch mulmiger. Nach kurzer Reflexion schaltete sie wieder das Handy aus und verdrängte die Thematik durch anregende Gespräche mit ihrer Freundin, was ihr einigermaßen gelang.

Zu später Stunde dann machte sie sich auf den Weg zu ihrem Auto, das sie außerhalb der Innenstadt abgestellt hatte. Jemand stand neben ihrem Wagen und rauchte eine Zigarette. Es war ihr Freund. Sofort folgten verschiedene impulsive Salven: »Wo warst du?!« – »Ich habe dich überall gesucht!« – »Wo ist der Typ, mit dem du dich getroffen hast!?« usw. Handgreiflich wurde er nach ihren Aussagen nicht.

Analysieren wir: Er hat zweifellos seinen eigenen Film über die Untreue seiner Freundin inszeniert und sich so selbst angeheizt bzw. entzündet. Sie konnte ihm zu keinem Zeitpunkt plausibel machen, dass sie sich mit ihrer besten Freundin verabredet hatte. Er sah sich demgegenüber im Recht und wollte es das nächste Mal genauso machen. – Die beiden sind übrigens heute nicht mehr zusammen.

3.4.4 Eifersuchts-Untreue-Teufelskreis

Die charakteristischen Verhaltensweisen, die wir in diesem Kapitel kennen gelernt haben, liebe Leserin, lieber Leser, werden von Eifersüchtigen oft in Kombination(!) gezeigt. Gewiss unterscheidet sich dabei stets das Mischungsverhältnis, das ja jeweils abhängig ist von der individuellen Persönlichkeitsstruktur. Jeder hat daher so seine Vorlieben. Insbesondere von der eigenen Biografie hängt die Auswahl und Intensität der Eifersuchtsbekundungen ab. Vielleicht hat man relevante Reaktionen früher bei eigenen Bezugspersonen beobachtet und dann verinnerlicht (vgl. Abschnitt 2.6). Im Folgenden möchte ich auf potenzielle Folgeerscheinungen aufmerksam machen.

In manchen Partnerschaften dreht sich der Großteil des Alltags ausschließlich um die Themen »Eifersucht« und »Untreue«. So kann es nicht verwundern, wenn kennzeichnende reziproke, d.h. wechselseitige, psychische Prozesse zwischen den Partnern angeregt werden. Konkreter gesagt: Die ausgiebige Praxis der hier genannten missgünstigen Verhaltensweisen bewirkt des Öfteren, dass sich ein Eifersuchts-Untreue-Teufelskreis herausbildet. Dieser Mechanismus wird meistens von den Teilnehmern, die ihn unwillkürlich anheizen und verstärken, nie gänzlich wahrgenommen, geschweige denn begriffen. Der Grund: man will bei derartigen Konflikten unbedingt als Unschuldiger dastehen.

Mit Eifersuchts-Untreue-Teufelskreisen hat sich u.a. der bekannte Psychotherapeut Jürg WILLI (1975/2001, S. 129ff.) beschäftigt. Er erklärt zunächst, dass sich die Partner jeden neuen Tag beeinflussen, und zwar durch ihr Verhalten (das wurde schon oben erwähnt). Mit anderen Worten, einer agiert in einer spezifischen Weise, der andere reagiert ebenso speziell, das Verhalten des Letzteren provoziert wiederum eine charakteristische Reaktion usw.

Bei einem Eifersuchts-Untreue-Teufelskreis geht es nach WILLI vorwiegend um die Themen »Autonomiebestrebungen« und »Trennungsängste«, die jeweils einzeln durch die beiden Partner in persona repräsentiert werden.

Der eine Partner zwingt also durch seine Autonomiebestrebungen, die er z.B. dadurch zeigt, indem er mit anderen offensichtlich flirtet, den anderen zum Empfinden von Trennungsängsten. Diese Ängste werden im Allgemeinen dadurch kompensiert, indem man das Gegenüber wieder mehr kontrolliert, also eifersüchtiger wird (vgl. Abschnitt 2.5.2). Auf derartige Eifersuchtsbekundungen des Partners reagiert der andere wieder mit mutigeren Autonomiebestrebungen. Dieser Prozess steigert sich in seiner Intensität. Irgendwann hat sich der Teufelskreis dann eingespielt; die Polarisierung in einen »progressiv-revolutionären« Partner und einen »konservativ-bewahrenden« ist dann abgeschlossen.

Der eine Partner denkt sich dann: »Ich bin nur so eifersüchtig, *weil* du so untreu erscheinst!« – Der andere sagt sich: »Ich erscheine nur so untreu, *weil* du so eifersüchtig bist.« Was *beide* Teilnehmer des Teufelskreises meistens nicht sehen: Sie bestärken jeweils die Gegenpartei unwillkürlich in gerade dem Verhalten, was ihnen so unwillkommen erscheint. Und doch gibt jeder dem Anderen die Hauptschuld an der Existenz des Teufelskreises. Der eine Teilnehmer behauptet (vor allem bei ausführlichen Gesprächen mit den engsten Freunden): »Wäre mein Partner nicht so eifersüchtig, würde ich gar nicht so ungreifbar sein.« Das Pendant andererseits verkündet entschlossen: »Ich wäre überhaupt nicht so eifersüchtig, wenn mein Partner nicht so ungreifbar wäre.«

Um den Teufelskreis aufzusprengen, falls der Zustand langsam unerträglich werden sollte, können verschiedene Möglichkeiten berücksichtigt werden. Diese werden uns später beschäftigen (Abschnitt 5.7.5). Zunächst möchte ich im Folgenden die tiefenpsychologische Charakterkunde thematisieren. Sie behandelt tief liegende Persönlichkeitsstrukturen, die in unmittelbarem Zusammenhang mit ganz bestimmten Eifersuchts-Mechanismen stehen.

4

Eifersucht und Charakterkunde

»Die tiefenpsychologische Forschung hat sich sehr gründlich mit der Entstehung von Charakterzügen auf Grund spezifischer Kindheits- und Erziehungsbedingungen befasst. Ihre Erkenntnisse sollten uns eine große und wichtige Hilfe im Verständnis liebesfähiger und liebesunfähiger Menschen sein. Der Charakter wird hierbei interpretiert als Reaktionsbildung des Kindes auf seine biologische, familiäre, psychische, soziale und kulturelle Situation; es kommt aber auch hierbei ein schöpferischer Faktor mit ins Spiel.«

– Josef RATTNER & Gerhard DANZER

»Der Charakter äußert sich nicht inhaltlich, sondern formal in typischer, gleichbleibender Weise im allgemeinen Gehaben, in Sprechart, Gang, Mimik und besonderen Verhaltensweisen (Lächeln, Höhnen, geordnet oder verworren sprechen, Art der Höflichkeit, Art der Aggressivität usw.).«

– Wilhelm REICH

Johann Gottlieb FICHTE (1762–1810), berühmtes Mitglied der »Trias des Deutschen Idealismus«, hat einmal gesagt, dass die Entscheidung, welche Philosophie man wähle, streng davon abhänge, was man für ein Mensch sei. – Dieser weise Ausspruch zieht in der Tat sehr weite Kreise – er trifft eigentlich auf die Wahl *jeglicher Lebens*philosophie zu. Jeder Mensch scheint nämlich fortwährend denjenigen Themen und Gegenständen nachzustreben, die für ihn in irgendeiner Art von Bedeutung sind; auf der anderen Seite lässt man die »unpassenden« Dinge links liegen. Doch was sind »passende« und »unpassende« Angelegenheiten? Das ändert sich natürlich von Individuum zu Individuum. Warum ist es etwa für den einen Menschen zeitlebens wichtig, intime Beziehungen und zwischenmenschliche Nähe zu erleben? Für einen anderen hingegen ist genau das ein angstbesetztes Unding. Oder: Warum zeigen manche Gemüter beständig ein Übermaß an Gefühlsregungen im Alltag, andere eine übergroße Ausprägung an »Verkopftheit«?

Fritz RIEMANN (1961/1999), ein populärer Tiefenpsychologe, hat dementsprechende Themen in seinem Buch *Grundformen der Angst* abgehandelt. Auf seine Ausführungen will ich hier eingehen, weil sie sehr aufschlussreiche Erkenntnisse in Hinsicht auf unser Leitthema »Eifersucht« beinhalten. Ebenso wird Wilhelm REICH, der »Orgasmuspapst« (RATTNER & DANZER), u.a. bekannt durch seine *Charakteranalyse* (1933/2002), zu Wort kommen.

Warum ich in diesem Abschnitt die tiefenpsychologische Perspektive einnehmen möchte, will ich rasch erklären. Es verhält sich in der Tat so, dass viele Probleme im zwischenmenschlichen Miteinander, z.B. charakteristische und dauerhafte Formen von Angst, sich erst plausibel lösen lassen, wenn man die erstaunliche Wissenschaft der Tiefenpsychologie zu Rate zieht.

Nicht wenige Menschen verzichten lieber darauf, denn Mut und Entschlossenheit braucht es für die Schau ins innere Reich des Dunklen, d.h. des Unbewussten. Doch wer sich dazu entschließt, kann geheime Türen »zum eigenen Keller« aufschließen, von welchen der Durchschnittsbürger nichts weiß, vielleicht nie etwas von ihnen erfährt.

Wovon wir also im Folgenden sprechen, das sind Persönlichkeitszüge, Charaktereigenschaften, von denen ein Mensch vorrangig beherrscht wird (gewöhnlich ohne sein Wissen). Diese Wesenszüge sind überdurchschnittlich oft anlässlich einer spezifischen Anpassung an die sozialen Umstände in jungen Jahren entstanden.

Demnach repräsentieren gewisse Verhaltensweisen, wenn sie in Kombination (!) gezeigt werden, einen bestimmten Persönlichkeitswesenszug. Manchmal sind die Ausprägungen so stark, dass wir sogar von *einer* gewissen Persönlichkeit sprechen können. Wichtig ist natürlich, dass drei Eigenschaften diesem Charakterzug anhaften: Der Wesenszug muss (a) häufig vorkommen, (b) von intensiver Natur sein und (c) von außen beobachtbar sein.

Wir werden im Nachstehenden auf *kardinale* Wesenszüge (ALLPORT 1937) eingehen. Eine kardinale Eigenschaft liegt dann vor, wenn sie so durchdringend bzw. herausragend im Leben eines Menschen ist, dass fast jede Handlung, nahezu der ganze Alltag von ihr beeinflusst ist.

Auf die Entstehungsbedingungen der hier behandelten Persönlichkeitswesenszüge werde ich nur verkürzt eingehen, dies wurde nämlich an anderer Stelle bereits ausführlich praktiziert (vgl. DAMM & WEISS 2005, Abschnitt 3.4.1ff.).

Noch eine wichtige Anmerkung vorab. Den meisten Menschen ist ihre hervortretende Charakterstruktur nicht bewusst. Ich hatte oben schon darauf hingewiesen, doch diese Tatsache kann man eigentlich nicht oft genug wiederholen. Wenn Sie also, liebe Leserin, lieber Leser, einige neue grundlegende Wahrheiten über sich selbst und Ihre Mitmenschen im Folgenden erkennen, gehen Sie bei Gesprächen jeglicher Art sorgfältig mit ihnen um. Nicht jeder möchte seiner Persönlichkeit auf den Grund gehen, meistens hat man Angst davor.

4.1 Angst vor dem Getrennt-Sein – symbiotische Charaktere

> »Die Symbiose macht den Partner zu einer Provinz des eigenen Bewußtseins.
> Alles, was wichtig ist, soll gemeinsam sein, alles, was lustvoll ist, geteilt werden.«
> – *Wolfgang SCHMIDBAUER* (1999, S. 34)

Es gibt zahlreiche Menschen, die in auffälliger Weise »ihr Herz auf der Zunge tragen«. Das heißt, sie sprechen in nahezu jeder Situation bereitwillig über alle möglichen Gefühlsregungen und Alltagsprobleme, sogar in Dialogen mit Unbekannten. Manchmal nennt man diese Individuen auch »Bauchmenschen«, weil sie intuitive, naturgemäße Typen darstellen, die eben vorwiegend aus dem »Bauch heraus« agieren.

Trifft man derartige Charaktere im Alltag zufällig an, kann man ihnen nach einem kurzen Smalltalk bereits ruhigen Gewissens das Herz ausschütten, sie werden zuhören, immer. Und sie werden sogar emotional teilhaben an dem, was man sagt, weil sie ja Bauchmenschen sind und somit eine ausgeprägte Fähigkeit zum *Mit*-Leiden haben. Im persönlichen Umgang mit anderen Menschen sind sie geschult, sie lassen schnell Sympathie entstehen. Menschlichkeit und Liebenswürdigkeit sind augenscheinliche Eigenschaften. Ihnen ist es wahrlich hauptsächlich zu verdanken, dass die Welt nicht ganz so »kalt« ist, wie sie uns manchmal vorkommen mag.

Weil Individuen mit dieser hervortretenden Persönlichkeitsstruktur auf zwischenmenschliche Nähe sehr großen Wert legen, findet man sie vorzugsweise in sozialen Berufen, also in Lebensbereichen, wo eine gewisse Art von zwischenmenschlicher Nähe zwangsläufig dazugehört.

Fritz RIEMANN hat diese Persönlichkeiten »depressive Charaktere« genannt, und zwar einerseits auf Grund des Zwangs, jedwede Aggression gegen sich selbst zu richten, was manchmal einer Selbstgeißelung nahe kommt (siehe unten), und andererseits wegen ihrer typischen Anfälligkeit für Depressionen; diese entstehen meist wegen dauerhaften Frustrationen.

Ich habe in verschiedenen Volkshochschul-Kursen gelernt, dass der Begriff »Gefühlsmensch« weniger Abwehr bei der Zuhörerschaft provoziert als die Bezeichnung »Depressive«. Daher möchte ich hier ebenso verfahren und an geeigneter Stelle von Gefühlsbzw. Bauchmenschen sprechen.

Was steckt nun hinter einem derartigen Persönlichkeitszug? Weil Tiefenpsychologen, wie erwähnt, u.a. die kindlichen Verhältnisse bei der Entstehung von verschiedenen Charaktereigenschaften berücksichtigen, können wir ganz allgemein zu der hier thematisierten Gesinnung Folgendes sagen:

➤ Meistens hat man eine *sehr* enge emotionale Bindung zu mindestens einer Bezugsperson erlebt, und zwar über Jahre hinweg. Die Folge: Man verinnerlichte, das lag nahe, ein Übermaß an Nähe-Bedürfnissen, indem man unbewusst die speziellen Erfahrungen allmählich zum Normalzustand deklarierte. (Die meisten Gefühlsmenschen haben *diese* Konstellation erlebt.)

➤ Die andere Möglichkeit charakterisiert sich als das Gegenteil: Ein kühles Elternhaus, das nicht fähig war, emotionale Nähe und Urvertrauen (ERIKSON) zu vermitteln, war demnach relevant, und zwar sehr lange. Das Ende vom Lied: Der betroffene Mensch sucht im Erwachsenenalter genau das, was er *selten* oder *nie* erfahren hat, nämlich die *absolute* emotionale Nähe.

Wie auch immer Kindheit und Jugend in Bezug auf das Thema »zwischenmenschliche Nähe« ausgesehen haben, es verhält sich nach der Bindungstheorie von John BOWLBY (1975) meistens so, dass erfahrene (oder idealisierte) Beziehungsmuster von Heranwachsenden verinnerlicht werden. Diese Idealbilder fungieren dann unbewusst als Vorbild für spätere Bindungen im Erwachsenenalter.

Somit erklärt sich auch das grundlegende Naturell von Gefühlsmenschen: Sie präferieren deshalb vertrauten und innigen Kontakt, weil dies schon immer ein zentrales Lebensthema gewesen ist.

4.1.1 Auffälligkeiten

Vorab können wir festhalten, dass die hier beschriebenen Persönlichkeiten jegliche Distanzen zu anderen Personen im zwischenmenschlichen Verkehr über längere Zeit sehr schlecht aushalten können. Dies verwundert nicht: Immerhin wurden sie in der Kindheit von der engsten Bezugsperson dahingehend ja körperlich und seelisch (über-)verwöhnt. RIEMANN hat die sich derart aufdrängende Mutter, die selbst jegliche Distanz zum Kind nicht lange aufrechterhalten konnte, »Gluckenmutter« genannt.

Den charakteristischen Antrieb, persönlichen Umgang im Alltag jederzeit herzustellen, habe ich einmal bei einer befreundeten Studentin beobachtet. Sie hatte einen Nebenjob als Kassiererin in einem Baumarkt angenommen. Bereits am ersten (!) Arbeitstag war sie sehr unglücklich darüber, dass sie von den Mitarbeiterinnen und Mitarbeitern des Unternehmens mit »Frau Soundso« und nicht mit ihrem Vornamen angesprochen wurde. Dies ist ein eindeutiger Hinweis auf das beschriebene Nähe-Bedürfnis.

Kommen wir jetzt zu weiteren Besonderheiten der gefühlslastigen Gesinnung. Schon oben wurde die Tatsache hervorgehoben, dass Gefühlsmenschen vorwiegend **soziale Berufe** wählen, in denen sie anderen helfen und somit ihr aus der Kindheit stammendes Thema »intime Nähe« ausleben können. Ein Hang zum ausgiebigen **Rauch-** und **Trinkgenuss** fehlt bei der hier beschriebenen Charakterstruktur fast nie, und zwar wegen der oralen (Über-)Verwöhnung von damals, die man verinnerlicht hat, etwa in Form einer maßlosen Nahrungsaufnahme. Die <u>Kleidung</u> von Bauchmenschen <u>ist stets gemütlich und kuschelig, damit man Wärme ausstrahlen kann</u>. Man bekommt daher leicht (richtigerweise) den Eindruck, sie wären auf zwischenmenschliche Nähe aus. Dies hat eine unglaublich weit reichende Wirkung auf bestimmte Charaktere, wie man sich vorstellen kann.

Depressive sind, wie erwähnt, auch höchst <u>fähig zum Mitleid sowie zur Empathie</u>. Manche sind wahre »Empathieweltmeister«, weil sie infolge ihrer symbiotischen Erfahrungen ihre Aufmerksamkeit leicht auf den Mitmenschen ausrichten können. Eigentlich kommen sie gar nicht umhin, in die Rolle des Anderen zu *schlüpfen*.

Gefühlsmenschen haben auch oft <u>Haustiere</u>, mit denen sie Streicheleinheiten austauschen können, wann immer sie wollen. Besonders beliebt sind (verschmuste) Katzen und bestimmte »adäquate« Hunderassen, z.B. der Golden Retreaver. Wert legen sie im Allgemeinen auch auf eine <u>gute</u> und vor allem <u>üppige Küche</u>. Die Ursache dieses Phänomens ist meistens, wie erwähnt, eine orale (Über-)Verwöhnung in den ersten Lebensjahren. Depressive können auch auf Grund dessen meistens auf Anhieb gut kochen. Mit anderen Worten, sie sind einfallsreich, und ferner fallen die Mahlzeiten gewöhnlich sehr großzügig aus. »Komm', iss noch was!« Der eine oder andere Gefühlsmensch neigt bei Mahlzeiten auch zur Völlerei (orale Fixierung eben).

Die letzten charakteristischen Merkmale dieser Gesinnung, auf die ich hinweisen will, sind: <u>»auffallendes« Minderwertigkeitsgefühl, Neigung zu Depressionen, nach außen hin friedliebendes und fügsames Erscheinungsbild, Vater- bzw. Mutterabhängigkeit</u>.

Gefühlsmenschen haben oft »schwache Momente des Weltschmerzes«. Gerade dann zeigt sich, dass sie »ganz nah' am Wasser bauen«. In derartigen Momenten laden sie endlich Tonnen von seelischem Ballast ab, der sich aufgestaut hat. Der Grund: Sie können anderen äußerst gut helfen, sich selbst wollen sie aber nie helfen lassen, weil sie ein so ausgewachsenes Minderwertigkeitsgefühl aufweisen. Dieses typische Minderwertigkeitsgefühl hat zwei Ursachen:

1. Weil Bauchmenschen in jungen Jahren und auch später häufig von den Bezugspersonen die Bewältigung der wichtigsten »Hürden des Lebens« aus der Hand genommen bekamen, »weil man dem armen, hilflosen, schwachen Kind schließlich helfen muss«, haben sie leicht die unbewusste Überzeugung entwickelt, selbst nicht viel verhexen zu können. Wie sollte es auch anders sein? Ein Nebeneffekt dieses Prozesses ist demzufolge häufig die Ausprägung eines peinigenden Minderwertigkeitsgefühls, das gewöhnlich durch zahlreiche Hilfeleistungen am Mitmenschen kompensiert wird.

2. Gefühlsmenschen sind – weil oft sämtliche Affekte im Kindesalter in weicher Watte-Atmosphäre sofort mit Liebe und Zuneigung erstickt wurden (RIEMANN) – gewöhnlich nicht in der Lage, irgendwelche Aggressionen nach außen hin zu entladen. *Daher* haben sie auch kein allzu dickes Fell. Bei entstehenden Unmutsgefühlen im All-

tag, z.B. den Eltern oder dem Partner gegenüber, wird sofort ein schlechtes Gewissen erweckt, also eine Meinung wie »Ich darf so nicht denken, meine Eltern haben alles für mich getan, ich muss sie lieben«. Sehr nachteilig wird sich diese konditionierte Reaktion zweifellos auswirken, wenn man sie auf alle Menschen projiziert – leider passiert dies gewöhnlich bei diesem Charakter. Daher können Bauchmenschen sich auch generell so schlecht durchsetzen, geschweige denn eine herangetragene Bitte abschlagen. Anders ausgedrückt, sie passen sich aus Angst lieber chamäleonartig allen möglichen zwischenmenschlichen Konstellationen an (wie früher). Aus diesen Gründen wirken Depressive harmlos, so liebenswürdig – als könnten sie kein Wässerchen trüben. Und sie können es auch generell nicht – aus Angst.

Auffallend ist bei Bauchmenschen auch, dass sie oft seelisch abhängig sind von mindestens einer wichtigen Ansprechperson aus der Kindheit oder Pubertät. Der Gefühlsmensch verlässt daher erst sehr spät das Elternhaus und sucht sich einen Arbeitsplatz ganz in der Nähe der elterlichen Wohnung. Weitere Phänomene: Das Kinderzimmer sieht im Alter von 30 Jahren noch genauso aus wie früher. Man kann sich halt nicht einfach so leichten Herzens und vor allem nicht auf Dauer vom Elternhaus trennen.

Wir können zwischen zwei gegensätzlichen Charakterausprägungen, genauer gesagt, Fixierungen in Hinsicht auf das zentrale (orale) Lebensthema unterscheiden. Es gibt demnach eine aktive und eine passive Art der psychischen »Problemlösungsstrategie«.

Noch vorab erwähnen möchte ich, dass es männliche und weibliche Personen gibt, die diesen Charakterzug offenbaren. Lassen Sie sich im Folgenden von der weiblichen Schreibweise nicht verwirren. Dasselbe gilt auch in Bezug auf andere Charakterzüge. Ausnahmen stellen lediglich die phallischen Narzissten dar, sie sind meistens männlichen Geschlechts – und die hysterischen Frauen.

Mütterlicher Pflegecharakter

Die meisten Menschen mit einem auffälligen Helfer-Syndrom gehören dieser Persönlichkeitsstruktur an. Derjenige, der das aktive Thema der oralen Phase, ca. erstes Lebensjahr, zwanghaft verinnerlicht hat, wird von Jürg WILLI (1975/2001) bezeichnenderweise »mütterlicher Pflegecharakter« genannt. Dies hat seinen hauptsächlichen Grund darin, weil das entsprechende Lebensmotto lautet: Bemuttern, helfen, pflegen.

Das Helfer-Thema zeigt sich beispielsweise gewöhnlich schon bei der Auswahl des Freundeskreises. Die Personen, die bevorzugt in den inneren Kreis aufgenommen werden, scheinen grundsätzlich irgendwie komplexe und energielose Individuen zu sein. Sie melden sich nämlich meist dann, wenn sie vor irgendwelchen Problemen stehen. Die Anzahl derartiger Menschen ist Legion. Der mütterliche Pflegecharakter hilft natürlich zu jedem Zeitpunkt gerne, als hätte er (oder sie) auf die Anfragen bereits sehnsüchtig gewartet.

Auch die Gesetze der *Partnerwahl* scheinen oft dem eben beschriebenen Helfer-Thema zu entsprechen. Demnach sucht man sich häufig Gefährten, die man ausgiebig umsorgen und bemuttern kann. Es bieten sich also hilfsbedürftige oder benachteiligte Menschen an, z.B. Verwahrloste, Trinker, Drogenkonsumenten – Problembeladene eben. Und von jenen gibt es ja *auch* genug, man muss sie nur in den passenden Locations suchen.

Oraler Charakter

Psychoanalytische Autoren gebrauchen für letztgenannte Persönlichkeiten oft die Bezeichnung »oraler Charakter«. Dieser scheint mit dem mütterlichen Pflegestil optimal zu harmonisieren. Das Grundthema des Pflegecharakters heißt schließlich »Geben«, dasjenige des oralen Charakters kann betitelt werden mit »Empfangen«. Häufig geht so ein Zusammenspiel nur am Anfang einer Beziehung gut, weil niemand auf Dauer ein einseitiges Extrem verkörpern kann. In jedem Menschen existieren *immer* gegensätzliche Charakterstrebungen, und zwar lebenslänglich!

Orale Gesinnungen zwingen die Umwelt gewöhnlich zu Hilfeleistungen jedweder Art, »weil sie es alleine nicht schaffen«. Zumindest sind sie selbst von ihrer Hilflosigkeit überzeugt. Natürlich fühlen sich Menschen mit Helfer-Syndrom-Allüren tatsächlich von diesen Persönlichkeiten am meisten angezogen, im beruflichen wie im privaten Lebensbereich.

Menschen mit ausgeprägten oralen Bedürfnissen leben im Allgemeinen streng nach dem Lustprinzip, d.h. mit »Volldampf voraus«. Mit anderen Worten, alles, was irgendwelche rauschhafte, sinnliche Lustzustände nach sich zieht, wird konsumiert. Man lebt demnach extrem, und zwar auf Dauer extrem *gefährlich*, was wiederum des Öfteren dafür verantwortlich ist, dass man »es« alleine nicht schafft. Man braucht dann wieder Zuneigung – bestenfalls von einem mütterlichen Pflegecharakter.

4.1.2 Formen der Eifersucht

Kommen wir nun zu den typischen Bewältigungsformen von Missgunst, wie sie vor allem von Depressiven gezeigt werden. Weiter oben sind wir ja schon kurz darauf eingegangen (Abschnitt 3.3).

Gefühlsmenschen fallen in Krisensituationen, in denen Eifersucht hervortritt, auf eine frühkindliche Entwicklungsstufe zurück, eben auf die orale. Sie zeigen indessen genau die *emotionalen* Verhaltensweisen, die sie auch früher offenbart haben, z.B. Passivität und Stillstand. Konkret sieht das so aus, dass vor allem vier Phänomene eine Rolle spielen können. Man wird (a) depressiv, (b) richtet entstehende Aggressionen gegen sich selbst,

(c) man befriedigt orale Bedürfnisse übermäßig und/oder bildet (d) psychosomatische Krankheiten aus.

Depressionen

Weil, wie oben bereits erwähnt wurde, eine verwöhnende und erdrückende Erziehung vonseiten der Eltern oft den Sachverhalt nach sich zieht, dass man kein eigenes Selbstwertgefühl, kein robustes Ich aufbauen kann, reagieren viele Gefühlsmenschen auf einen vermuteten oder tatsächlich praktizierten Seitensprung des Partners mit akuten Depressionen. Mögliche Reaktionen sind diese:

➤ sich zu Hause einschließen und die Rollläden herunterlassen;
➤ nichts mehr hören und nichts mehr sehen wollen.

Darüber hinaus nehmen manche Individuen auch Schlaftabletten ein, um von der Realität Abschied zu nehmen. Die Verdunklung des Lebensraums sowie der Zwang, schlafen zu wollen, lassen symbolhaft darauf schließen, dass orale Charaktere regressiv werden und sich zurück in den Mutterleib sehnen, wo sie den symbiotischen Paradieszustand vermuten (FERENCZI).

Aggressionen gegen sich selbst

Sie, liebe Leserin, lieber Leser, kennen Fälle aus der Tagespresse, wo leidgeprüfte Individuen aus Liebeskummer einen Selbstmordversuch begehen. Mit derartigen Selbstverletzungen will man meistens einerseits auf sich aufmerksam machen, sie sind also eigentlich mit »Hilfeschreien« vergleichbar. – Auf der anderen Seite bestraft man sich für seine eigene Minderwertigkeit und Nicht-Liebenswürdigkeit (man ist wegen des mangelhaften Selbstwertgefühls gewöhnlich davon überzeugt, diesbezüglich nicht viel darzustellen). Eine abgeschwächte Variante, Aggressionen gegen sich selbst zu richten (in Bezug auf dieses Thema), ist die Verhaltensweise, traurige Musik zu hören und dabei ausgiebig zu weinen.

Der Gefühlsmensch sieht sich, wie wir feststellen können, also nicht in der Lage, seinem Unmut Luft zu verschaffen und etwa die Aggressionen mit lautem Geschrei und Getöse in die Außenwelt zu entlassen, was in der Tat eine wirksame Form von Psychohygiene darstellen würde.

Orale Lust

Manche Depressive kompensieren gewöhnlich auch den drohenden oder tatsächlichen Liebesverlust, indem sie sich selbst *sekundäre* orale Befriedigung bereiten, meistens durch den Konsum von großzügigen Mahlzeiten. Auch unbeherrschter Alkohol-, Nikotin- oder gar Drogenmissbrauch geht des Öfteren mit Liebeskummer einher. Die orale Lust steht dann oft stellvertretend für die emotional-sexuelle.

Psychosomatische Krankheiten

Nicht selten kommt es in problematischen Zeiten unvermittelt auch zur Ausbildung von psychosomatischen Beschwerden (vgl. Abschnitt 2.3). Demnach erzeugt man Migräne, Magenbeschwerden oder Sonstiges. Dies ist ebenfalls eine Möglichkeit, Aufmerksamkeit zu erregen – bzw. effiziente Selbstgeißelung. Wenn wir ferner mit ADLER kritisch nach dem Wozu dieser oder jener psychosomatischen Krankheit fragen, können wir u.a. annehmen, dass man mittels ihrer den anderen für die Untreue bestrafen will. Er (oder sie) lässt sich nämlich dann leicht anklagen: »Schau' mich an, wie schlecht es mir geht. Und nur du bist daran schuld!« Natürlich kann es auch sein, dass man das Gegenüber dadurch zur Rückkehr zwingen will, ähnlich wie dies auch durch angedrohte Selbstmordversuche angestrebt werden kann.

Dann werden Depressive eifersüchtig

Wir nehmen auf das bisher Besprochene Bezug und können schließen, dass Gefühlsmenschen bei *besonderen* Anlässen zur emotionalen Eifersucht neigen. Diese Besonderheiten ergeben sich zwangsläufig aus ihren zentralen Lebensthemen, also aus ihrer Charakterstruktur. Im Folgenden möchte ich einige bezeichnende Phänomene zusammenfassen:

1. Die hier behandelte Gesinnung will meistens mit dem Partner eine sehr enge Beziehung inszenieren. Diese ähnelt faktisch jener Bindung, die man in der Kindheit bzw. Jugend mit einem geliebten Menschen erlebte. Man hat also vorwiegend im Sinn, mit dem Pendant eine perfekte Symbiose einzugehen, in der dann Subjekt und Objekt miteinander verschmelzen. Im Endeffekt gibt es für depressive Individuen nur ein Wesen, das eben aus zwei Menschen besteht, die nach ihrer Idealvorstellung *perfekt* zueinander passen. Darum richtet sich die Eifersucht zunächst einmal gegen *jede* mögliche Art der Untreue und demnach potenziell gegen – alles. Man beneidet vorwiegend Gegenstände, Hobbys, Freunde und Bekannte, die das Interesse des Partners auch nur ansatzweise von der eigenen Person abzulenken vermögen.

2. Depressive beneiden u.a. auch jeden Dritten im Bunde, der eine Steigerung hinsichtlich des oralen Themas »Nähe« darstellt. Das wäre z.B. ein scheinbar »besserer« Umsorger und Pfleger.

3. Gefühlsmenschen bekommen sehr schnell Angst, wenn das Gegenüber nicht zu jeder Zeit irgendwie erreichbar ist. Sie wollen gewöhnlich absolute Sicherheiten in einer Beziehung.

4. Depressive fordern meistens Liebesbeweise aller Art, sie sind einen hohen Standard diesbezüglich gewohnt. Sie können den Partner oft nicht als eigenständiges Wesen wahrnehmen, denn das klappt ja auch nicht in Bezug auf die eigene Person.

5. Gefühlsmenschen wollen oft hören, dass man sie liebt. Vernehmen sie Dementsprechendes nicht, werden sie unruhig (siehe oben). Die Praxis von Eifersüchteleien kann eine Folge dieser Unruhe sein.

4.1.3 Persönlichkeitsentwicklung in Bezug auf Eifersucht

Viele Menschen sind so damit beschäftigt, sich mit ihren alltäglichen körperlichen Ungereimtheiten zu befassen, dass sie gewöhnlich sterben, bevor sie auch nur ansatzweise ihre wahre Persönlichkeit kennen gelernt haben. – Dieser zynische Satz trifft auf viele Menschen zu, insbesondere aber auf diejenigen, die oral fixiert sind. Wie die Bezeichnung »Bauchmenschen« schon verrät: man überschätzt die Körperlichkeit und Gefühlswelt. Daher neigen diese Persönlichkeiten, nebenbei erwähnt, auch ausschließlich zu *emotionalen* Reaktionen beim Empfinden von Missgunst. Einige Ansätze zur Persönlichkeitsentwicklung, die ich im Folgenden empfehle, beziehen sich daher vorwiegend auf die »Auffrischung« der Vernunft- und Denkprozesse. Dieses Tuning wird, wenn es im Alltag greift, dann und wann bewirken, dass man neben *seinem* Lebensthema des Helfens bzw. Nehmens auch andere Bereiche erschließen kann. Mit anderen Worten, wer seine Persönlichkeit durchschaut, der begreift auch besser die Mechanismen seiner Eifersucht und kann sie (endlich) positiv beeinflussen. Auf der anderen Seite werden auch bisher unerschlossene und verdrängte Potenziale freigelegt. Nun die Anregungen:

1. Weil Depressive quasi *in* ihrem Partner leben wollen, was auf Dauer unmöglich ist, müssen sie lernen, sich abzugrenzen. Im Klartext: sie müssen ihre eigene Persönlichkeit begreifen und beginnen, Ansprüche zu stellen und die dabei entstehenden Gefühle des Unmuts auszuhalten; dadurch gewöhnt man sich früher oder später an eine autonomere Lebensführung.

2. Das Selbstbewusstsein muss nicht ausschließlich durch soziale Leistungen aufgerichtet werden. Auch abseits des familiären Umfelds oder Berufs existieren Lebens- und Handlungsbereiche, die Anerkennung seitens der Umwelt nach sich ziehen.

3. Gefühlsmenschen, die sich durch das Helfer-Syndrom aufwerten, müssen lernen, auch manchmal »Nein« zu sagen.

4. Die charakteristischen psychosomatischen Krankheiten, mit denen man manchmal unbewusst das soziale Umfeld in die Knie zwingen will (z.B. bei empfundener Eifersucht), können verschwinden, wenn man sich bewusst *positivem* Stress aussetzt. Dies kann man etwa durch die Praxis eines Leistungssports bewerkstelligen, der, wenn es sein muss, von der *Vernunft* (gute Vorsätze) aufgezwungen wird. Und weiter: Alle Arten von

Psychohygiene kann man den Psychosomatikern unter uns nahe legen, etwa Autogenes Training, Yoga, Muskelentspannungs-Übungen nach JACOBSON, Entspannungskassetten, Fantasiereisen, Spontanurlaube, befriedigender Sex usw.

5. Die Bewältigung des Lebens ist anstrengend, das ist kein Geheimnis. Die Welt ist kein »Schlaraffenland« (WILLI). Weil Gefühlsmenschen oft das Gegenteil von ihren Bezugspersonen suggeriert bekamen, vor allem durch die Überverwöhnung, legen sie manchmal eine »ausweichende Mentalität« an den Tag. Daraus folgt, dass man sich den unumgänglichen Schwierigkeiten des Lebens bewusst durch Selbstzwang stellen soll. Das hebt das Selbstwertgefühl auf Dauer. Hierzu animieren kann man sich etwa, indem man sich absichtlich einigen angstbesetzten Themen stellt. Gemeint sind Situationen, in denen man z.B. Verantwortung übernehmen muss. Wie wäre es, an der Volkshochschule einmal einen Kurs anzubieten?

6. Depressive müssten auch lernen, dass man körperliche und seelische Bedürfnisse auch aufschieben kann. Zu Derartigem ist man gewöhnlich nicht fähig. Denn, wie oben erwähnt, man hat diesbezüglich in der Kindheit wenig zu beanstanden gehabt; schließlich wurde man weitgehend verhätschelt und (oral) verwöhnt. Mit anderen Worten, man hat nie das »Warten« gelernt und fordert deshalb zeitlebens die *sofortige* Befriedigung jeglicher körperlicher und seelischer Anliegen. Dieser Umstand erklärt, warum Bauchmenschen im Erwachsenenalter generell eine sehr geringe Frustrationstoleranz aufweisen, sobald sie nicht sofort das bekommen, was sie wollen. Dann sackt bei frustrierenden Geschehnissen sehr schnell das allgemeine Wohlbefinden ab. Dieser Missstand wird dann charakteristischerweise dadurch kompensiert, indem man herzzerreißend bittet und fleht – also in das wohlbekannte Kindheitsstadium zurückfällt –, um das Bedürfnis endlich zu befriedigen. Doch diese Reaktionen sind infantil und eines erwachsenen Menschen unwürdig.

So viel zur depressiven Persönlichkeit. An anderer Stelle finden Sie noch weitere Ausführungen zu dieser Charakterstruktur (DAMM & WEISS 2005, Abschnitt 3.4.1). Kommen wir jetzt zum nächsten Charakter.

4.2 Angst vor dem Kontrollverlust – Zwangscharaktere

Bei den Bauchmenschen hatten wir festgehalten, dass Ausdrucksformen der Körperlichkeit und Gefühlswelt fast die ganze Persönlichkeit überstrahlen, auch die Ratio.

Bei *Zwangscharakteren* hingegen finden wir eine überzogene Ausprägung der Vernunft und parallel dazu eine allgemeine Abwehr der Empfindungen, Triebe und Instinkte. Anders ausgedrückt, wir treffen hier auf eine ausgeprägte Verkopftheit und »Rationalisierungslust«. Wir werden gleich sehen, welche frühkindlichen Ursachen dafür gewöhnlich geltend gemacht werden können.

4.2.1 Auffälligkeiten

Auch Anal-Sadisten, so werden Zwangscharaktere von psychoanalytischen Autoren ansonsten bezeichnet (warum – sehen wir gleich), zeigen, wenn ihre Gesinnung sehr stark hervortritt, ein Knäuel von speziellen Verhaltensweisen, anhand derer man sie recht zügig identifiziert und begreift (nach REICH 1933/2002, S. 262ff.).

Die wesentlichen Lebensinhalte, z.B. Hobbys, Berufs- und Partnerwahl, sind nämlich weitgehend spezifisch gefärbt oder gar vollends von verschiedenen Einstellungen determiniert. Eine zügige Analyse des hier thematisierten Persönlichkeitszugs im Alltag bringt übrigens den Vorteil mit sich, dass man angepasster kommunizieren kann, um z.B. Sympathie zu erregen oder wenigstens Antipathie zu vermeiden (vgl. DAMM & WEISS 2005). Dies ist ansonsten nämlich nicht so einfach zu bewerkstelligen. Man muss hierzu nämlich meistens einem bestimmten Persönlichkeitstyp entsprechen: dem zwanghaften.

Werden wir in Hinsicht auf charakteristische Alltagsphänomene nun ein bisschen konkreter. Gewöhnlich praktizieren Zwangscharaktere ein *sehr* <u>geradliniges, durchgängig bedachtes Leben</u>. Sie gehen jeglichen Situationen, die unvorhergesehen verlaufen könnten, erfolgreich aus dem Weg. Man findet sie häufig in <u>Berufen</u>, die allgemein als sicher und bodenständig gelten. Bevorzugt werden auch spezifische Betätigungen, wo man gesellschaftlich hochgeschätzte Werte gerechtfertigt und lautstark verteidigen kann, so etwa beim Militär, bei Behörden, in der Juristerei, bei der Polizei oder als Beschäftigter im Strafvollzug usw.

Auffallend ist u.a. ihre augenscheinliche <u>Sparsamkeit</u> bzw. ihr manchmal bezeichnender <u>Geiz</u>.[18] Ebenso besitzen Anal-Sadisten einen charakteristischen <u>Antrieb, Dinge zu sammeln und stets bei relevanten Anlässen wieder zu ordnen</u>. Daneben kann man nichts, aber auch gar nichts leichten Herzens hergeben, es sei denn, man bekommt dafür einen ordentlichen Preis gezahlt. Die <u>Kleidung</u> eines Zwangscharakters <u>spiegelt oft die selbst</u>

---

18   Der Werbeslogan »Geiz ist geil« trifft Zwanghafte gewiss direkt ins Herz.

aufoktroyierte *innere* Ordnung wider, was sich z.B. mit unauffälligen, blassen, ange-passten Kleidungsstücken suggerieren lässt. Anal-Sadisten sprechen stets wohlüberlegt und förmlich. Ferner pflegt man eine konventionelle und »korrekte« Körpersprache.

Das unbändige Bestreben nach innerer Ordnung und Kontrolle kehrt sich nolens volens nach außen. Daher offenbaren zwanghafte Menschen meistens auch einen ausgeprägten Ordnungssinn, wo immer sie sich auch aufhalten; dieser trägt meist einen pedantischen Zug.

Es verwundert demnach auch nicht, dass viele Zwangscharaktere zeitlebens einem spe-ziellen Perfektionismus frönen. Demnach muss alles, sogar jede irrelevante Alltagshand-lung wohlüberlegt, gewissenhaft und ordentlich ausgeführt werden. Am besten plant man den Ablauf vorher noch einmal ganz genau; dann kann nichts schief gehen. Na-türlich würde die Zeit, die für die Vorbereitung des Unternehmens aufgebracht wird, schon ausreichen, um die Sache zu erledigen.

Der Perfektionismus-Anspruch dieses Stils zeigt sich bei Kindern und Jugendlichen be-sonders dann, wenn irgendwelche Prüfungen in der Schule anstehen. Sie lernen und lernen und lernen, und zwar weit über das allgemeine Maß hinaus. Umso mehr ist man enttäuscht, wenn letzten Endes nur die Note »gut« dabei herauskommt.

Mit den genannten Eigenarten geht notwendigerweise eine akkurate Inkompetenz zur Gefühlsfähigkeit und Empathie einher. Das heißt, Anal-Fixierte verfügen generell über wenig Einfühlungsvermögen, weil dieser Akt zweifellos ein *Gefühls*akt ist. Die Gefühls-welt wird aber von diesem Charakter gewöhnlich nicht zugelassen.

Ganz wichtig erscheint mir noch die Erwähnung des folgenden Phänomens, weil es eine weit reichende Wirkung nach sich zieht: Zwangscharaktere neigen zu Symptomhand-lungen, also zu Pseudo-Lösungen, die versteckte Aggressionen und verborgene Sexualim-pulse offenbaren; man vermag derartige Natürlichkeiten vor sich selbst nicht zuzulassen und muss sie daher verdrängen. Der Grund liegt darin, dass man ein zu starkes *Über-Ich*, d.h. ein Übermaß an *vernünftigen* gesellschaftlichen Normen, ein »Man-Denken« verin-nerlicht hat. Mit anderen Worten, diese Charakterstruktur hat verschiedene einseitige, weil ausschließlich rationale Lebensphilosophien psychisch übernommen, die man alle-samt auf *ein* (zu ernst gemeintes) Grundgesetz wie dieses zurückführen könnte: »Edel sei der Mensch, hilfreich und gut.« (GOETHE)

Weil nun aber kein Mensch nur sittlich und edel in diesem Sinne (!) ist, haben Anal-Sa-disten meistens einige Probleme im Hinblick auf den zwischenmenschlichen Umgang. Denn wer alltäglich moralisch zu viel von sich selbst abverlangt, der wird unweigerlich meist doch aggressiv. Konkreter gesagt: Wenn Aggressionen und Sexualimpulse, die man zeitlebens streng unterdrückt bzw. rational kontrollieren will, in das Bewusstsein drän-gen, muss man sie in einer unnatürlichen und eigentlich doch unmoralischen Art und

Weise abreagieren. Dies bedeutet wohl oder übel, *dass man letzten Endes doch höchst unmoralisch handelt*, was man ja vor allem verhindern wollte.

Nun wäre es ja, ganz allgemein festgestellt, halb so schlimm, wenn man in diesen Situationen alleine vor sich hinbrüten oder sich wenigstens positivem Stress aussetzen würde. Jedoch bei Menschen, die einen auffallenden zwanghaften Zug aufweisen, fällt schlechterdings auf, dass sie generell die *Mitbürger* bei eigenen seelischen Konflikten in Bedrängnis bringen. Anstatt das Problem in sich selbst zu begradigen, praktiziert man versteckt-aggressive charakteristische Kommunikationsmuster, um das Gemüt wenigstens temporär zu befriedigen. Einige Beispiele:

➤ Man gibt einer bestimmten Person aus dem sozialen Umfeld ungefragt und aus heiterem Himmel »nützliche« Tipps zur Lebensbewältigung. Diese spiegeln natürlich lediglich Inhalte der anal-sadistischen Gesinnung wider. Demnach erzählt man etwa ausführlich und eindringlich darüber, wie man Geld sparen kann. Das Gegenüber könnte z.B. anstatt mit dem Auto nun mit dem Fahrrad zur Arbeit fahren – im Winter, versteht sich. Die Gegenstände, die aus der zwanghaften Lebenswelt aufgegriffen werden können, sind Legion. So kann man auch einen neuen Telefonanbieter, der noch preiswerter ist als der bisher billigste, lang und breit anpreisen oder dem Gegenüber aufzwingen wollen. »Ja, da kann man Geld sparen, nicht? Du solltest auch sparen – wie wir alle.« Diese Monologe ziehen sich gewöhnlich in die Länge wie alter Kaugummi, der Zwangscharakter kommt einfach nicht zum Punkt – und das hat seinen Sinn und Zweck. Diese hinterhältigen Kommunikationsmuster verfolgen einzig und allein die Absicht – welche dem Anal-Sadisten nicht bewusst ist – *Aggressionen* abzureagieren. Man vermag sie ja nur auf diesen Wegen herauszulassen. Zudem redet man sich paradoxerweise ein, etwas Sittliches und Edles damit zu bezwecken. Und Zwanghafte können selbstverständlich nicht verstehen, wieso das Gegenüber nicht angemessen auf die »nützlichen« Anregungen reagiert.

➤ Weil sich viele Anal-Sadisten mit Gesetzestexten und Paragraphen auskennen – immerhin beinhalten sie gesellschaftliche *Regeln* in reinster Form –, geraten sie dann und wann in Alltagssituationen, wo sie diese endlich selbst anwenden können. Man macht demnach beispielsweise aus einer sprichwörtlichen Mücke einen Elefanten, wenn jemand seinen Wagen auf den Gehweg (unerlaubterweise) vor dem Haus parkt. Der zwanghafte Mensch stürmt aus der Tür und bombardiert den Täter mit astreinem Amtsdeutsch und verweist kenntnisreich auf das Strafmaß des Verbrechens sowie den relevanten Paragraph im Strafgesetzbuch (StGB). Natürlich teilt man auch bei Bedarf den Namen des befreundeten Anwalts mit, der rein zufällig noch der »härteste Hund« der Stadt ist.

➤ Eine bevorzugte Art von Kopfmenschen, unbewältigte Aggressionen an anderen abzureagieren, liegt generell darin, Mitmenschen zu bevormunden, zu verbessern, an ihnen herumzunörgeln, »falsche« Meinungen ad absurdum zu führen. »Ich erkläre dir jetzt mal, wie man das macht!« Oder aber man mischt sich ungebeten in fremde Angelegenheiten ein, die nichts, aber auch gar nichts mit der eigenen Person zu tun haben. Trotzdem gibt der Zwangscharakter unaufgefordert seine stets starr bleibende Man-Meinung kund: »Das kann man doch so nicht machen! Wo kämen wir denn da hin?«

➤ Auch das Spiel *Ins offene Messer laufen lassen* steht hoch im Kurs. Der Vorteil dieses Zeitvertreibs: Der andere *muss* mitspielen, ob er (oder sie) will oder nicht. Bei dieser wahrhaft befreienden Beschäftigung, die insbesondere bei aufgestauten Aggressionen in Frage kommt, geht es darum, bereits besprochene Ungereimtheiten neu aufzulegen, über die man sich immer wieder »empören« kann. Der andere muss übrigens deshalb mitspielen, weil ein Mensch nicht *nicht* kommunizieren kann; das Gegenüber kann also nicht entrinnen (WATZLAWICK u.a. 1969/2003). Einige Beispiele: Der Mensch mit Zwangsneurose fragt ganz nebenbei, ob das Gegenüber bereits die Strafzettel von letzter Woche bezahlt hat. (Der Sender *weiß* natürlich, dass dem nicht so ist.) Nachdem der Empfänger die erwünschte Auskunft gibt, also »richtig« antwortet (eine falsche Antwort ist auch gar nicht möglich), begibt sich der Zocker auf einen neuen Level. Auf jeder folgenden Stufe kann er sich ein bisschen mehr emotional entrüsten, z.B.: »Mensch, ich habe dir doch gesagt, dass du aufs Rathaus gehen sollst wegen den Strafzetteln!« – und schon einen Level weiter heißt es: »Wie soll das nur weitergehen mit dir? Du bist ein Chaot!« usw. Hat der Anal-Sadist das sich stets weiter aufschaukelnde Geplänkel gewonnen, was sehr lange dauern kann, ist zweierlei passiert: Der aktive Spieler ist unglaublich befreit, ja sogar irgendwie körperlich und seelisch befriedigt, wie nach einem ekstatischen Zustand. Der Partner hingegen, also der Verlierer, ist gewöhnlich emotional und körperlich am Boden. Er (oder sie) wird die Strafzettel bezahlen. Doch darum ging es gar nicht. Es ging eigentlich um ein Spiel, das nur Menschen mit Zwangscharakter auf Dauer Spaß macht. Es handelt sich, genauer gesagt, um ein Spiel mit Endlos-Charakter: Anregungen zu diesem Zeitvertreib gibt es schließlich immer, weil es in jeder zwischenmenschlichen Beziehung irgendwelche Ungereimtheiten gibt, die dafür taugen, den anderen anzuklagen. So kann der Zwangscharakter immer wieder bei Bedarf das Gesellschaftsspiel *Ins offene Messer laufen lassen* anregen, und zwar selbstverständlich unabhängig von den Verhaltensweisen des Partners.

Natürlich beherrschen anale Charaktere, wenn sie derartige neurotische Kommunikationsmuster praktizieren, die hohe »Kunst«, sich *sofort* auf ihre »sittliche« und »moralisch-gute Absicht« zu berufen. Das kann relevant werden, wenn sich das Gegenüber gegen die »gut gemeinte« Faselei sträubt oder z.B. aus nachvollziehbarem Anlass auf Gegenangriff umschaltet. Ein Satz wie »Du brauchst mir nicht zu erzählen, wie ich Geld sparen kann. Schließlich bezahle ich den Sprit fürs Auto und nicht du!« kontert der Zwangscharakter, weil er Derartiges unbewusst jederzeit erwartet, leichtfüßig etwa mit: »Warum regst du dich denn jetzt auf! Mach' mich nicht so an! Wir sind immer noch zivilisierte Leute. Lass' deine schlechte Laune nicht an mir aus! Ich will dir nur helfen!« Dieses Verhalten seitens des Zwangscharakters bedeutet Folgendes: Man reizt unbewusst seine Mitmenschen in *heimtückischer* Weise (durch die Praxis einer paradoxen Kommunikation), um jene dann

»gerechtfertigt« *offen* und mit reinem Gewissen angreifen zu können. Ein alter Bauerntrick.

Als Faustregel können wir uns merken, liebe Leserin, lieber Leser: Je auffälliger ein innerer Konflikt tobt, etwa auf Grund von ungeliebten, aber hochstrebenden Aggressionen, desto sadistischer verhält sich der Zwangscharakter anderen (!) gegenüber. Denn das »reine« Selbstbild, das sich durch ein Übermaß an »vernünftigen« Gewissensinhalten charakterisiert, lässt die Existenz jeglicher Schattenseiten niemals zu. Deshalb muss man in brisanten Momenten irgendetwas an den Mitmenschen begradigen, und zwar mithilfe einer Projektion.[19]

Natürlich sind derartige Vorgehensweisen dem Zwangscharakter nicht bewusst, aber das versteht sich ja von selbst. Die Bezeichnung »Zwangscharakter« erhalten diese Individuen übrigens deshalb, weil die meisten Vertreter dieser Gattung bestimmte Alltagshandlungen immer und immer wieder ausführen müssen. Hierzu einige Worte.

Die Umwelt muss oft eine ähnlich kontrollierte Struktur haben wie die eigene innere »geprüfte« Welt. Demnach muss (!) dieser Charakter in Unordnung oder in Unreinheit geratene Zimmer, Briefmarkensammlungen, Schreibtische, Bücherregale, Garagen, Gärten, Betten, Bürgersteige usw. sauber und ordentlich halten, und zwar *permanent*. Er kann keinerlei unkontrollierte Zustände ertragen. – Solche Beschäftigungen rauben leider ungemein viel Lebenszeit; auch diejenige der Mitmenschen, die ja aus den oben genannten Gründen nicht in Ruhe gelassen werden.

Kommen wir zu den möglichen Kindheitseinflüssen, die diesem Lebensstil normalerweise zu Grunde gelegt werden. Die relevante Entwicklungsphase, in der die obigen Reaktionen, z.B. ordentlich und brav sein, sich unter Kontrolle haben, an der Tagesordnung von Heranwachsenden stehen, liegt etwa zwischen dem 2. und 4. Lebensjahr. In dieser Zeit lernt das Kind erstmals, zwischen Ich (Subjekt) und Nicht-Ich (Objekt) zu unterscheiden. Mit anderen Worten, der junge Mensch kann jetzt endlich erkennen: »Ich bin ich und nicht du!« Vorher konnte man noch keine Grenzlinie zwischen sich selbst und der Außenwelt ziehen.

Die Selbsterkenntnis, ein eigensinniges Individuum zu sein, ist weit reichend. Man bildet nämlich eine eigene Autonomie aus, seinen eigenen Willen. Daher ergeben sich auch notwendigerweise zum ersten Mal echte Schwierigkeiten mit den Bezugspersonen, auch weil es nun bei alltäglichen Ereignissen zwei verschiedene Meinungen geben kann. Für zwanghafte Eltern ist es selbstredend das Schlimmste, wenn das Kind andersartige Strebungen verfolgt. – Sie erinnern sich an den Kontrollzwang, liebe Leserin, lieber Leser.

---

19   Vgl. DAMM & WEISS 2005, Abschnitt 4.2., und DAMM 2006.

Besonders bei den Angelegenheiten Sauberkeits- und Brav-Sein-Training misst der Heranwachsende seine Kräfte mit denen seiner Erzieher. Er kann seine Mutter etwa durch willkürliches Einkoten oder durch Aggressions- bzw. Schreianfälle ärgern.

Entfacht sich in dieser Entwicklungsphase ein permanenter Machtkampf, d.h. charakteristische Konflikte, die über Jahre hinweg stets aufrechterhalten werden, dann kann eine Fixierung an die anale Stufe entstehen. Infolgedessen werden die relevanten infantilen Angelegenheiten der analen Phase in die Persönlichkeit integriert und nicht mehr losgelassen, und sie bestimmen daher das Leben des Betroffenen in einem nicht geringen Umfang.

Bevor wir zu den zwei möglichen Arten der analen Fixierung kommen, möchte ich noch eine kleine Bemerkung zum fundamentalen Unterschied zwischen Bauchmenschen und Anal-Sadisten einfügen: Der Depressive ist, wie erwähnt, meistens mit seinen Mitmenschen emotional, weil symbiotisch verschmolzen. Der Zwangscharakter andererseits lässt gewöhnlich wenig Gefühlsbetontes an sich heran.

Anlässlich einer Katastrophe, die sich zum Jahreswechsel 2004/2005 ereignet hat, möchte ich noch einen passenden Vergleich in Hinsicht auf die beiden hier behandelten Charakterstrukturen darstellen. – Sie wissen wahrscheinlich, wovon ich rede: vom schweren Seebeben vor der Küste von Sumatra, das mehrere gewaltige Flutwellen auslöste. Mehr als 320.000 Menschen fanden den Tod. Wie der »FOCUS« (2/2005) berichtete, reagierten die überlebenden Urlauber höchst unterschiedlich auf die Lage nach der Katastrophe. Es gab welche, die den internationalen Hilfsdiensten unter die Arme griffen, sich einbrachten, weil sie emotional berührt waren; oder aber man verließ fluchtartig und geschockt die Stätte des Grauens. Diese fürsorglichen, zur Identifikation mit der Umwelt neigenden Menschen sind ohne Zweifel vom Lebensstil des mütterlichen Pflegecharakters durchdrungen.

Auf der anderen Seite spazierten nicht wenige Touristen frohen Mutes und unbekümmert die Strände entlang, die vor kurzem mit aufgedunsenen Leichen übersät waren. Reporter einer Tageszeitung befragten einige Passanten zu diesem Thema, etwa: »Wie sind Sie dazu in der Lage?«, »Warum verlassen Sie nicht das Land und lassen die Hilfsdienste ihre Arbeit machen?«, »Macht Ihnen das ganze nichts aus?« Viele Touristen gaben solche Antworten: »Ja, was soll man denn tun, zu Hause im Bett liegen? Wir haben für den Urlaub bezahlt, wir bleiben, basta! Außerdem ist ja jetzt wieder alles sauber [!].« Derartiges, liebe Leserin, lieber Leser, kann man nur überzeugt verlauten lassen, wenn man eine gehörige Portion Anal-Sadismus innehat, d.h. höchsten Wert legt auf Sauberkeit, Geld und Planmäßigkeit, und ferner – noch wichtiger – jegliches Mitleid ausklammern kann. – Doch zurück zum Thema.

Herrscher

Die *aktive* Variante einer analen Fixierung stellt sich als Herrschermentalität dar. Sie wurde bis hierhin schon breit dargestellt.

Die Alltagskommunikation dieser Gesinnung stammt, transaktionsanalytisch betrachtet, ungemein oft aus dem *kritischen Eltern-Ich* (BERNE 1964/2005). Das heißt, in adäquaten Situationen spulen Zwangscharaktere vorwiegend Original-Zitate von ihrer verinnerlichten Mutter oder vom autoritären Vater oder Onkel runter, und zwar ohne dies objektiv wahrzunehmen. »Das macht *man* nicht! Wo kämen wir denn da hin!« usw. Die Kommunikatoren hingegen meinen irrationalerweise, die lautstark vertretenen Meinungen seien *selbst* gefasste Entschlüsse.

Die meisten Familienoberhäupter, Männer wie Frauen, die ihre Sippschaft zwanghaft überschauen und unter der Fuchtel haben, sind von der analen Herrschergesinnung durchdrungen. Derartige Menschen verlangen *absolute* Gefolgschaft und haben eindeutige Ansprüche: »Wer nicht für mich ist, ist gegen mich!«

Anal-fixierte Erzieher etwa lassen wegen ihres Naturells ihre Kinder nie eigenständig und erwachsen werden. Sie geraten indessen sofort in Raserei, sobald sie geheime Machenschaften hinter ihrem Rücken vermuten. Ferner gelten auch andersartige Standpunkte nicht; es gilt nur die Wahrnehmung, die der Chef bzw. die Chefin des Hauses für richtig hält.

Ich habe einmal einen Familienvater auf einer Klassenstufenparty kennen gelernt; auf ihn passt diese Beschreibung sehr gut. Er selbst war praktizierender Allgemeinmediziner, der ein großes Haus und Anwesen besaß. Das ganze Dorf schätzte den anständigen Mann, der es zu Ruhm und Ehre brachte. Die Bezugspersonen im Haushalt hingegen fürchteten ihn. Seine Frau unterdrückte er genauso drakonisch wie seine drei blutsverwandten und zwei adoptierten Kinder. Daneben hatte er sich auch noch vier Jagdhunde zugelegt, die er ähnlich herumkommandierte. Ein ausgeprägtes Streben nach Macht war wahrlich nicht zu leugnen.

Auffällig ist übrigens auch, dass viele anale Herrscher nicht jeden x-beliebigen Menschen mit ihren paradoxen Kommunikationsmustern reizen. Niemals geschieht dies selbstredend, wenn sie ihren Eltern gegenüber stehen. Man ist von ihnen stark abhängig, weil fixiert auf sie. Wir müssen bedenken, dass die meisten zwanghaften Menschen ihre Erzieher regelrecht vergöttern, weil sie auf Grund ihres überstarken Gewissens/Über-Ichs gar nicht anders können: Sie verdanken ihre Gesinnung ja vorwiegend gerade ihren Eltern.

Wie wir weiter schließen können, eignen sich zum Aggressionsabbau auch keineswegs Individuen, die ebenfalls ausgeprägte (aktive) zwanghafte Strukturen offenbaren, das »beißt« sich. Hierfür taugen eher gefühlsfähige Naturen, also solche Geister, die lebhafte Reaktionen zeigen – eben die Bauchmenschen (Abschnitt 4.1).

Und so sehen wir u.a. auch vorwiegend Zwanghafte und Depressive im Alltag aneinander geraten, in Familien, am Arbeitsplatz, in der Schule und Freizeit usw. Aber auch eine andere Charakterstruktur kommt besonders in Frage; mit dieser ist der aktive Zwangscharakter quasi seelenverwandt, also kompatibel.

Beherrschte

Weil progressive Machtinhaber zeitlebens dazu neigen, mindestens einen oder beide autoritären Elternteile in den meisten Angelegenheiten ihres Lebens zu imitieren, kommen u.a. bei der Partnerwahl auch nur gewisse Menschen in Betracht, mit denen ein gemeinsames Zusammenspiel, nach WILLI (1975/2001) *Kollusion*, erlebt werden kann. Um diese speziellen Gegenstücke geht es jetzt.

Wer zahllose Kämpfe mit anal-sadistischen Bezugspersonen in der Kindheit ausfechten musste, weil er »immer« ein »unsittliches«, »böses« Kind war, und darüber hinaus auch noch die meisten Auseinandersetzung psychisch und physisch verloren hat, der verinnerlicht des Öfteren derartige ungeliebte Beziehungsmuster und wird sie nie mehr los. Das tief eingesenkte und unbewusste Anliegen des Lebens heißt dann nolens volens »*Ich* will beherrscht werden«. Derartige Menschen personifizieren daher die passive Variante der hier behandelten analen Fixierung.

Passive anale Charaktere offenbaren eine regelrechte Herdentier-Mentalität. Im Kindergarten, in der Schule und im Beruf fallen sie gewöhnlich überhaupt nicht negativ auf, sie passen sich leicht den gängigen Regeln und Normen an – wie auch zu Hause gegenüber dem jeweiligen autoritären Elternteil. Zwanghafte Arbeitnehmer sind z.B. diejenigen, die aufopferungsvoller arbeiten und besser schwere Zeiten ertragen, wenn sie *noch* mehr Druck von den Vorarbeitern und Chefs gemacht bekommen. (Das erinnert leicht an heimatliche Verhältnisse.) Nicht vergessen dürfen wir, dass passive Anale *sehr* gewissenhaft, ordentlich und korrekt arbeiten. Regierungen aller Herrenländer müssen solche Gesinnungen daher lieben; ferner akzeptiert man stets die gerade aktuellen Machtverhältnisse. »Was soll man denn auch machen, nicht?«

Der Staatsapparat des Dritten Reichs beispielsweise hat aus den genannten Gründen sehr gerne auf diese Gesinnungen zurückgegriffen, z.B. wenn es um »ordnungsgemäßes Funktionieren« ging. Denn nützlicherweise sind passive Anale, sollten etwa fragwürdige Befehle »von oben« kommen, leicht bereit, diese auch zu befolgen. Sie bekommen ja so schnell keine Gewissensbisse – man befolgt schließlich Anordnungen von Autoritäten. Diese darf »man« nie in Frage stellen. Man durfte schon im Elternhaus nichts in Frage stellen – das prägt. Anlässlich dieser Rationalisierungen, also Abwehrmechanismen (vgl. DAMM 2006), hieß es im Nachhinein, als das »Tausendjährige Reich« nach 12 Jahren Schreckensherrschaft unterging, auch oft: »Was sollte ich tun, der Befehl kam ja ›von oben‹.«

Zu diesem Phänomen noch ein Gedanke. Weil das *Selbst*denken bei beiden analen Fixierungsmöglichkeiten zeitlebens meistens viel zu kurz kommt, schließlich dominiert die jeweils aktuelle gesellschaftliche Herren- bzw. Sklavenmoral (NIETZSCHE) das ganze Denken, bevorzugt man die Lebensphilosophie des Man-Selbst-Seins (HEIDEGGER). Das heißt, man lebt, denkt, fühlt und redet so, wie *man* im Allgemeinen eben *lebt, denkt, fühlt und redet*. Mit anderen Worten, anale Charaktere sind Mitläufer, Herdentiere und keine *Selbst*denker. Man hält stets die alten Traditionen hoch, vor Neuem hat man grundsätzlich Angst.

Im Übrigen: Eine Aufgabe des Lebens muss es sein, sein Ich-Selbst-Sein und damit seine eigene Identität kennen zu lernen und auszuleben, um ein ganzer Mensch zu werden. Zu diesem Thema kommen wir später noch (Abschnitt 5.7.3).

Um mit der hier thematisierten Gesinnung möglichst erfolgreich zu kommunizieren – ein wichtiges Thema –, müssen einige Kriterien erfüllt werden, wie man sich denken kann. Wer sich für diesen Gegenstand interessiert, kann sich an anderer Stelle informieren (DAMM & WEISS 2005). Die Abhandlung dieser Thematik ist im vorliegenden Rahmen nicht relevant.

4.2.2 Formen der Eifersucht

Fritz RIEMANN hat gemäß seiner ansprechenden Art, den Leser ideenreich zu unterhalten, vermutet, dass die Erfindung des Keuschheitsgürtels im Mittelalter auf das Konto eines Zwangscharakters gehen müsste. Auf was er mit seiner Annahme hinauswollte, leuchtet schnell ein. Ein Anal-Sadist (in Reinform) hat immer irgendwo im Hinterkopf, die Kontrolle über sich selbst und die Umwelt fortwährend zu bestätigen. Man hat ja das Ziel, zeitlebens den Idealen des »Schwarz-weiß-Denkens« nachzukommen, die von den Bezugspersonen übernommen wurden, etwa: »Ich bin im Recht, die anderen im Unrecht!« Eric BERNE nennt diese nachteilige kognitive Einstellung: »Ich bin okay, du bist *nicht* okay!«

In einer Zweierbeziehung hat es die hier besprochene Charakterstruktur demnach mit einem Partner zu tun, den man ebenso kontrollieren kann bzw. muss.

Versteckte und offene Manipulation – Kontrolle in der Partnerschaft

Wie einst die geliebte, aber auch gefürchtete Mutter, Tante, Oma oder der geschätzte Vater es tat, spinnt auch der hier besprochene Stil häufig ein feinmaschiges »Netz der Überwachung«. Einige Charakteristiken will ich im Folgenden nennen.

Die oben erwähnte doppelbödige Kommunikation, die dem Zwanghaften eigentümlich ist, weil er mittels ihrer seine Aggressionen abbaut, taucht auch im Partnerschaftsalltag auf. Insbesondere wird sie bei Eifersuchtsempfindungen augenscheinlich. (Wir müssen uns stets bewusst machen, liebe Leserin, lieber Leser, dass Anal-Sadisten ein erhebliches Maß an Eifersucht innehaben, obwohl sie dies mit »logischen« Argumenten stets widerlegen würden, wenn man sie darauf ansprechen würde. Gerade sie neigen zum Abwehrmechanismus »Rationalisierung« [vgl. DAMM 2006].)

Stellen wir uns kurzerhand vor, das Pendant eines Menschen mit Zwangscharakter schickt sich an, am alljährlichen Klassentreffen teilzunehmen – alleine. Zwangscharaktere gehen, nachdem sie dies überhaupt erlauben, meistens in der Art vor, dass sie zunächst hintenrum und unscheinbar *relevante* Fragen stellen, um z.B. mehr Infos über die teilnehmenden Personen zu bekommen. Wird dies in der gewohnt langatmigen, gebetsmühlenartigen Weise praktiziert, zieht dies manchmal ein dementsprechendes Echo nach sich, d.h. der Partner wird irgendwann sauer. Daraufhin beruft sich der Zwangscharakter (wie üblich) meistens auf seine Ich-wollte-es-doch-nur-wissen-Motivation. (Es gibt übrigens kein »nur so« – *alles*, wirklich alles hat einen Grund, eine Ursache.) Jedenfalls, Sinn und Zweck des unscheinbaren Verhörs ist es, eventuelle Gefahren, potenzielle Flirts in fremden Gefilden auszuloten.

Natürlich wollen Anal-Sadisten bei derartigen Konstellationen ebenfalls den genauen Zeitpunkt der Heimkehr erfahren, damit sie den Partner letztlich darauf verpflichten können, wenn er länger fortbleiben will.

Eine andere Situation. Nehmen wir an, ein Anal-Sadist geht zusammen mit seinem Partner auf eine Party. Sollte das Pendant persönliche und anregende Gespräche mit andersgeschlechtlichen Dritten erleben, wird dies gewöhnlich immer bemerkt. Den Argusaugen des Zwanghaften, die dem Partner auf Schritt und Tritt folgen, entgeht nichts. Nahezu alles, was der Partner an diesem Abend erlebt, gesagt, getrunken oder gegessen hat, wird vom Anal-Sadisten festgestellt, gemerkt und sauber und ordentlich zu den imaginären Akten gelegt. Leicht kann man dies und das wieder hervorzaubern.

Jedoch spricht man als Zwanghafter den Partner generell nie *direkt* darauf an, dass man gerade *eben* eifersüchtig ist. Denn zum einen verdrängt man ja selbst den Gedanken, man *wäre* zur Eifersucht überhaupt fähig, zum anderen muss auch das reine, fleckenlose Selbstbild vor dem Pendant und den anderen Gästen aufrechterhalten werden. Nein, derartige innere Unstimmigkeiten werden zunächst ausgehalten, wie üblich, und dann verdrängt. Doch sie werden nie vergessen.

Kommunikation aus dem Hinterhalt

Hat man solche unliebsamen Konstellationen erfahren, also einen offensichtlichen Flirt des Partners mit einem anderen Individuum beobachtet, dann spart man sich den unerwünschten und ärgerlichen Eindruck generell für eine passende Situation einige Tage oder Wochen später auf. Sodann kann man es dem Partner so »richtig saftig« heimzahlen.

Oben haben wir festgehalten, dass Zwangscharaktere vor allem zu einem bestimmten Zeitpunkt Aggressionen ausschütten, nämlich dann, wenn ein innerer Konflikt zu intensiv wird und das blitzblanke Selbstbild Gefahr läuft, beschädigt zu werden. Darum sind anale Menschen, nebenbei erwähnt, auch manchmal »tickende Zeitbomben«. Man weiß als Außenstehender nämlich nie, wann sie – in anal-sadistischer Manier – explodieren. Niemand sieht es ihnen an, wie auch? Nach außen hin erscheinen sie fortwährend »unkaputtbar«.[20]

Eine dementsprechende Methode des Aggressionsabbaus ist z.B., eine »unbedeutende« Bemerkung, die trotzdem »sitzt«, unversehens auszusprechen.

Ein Beispiel: Die Freundin eines Zwangscharakters kocht gerade ein italienisches Gericht. Der Partner kocht während dieser Zeit selbst – innerlich. Der Grund: In den letzten Tagen hat sich sehr viel Ärger aufgestaut. Die hohe Leistungsbereitschaft am Arbeitsplatz wird praktisch nicht honoriert, ferner haben einige hohe finanzielle Ausgaben auf Grund von unvorhergesehenen Ereignissen angestanden, die man zähneknirschend stemmen musste.

Anstatt über solche Phänomene, die das eigene Gemüt belasten, zu erzählen, um die negativen Gefühle auszudrücken, verfährt unser erdachtes Individuum typisch zwanghaft. Ihm kommt die willkommene Erinnerung in den Sinn, dass seine Freundin vor zwei Monaten auf dem Neujahrsempfang der Kanzlei, in der er arbeitet, mit einem Italiener ausgiebig geflirtet hat. Der Vorname des Staatsanwalts war Antonio (das hat er durch Nachforschung herausgefunden). Das Paar hat sich daraufhin die nächsten beiden Wochen ausgiebig über den Vorfall gestritten.

Unser fiktiver Anal-Sadist wartet, wie üblich, den richtigen Moment ab: Nachdem der Teller Spaghetti vor ihn hingestellt wird, sagt er aus heiterem Himmel: »Mmmh, das riecht aber gut: Spaghetti *Antonio*!« – »Bitte?!«, sagt seine Partnerin. – »Ach nichts.« – »Was hast du gerade gesagt?« usw.

Rachsucht

Derartige Formen von Rache bzw. Sadismus kommen selbstredend in stärkerer Ausprägung vor, wenn tatsächlich ein sexueller Seitensprung stattgefunden hat. Natürlich ist für die hier besprochene Gesinnung die Möglichkeit niemals einseh- oder nachvollziehbar, dass das Pendant mithilfe des Abenteuers gegen das Herrschaftsverhältnis in der Beziehung protestiert hat. (Liebe Leserin, lieber Leser, Sie wissen bereits: Zwangscharaktere

---

20 Manchmal bricht die Fassade auch ein für allemal zusammen, das »Fass der Verdrängung« läuft eines Tages über. Sie kennen dementsprechende Fälle aus der Tagespresse, wenn etwa ein Mann, der von seinen Nachbarn als »anständig, stets freundlich und hilfsbereit« beschrieben wird, mit einer abgesägten Schrotflinte ein Massaker anrichtet.

haben stets eine »weiße Weste«.) Bleiben wir im Nachstehenden bei den Folgen eines entdeckten Seitensprungs.

Man nimmt vielleicht in diesen Fällen den Partner wieder bei sich auf, aber zu einem sehr hohen Preis. Das Pendant wird nun öfter zur Zielscheibe von versteckten und offenen Unmutsbekundungen.

Die glorreiche und gönnerhafte Tat, dem Anderen zu verzeihen, bringt aber u.a. noch vier weitere Vorteile mit sich, die unbewusst vorausgesehen werden:

1. Der untreue Partner lässt sich ab jetzt wegen eines latenten schlechten Gewissens ein höheres Maß an Kontrolle aufzwängen.

2. Sollte ein Anal-Sadist, der mit einem Pendant zusammenlebt, dem verziehen wurde, sich anderweitig auf dem Partnermarkt umschauen und irgendwann einen anderen interessanten Menschen kennen lernen, kann er das ehemals untreue Pendant mittels eines *logischen* Schlusses sehr leicht verlassen. Noch Jahre später heißt es womöglich aus heiterem Himmel: »So, ich trenne mich *heute* von dir, weil du am 28.02.2003 untreu warst.« Natürlich zieht man den endgültigen Schlussstrich erst dann, wenn sich eine neue Beziehung (parallel zur alten) bereits über Monate hinweg gefestigt hat und »sicher« ist. Die Machenschaften werden gewöhnlich bis zuletzt verheimlicht – mit reinem Gewissen (»Mein Partner war ja untreu, nicht ich! Darum darf ich jetzt auch ein bisschen unmoralisch sein!«).

3. Ein anderer Vorteil: Man steht nicht plötzlich alleine da. Auf ein Single-Dasein ist man generell nicht vorbereitet, weil es von jetzt auf gleich so »neu« ist. Davor haben zwanghafte Menschen Angst. Ich habe ja oben darauf hingewiesen, dass Zwangscharaktere einen geradlinigen, unspektakulären Lebenslauf präferieren und sich schlecht auf Unvorhergesehenes einlassen können.

4. Der verziehene Seitensprung kann im zukünftigen Partnerschaftsalltag eine Trumpfkarte sein. Sollte es der ehemals abtrünnige Partner einmal wagen, den Anal-Sadisten im Getümmel irgendeines Konflikts anzugreifen und dabei auch noch die Oberhand gewinnen, kann dieser das Blatt leicht wieder zu seinen eigenen Gunsten wenden, indem er (oder sie) in gewohnt anal-sadistischer Weise und so ganz nebenbei einige Tatsachen des Seitensprungs erwähnt.

Dann werden anale Charaktere eifersüchtig

Kommen wir jetzt zu allgemeinen Anlässen, bei denen Anal-Sadisten gewöhnlich argwöhnisch werden, um uns einen systematischen Überblick zu verschaffen.

Mittlerweile ist wohl klar geworden, liebe Leserin, lieber Leser, dass dies am ehesten dann eintritt, wenn man zur »denkrichtigen« Schlussfolgerung gelangt, man könnte die Kontrolle über den anderen verlieren. An derartigen spontanen Befürchtungen beteiligt ist natürlich immer auch ein *Gefühl* (Eifersucht *ist* ja ein Affekt), welches man vor sich selbst auf Grund der oben genannten Antriebe zur Verkopftheit verleugnet.

Halten wir konkret fest: Zwangscharaktere sind auf ähnliche Objekte eifersüchtig wie die Depressiven, also auf all das, womit sich das Pendant gedanklich und real beschäftigt. Der Unterschied zwischen den Gesinnungen besteht hierin: Bei den Gefühlsmenschen erwecken Autonomiebestrebungen des Partners schmerzhafte Empfindungen, weil Erstere befürchten, der Gefährte würde sie möglicherweise nicht mehr so innig lieben, ihnen nicht mehr genug Aufmerksamkeit zukommen lassen. – Bei Anal-Sadisten hingegen entsteht deshalb Missgunst, da sie annehmen, *Kontrollbereiche* aufgeben zu müssen, falls sich der andere gedanklich und räumlich entfernt.

Ein anderes anal-sadistisches Problemfeld betrifft die Autonomie selbst, also die Selbstbestimmung des Pendants. Zwangscharaktere haben daran, wie man sich vorstellen kann, nicht das geringste Interesse. (Wir müssen uns daran erinnern, dass die hier behandelte Gesinnung in einer Zweierbeziehung meist die umgangssprachlichen Hosen anhat.)

In Bezug auf Freizeitbeschäftigungen, die man dem Partner nicht gönnt, bieten sich die besprochenen zwanghaften Vorgehensweisen an. Durch logisches Disputieren über die hohen Kosten etwa, die der Zeitvertreib verschlingt, will man das Pendant beständig davon abbringen. »*Man* muss ja sparen.«

Anal-sadistische Eifersucht bezieht sich ferner besonders auf spezielle Vergnügungen des Partners, bei denen euphorische Gefühlsempfindungen freigesetzt werden. Warum? Ganz klar: Wer eigene affektive Regungen in sich selbst schon verdrängt und bekämpft, der tritt ihnen auch in der Außenwelt entschlossen entgegen.

4.2.3 Persönlichkeitsentwicklung in Bezug auf Eifersucht

Das Wichtigste, was Menschen, die eine stark ausgeprägte anale Gesinnung ihr Eigen nennen, lernen müssen, ist, dass Gefühle und Emotionen, auch die negativen, *keine* Abartigkeiten und Unnatürlichkeiten darstellen.[21] Anale Charaktere müssen vom »hohen Ross der Vernunft« steigen und sich ihrer Körperlichkeit und Gefühlswelt besinnen. Sie müssen, in einfachen Worten, *ganze* Menschen werden. Auch sollte der hohe, sittenstrenge und korrekte Anspruch vor sich selbst (und anderen gegenüber) heruntergeschraubt werden. Damit verfehlt man nämlich das Dasein. »Wer vom Menschen sittlich

---

21 Die Tipps zur Persönlichkeitsentwicklung sind für extrem zwanghafte Menschen gedacht. Was ist extrem? Wer hin und wieder nach Sicherheit, Kontrolle und Geradlinigkeit strebt, der ist natürlich kein Zwangscharakter. Neurotisch wird die anale Strebung erst dann, wenn die Angelegenheiten zum Zwang werden und eine Eigendynamik entwickeln; dann wird der gesamte Alltag von den relevanten Themen ausgefüllt sein. Hinzu kommen meistens permanente Zwangsgedanken und -handlungen, z.B. Wasch- und Zählzwänge.

und moralisch zu viel verlangt, macht ihm Unbehagen und erzeugt via Frustration bei ihm Feindseligkeit gegen sich selbst und andere« (RATTNER & DANZER 2003, S. 142).

Zwangscharaktere können sich des Weiteren bewusst machen, dass ihre überzogene Moralität lediglich auf verschiedene Kindheitseinflüsse zurückzuführen ist. Die Götter, denen man huldigt, sind daher einzig und allein – die idealisierten Eltern. In diesem Sinne sind Zwangscharaktere im Erwachsenenalter von außen betrachtet auch eigentlich scheinbar noch liebe, brave Kinder (aber eben nur scheinbar).

Wer starke Strömungen einer Herrschernatur innehat, liebe Leserin, lieber Leser, dem stehen verschiedene Möglichkeiten zur Persönlichkeitsentwicklung offen. Wer sich auf-macht zu diesem steinigen Weg der Erkenntnis und Angstüberwindung, wird wachsen und, noch wichtiger, Eifersuchtsregungen minimieren.

Weil Anal-Sadisten allgemein vor dem Loslassen Angst haben, vor Spontaneität, Unsi-cherheit und Kontrollverlust, sieht der Plan zur Entwicklung der Persönlichkeit vor, dass man genau diese Phänomene überwindet. Dabei darf man ruhigen Gewissens »schock-therapeutisch« vorgehen, die Angst wird dadurch, dass sie länger ausgehalten wird, abge-baut; der Körper entspannt sich, weil er die Angstsymptome nicht permanent aufrecht-erhalten kann. Dies funktioniert etwa so:

1. Schluss mit dem Zusammenraffen! Schmeißen Sie den fünf Jahre alten Inhalt Ihrer Kleiderschränke auf die Deponie, oder spenden Sie ihn der Altkleidersammlung!

2. Wenn der Zeitpunkt des nächsten Urlaubs gekommen ist, planen Sie – gar nichts. Seien Sie spontan. Fahren Sie ohne Gepäck an den Flughafen und buchen Sie irgendwas last-minute.

3. Um wieder Kontakt zu seiner Gefühlswelt herzustellen gibt es verschiedene Wege. Belegen Sie z.B. einen Salsa-Tanzkurs. Ferner gehen auch Volkshochschul-Kurse zur Psy-choanalyse in die richtige Richtung. Wagen Sie einen Fallschirmsprung. Praktizieren Sie Autogenes Training. Kehren Sie einmal in der Woche in eine Sauna ein.

Ja, ich weiß, gegen derartige Vorgehensweisen haben Sie, falls Sie hervorstechende zwang-hafte Züge aufweisen, die allergrößten Bedenken. Doch Sie drehen sich zweifelsohne so lange im Kreis, solange sie Angst vor Ihren Ängsten haben. Viel Spaß beim Überwin-den, die meisten Ängste sind eh' unnötig, weil der Realität nicht angemessen (DAMM 2006).

Wir wollen die Ausführungen dabei belassen. Über Anal-Sadisten können Sie auch an einem anderen Ort weiter lesen (DAMM & WEISS 2005, Abschnitt 3.4.2).

4.3 Angst vor dem Unterlegen-Sein – phallische Narzissten

»Wenn sie furchtsam sind, werden sie sich gegen die Furcht abzuhärten suchen. Andere wieder werden bestrebt sein, Gefühle von Weichheit und Zärtlichkeit zu unterdrücken, weil sie ihnen wie eine Schwäche erscheinen. Sie werden oft den Starken herauskehren wollen, oft mit einer solchen Deutlichkeit, daß es auffällt.«
– Alfred ADLER (1927/2001, S. 158)

Zu einer ganz anderen Denk- bzw. Seinsweise kommen wir nun: zu phallischen Narzissten. Sie sind auf die dritte Phase der psychosexuellen Entwicklung, phallische Phase, fixiert.[22]

Im Folgenden möchte ich zunächst auf bezeichnende Phänomene dieser Persönlichkeit eingehen, die jedermann im Alltag an sich selbst, an seinen Freunden, Bekannten und auch an x-beliebigen Fremden finden kann. Dass die Ausprägungen dabei unterschiedlich stark ausfallen, versteht sich von selbst. Wir können uns einen idealen Narzissten vorstellen, der alle Wesenheiten in sich vereinigt. Diese Vorgehensweise wird das Gesamtverständnis erleichtern.

4.3.1 Auffälligkeiten

Nun zur allgemeinen Beschreibung. Zunächst einmal offenbaren phallische Narzissten generell eine extrovertierte Natur, d.h. ihr Grundwesen richtet sich vor allem der Außenwelt zu. Daher gleichen sie erst einmal formal den helfenden bzw. umsorgenden mütterlichen Pflegecharakteren sowie den sadistischen Zwanghaften.

Seelische Prozesse werden nicht im stillen Kämmerlein abgewickelt, sondern *aus*gedrückt. Phallische Narzissten sind nicht »hintenrum«, im Gegenteil, sie sind geradeheraus! Das zentrale Lebensmotto im vorliegenden Rahmen lautet: Höher, schneller, weiter. Man ist daher zeitlebens darum bemüht, vor der Umwelt gut dazustehen und so viele Menschen wie möglich irgendwie zu übertreffen, in welchem Bereich auch immer. Fast alles dreht sich darum, welchen (gesellschaftlich) bedeutenden Weg man einschlagen kann, um soziale Bewunderung von der Umwelt zu ernten.

Natürlich steckt hinter diesem charakteristischen Streben nach dem Oben-Sein hauptsächlich die Angst vor dem Unten-Sein. In der Tat ist letztendlich ein immenses Minderwertigkeitsgefühl für die mannigfachen Ausdrucksformen des phallischen Charakters verantwortlich zu machen, ähnlich wie dies auch bei den Depressiven üblich ist. Der

---

22 Unter dem Begriff »Phallus« versteht man allgemein das Symbol der Männlichkeit. Mit der Bezeichnung »Narzissmus« beschreiben Tiefenpsychologen eine extreme und egozentrische Selbstliebe, die alles überstrahlt.

hauptsächliche Unterschied zwischen Depressiven und phallischen Narzissten besteht darin, dass Letzterer ein Minderwertigkeitsgefühl *erfolgreich* abwehrt und deshalb überwiegend das stabiles Selbstbild hat (nach REICH 1933/2002). Warum gelingt das? Weil sämtliche Unmutsgefühle, Aggressionen und Sexualimpulse ohne Gewissensbisse frank und frei nach *außen hin* abreagiert werden können.

Derartige Naturen praktizieren gesellschaftlich angesehene Berufe, die nicht jedermann ausübt. Man will schon irgendwie etwas Besonderes sein. Oft will man alleine schon durch die Berufswahl aus der Masse hervorstechen. Man findet diese Gesinnung aus diesen Gründen häufig unter Schauspielern, Spitzensportlern, Diskothekenbesitzern, Piloten, Rock- und Popmusikern, Models, Künstlern, Profifußballern.

Die bevorzugte Kleidung eines phallischen Narzissten charakterisiert sich als auffallend, attraktiv und modegerecht. Damit weist man gleich auf sein exhibitionistisches Wesen hin. Auf der anderen Seite will man angeschwärmt, beneidet und angehimmelt werden. Zur Unterstützung einer effektiven Wirkung auf die Mitmenschen legen sich phallische Menschen ordentlich ins Zeug. Einige gängige Beispiele:

➤ Man fliegt zu den exklusivsten Urlaubszielen, die es gibt.
➤ Man bevorzugt generell teure Markenartikel.
➤ Man gestaltet seine äußere Erscheinung maximal positiv (finanzielle Aspekte spielen dabei keine Rolle, im Gegenteil, je teurer, desto besser).
➤ Man kauft sich stets die funkelnagelneuesten Klamotten, Autos, Uhren und Handys – und präsentiert sie.
➤ Man (und das ist das Wichtigste von allem) *erzählt* von seinen Aktivitäten im Alltag.

Weil phallische Narzissten charakteristischerweise die meiste Zeit des Tages mit sich selbst und ihren Angelegenheiten beschäftigt sind, interessiert sie die Innenwelt der Mitmenschen eher weniger. Es reicht, wenn man *ihnen* Achtung zollt, egal, ob diese nun oberflächlich und vorgespielt erscheint oder wahrhaftig ist.

Weiter fällt auf: Jegliche weichherzigen und mitleidigen Stimmungen werden abgewehrt. Denn diese eher femininen Aspekte, die jeder Mann gewiss auch realiter innehat, vertragen sich nicht mit dem phallischen Selbstbild: »Ein echter Kerl weint nicht! Reiß dich zusammen!«

Eine verwegene und kühne Körpersprache und eine kommunikationsfreudige verbale Verständigung weisen außerdem auf das extrovertierte Wesen des hier besprochenen Lebensstils hin. Phallische Narzissten geben sich übertrieben männlich. Sie wirken äußerst selbstsicher, cool und »stählern«.

Auch bei dieser Gesinnung finden wir eindeutige Bedingungen in der Kindheit, die die Ausprägung eines phallisch-narzisstischen Lebensstils erwecken und fördern können.

Während der phallischen Phase der psychosexuellen Entwicklung nach FREUD, etwa 4. bis 7. Lebensjahr, beginnen Kinder mit der Erforschung des eigenen Geschlechts. Diese Thematik wird erstmals aktuell, weil nun vor allem der biologische Geschlechtsunterschied zwischen Jungen und Mädchen wahrgenommen wird.

Ferner studieren Heranwachsende ihre zukünftigen Geschlechtsrollen ein. Das heißt, Mädchen wie Jungen lernen vor allem durch Alltagsbeobachtungen, *wie* sich Mädchen und Jungen im Allgemeinen verhalten, ferner was die Geschlechter generell gut und schlecht finden usw.; anders ausgedrückt, Beobachtungslernen findet statt. In dieser Zeitspanne ist natürlich hochrelevant, wie ausgeprägt die Bezugspersonen selbst zu Vorurteilen gegenüber den Geschlechtern neigen und diesbezüglich ihre Erziehungsphilosophie gestalten (vgl. Tabelle 1 in diesem Buch).[23]

Die Wahrscheinlichkeit, dass sich eine phallisch-narzisstische Neigung herausbildet und ein Leben lang stabil und konstant bleibt, steigt, wenn zwei Prämissen im Erziehungsalltag gegeben sind: 1. Jungen beobachten längerfristig Modelle im sozialen Umfeld, die sich durch ein Übermaß an typisch maskulinen Verhaltensweisen charakterisieren; 2. Man vernimmt permanent einseitige Vorstellungen von Bezugspersonen, wie »maskulin« ein Mann sein soll.

Eine solche Konstellation liegt etwa dann vor, wenn sich ein Junge vollends mit einem phallisch-narzisstischen Vater, Onkel oder Bruder identifiziert (vielleicht fehlt dabei der feminine Einfluss der Mutter oder Schwester, weil Frauen zu Hause nichts zu melden haben).

Der umgekehrte Fall ist aber ebenso populär: Möglicherweise muss ein Heranwachsender auf jeglichen Einfluss seines Vaters verzichten, z.B. angesichts einer elterlichen Scheidung. Dies hat des Öfteren spezifische Auswirkungen, besonders dann, wenn überhaupt kein männliches Muster in Reichweite ist, das zur Identifikation taugt; nicht im familiären Umfeld, nicht im Kindergarten, nicht in der Schule usw. Und so finden wir auch bezüglich dieser Entwicklungsbedingungen zwei (gegensätzliche) Möglichkeiten der Fixierung.

Machos und Paschas

Liebe Leserin, lieber Leser, Sie alle kennen Männer, die *den* »Traummann« in persona darstellen oder ihm sehr nahe kommen. (Unter Traummännern können wir uns diejenigen Individuen vorstellen, die von der Mehrheit der Frauen begehrt werden.) Als prägnante Beispiele aus den Medien möchte ich ein paar entsprechende Schauspieler nennen: Brad Pitt, Tom Cruise, Vin Diesel, Russel Crowe. Sie spielen meistens in über-

---

23 Wir besprechen in diesem Abschnitt das männliche Geschlecht, das weibliche wird weiter unten thematisiert.

zeugender Manier »echte Männer«, die sowohl Heldentaten vollbringen als auch die Herzen von Alpha-Weibchen spielend leicht mittels ihres Naturells brechen.

Aber wir müssen nicht ins Kino gehen, um phallische Narzissten zu sehen und zu erfahren. Die meisten »stacheligen« Männer (REICH), die in Gesellschaft ununterbrochen sehr laut und ausschließlich von sich selbst bzw. von ihren Leistungen sprechen und dabei die anderen nicht zu Wort kommen lassen, weisen Spuren der hier besprochenen Gesinnung auf.

Jeder phallische Charakter hat seine spezifischen Wege – gemäß seiner Lebenssituation und seines Intellekts –, sein extrovertiertes Wesen zu offenbaren. Die phallisch-narzisstischen Verhaltensweisen stehen größtenteils in unmittelbarer Abhängigkeit zu den Gepflogenheiten der sozialen Schicht, in die man hineingeboren wurde.

In einer Zweierbeziehung, das mag vor allem Frauen interessieren, legt die hier behandelte aktive Variante der phallisch-fixierten Struktur gewöhnlich großen Wert auf eine *traditionelle* Rollenverteilung. Die Frau, so die bevorzugte Konstellation, hütet das Haus, die Kinder und den Herd, der Mann verdient das Geld (vgl. DAMM 2004b).

Bei phallischen Individuen ist es auch üblich, dass die Partnerwahl ebenso eigennützig wie ihr Gesamtwesen ausfällt. Demnach wählt man eine Frau, für die man generell beneidet wird – vor allem von anderen Männern. So sagt *er* sich dann und wann: »Du bist meine Trophäe!« Daneben sollte *sie* auch wenn möglich noch irgendwie unterlegen sein und den Mann nicht intellektuell, materiell oder sonst wie gefährden.

Letztendlich will ich noch erwähnen, dass meistens, nicht immer, phallische Narzissten von den attraktivsten Männern verkörpert werden. Und, wie erwähnt, diese Vertreter des männlichen Geschlechts reizen Frauen generell am stärksten – sexuell betrachtet (vgl. Abschnitt 2.1.1); d.h. Seitensprünge finden meistens mit phallischen Narzissten statt.

Softies

Andere Menschen hingegen, die in jungen Jahren ausschließlich unter dem Einfluss von herrischen und/oder verzärtelnden Frauen standen, z.B. Mutter und Schwester, machen im Erwachsenenalter manchmal einen eher verweichlichten Eindruck. Wilhelm REICH hat diese Gesinnungen »passiv-feminine Charaktere« genannt. Diese Naturen ähneln in Hinsicht auf das Alltagsverhalten den Depressiven. Der häufige Grund: Frustrationen werden auf Grund von aggressionshemmenden Kindheitserfahrungen eher gegen das eigene Ich gerichtet. Daher offenbart man leicht eine Art Friedhöflichkeit (SCHULZ VON THUN).

Im Kindes- und Jugendalter haben (männliche) passiv-feminine Charaktere mehr »gute« Freundinnen als Freunde. In der Pubertät kommt es vor, dass man mit seinem sozialen Umfeld typisch weibliche Freizeitaktivitäten praktiziert. In manchen Fällen entsteht auch Homosexualität.

4.3.2 Formen der Eifersucht

Phallische Menschen zeigen, wenn sie der Eifersucht anheim fallen, vorwiegend genau diejenigen Verhaltensweisen, die in unmittelbarem Zusammenhang mit ihrer grundsätzlichen Gesamtpersönlichkeit stehen. Demnach lassen sich die Reaktionen generell als aggressiv, lautstark, ungezügelt, lebendig, wild und direkt beschreiben. Solche Vorgehensweisen bedeuten gleichzeitig einen direkten Gegensatz zu den gängigen Reaktionen von Depressiven und Zwangscharakteren, wie festgehalten wurde (siehe oben).

Aggressionen gegen die anderen

Sollten phallische Narzissten bemerken, dass ihre bessere Hälfte scheinbar abtrünnig wird, also etwa in einer alltäglichen Situation mit einem anderen Mann anbändelt, dann neigen sie, je nach Tagesform, gewöhnlich zu maskulinem Gebaren. Wer zum Zeitpunkt einer derartigen unwillkommenen Entdeckung, z.B. auf einer Party, eh' schon »richtig geladen« ist, warum auch immer, der stiefelt direkt auf die beiden zu und startet durch: »Hey, Freundchen, was willst du denn von meiner Freundin? Hm? Abgang, aber flott!«

Viel Hohn und Spott, aber manchmal auch Neidregungen haben phallische Charaktere auch für diejenigen Männer übrig, die zum (üppigen) Freundeskreis ihrer Partnerin zählen (auch narzisstische Frauen pflegen viele soziale Kontakte und zeigen sich gerne).

Weil, wie oft genug gesagt, auch Neid bei Eifersuchtsregungen eine große Rolle spielt, kommt es immer darauf an, mit *wem* die Freundin Umgang pflegt. Phallische Männer spüren generell keine Gefahr, wenn ein Nebenbuhler in den subjektiv wichtigen Persönlichkeitsbereichen unterlegen ist, also dort, wo man seine »Heimspiele« hat. Wann die hier behandelte Gesinnung vorwiegend eifersüchtig wird, sehen wir später.

Praxis von Seitensprüngen

Hat ein phallischer Narzisst auf höchst qualvolle Weise herausgefunden, dass die Freundin sexuell untreu war, ist neben den üblichen Aggressionsschüben, die ohnehin auftauchen, möglicherweise auch gegen die eigene Partnerin gerichtet, häufig auch eine spezielle Art von Rache beobachtbar. Diese wird in Form einer eigenartigen Philosophie des »Was-du-kannst-kann-ich-schon-lange« vollzogen. Der phallische Narzisst erkennt nämlich in der Untreue die Tatsache, dass seine eigene Person übertrumpft wurde. Kurz gesagt, ein anderer Mann war anziehender, weil männlicher, cooler, reicher als er selbst. Der »männliche Stolz« wurde also gekränkt.

Zum Ausgleich dieses Minderwertigkeitsgefühls tut man es seiner Partnerin oft gleich. Er übertrumpft demnach jetzt wiederum sie, indem er, ganz »Mann«, auf die Piste geht und locker-flockig »eine Frau abschleppt«. *Er* versucht damit, das geschundene Selbstbild wieder aufzurichten. Das »Aufreißen« stellt im Allgemeinen auch nicht das geringste Problem dar, weil, wie schon erwähnt, phallisch-narzisstische Spuren vor allem bei den reizvollsten Männern zu finden sind. Man steht daher nicht lange alleine an der Theke, irgendwann heißt es: »Na, alleine hier?«

Dann werden phallische Charaktere eifersüchtig

Kommen wir nun zu charakteristischen Eifersuchts-Auslösern. Hierzu einleitend noch ein Wort zur Partnerwahl, die bei diesem Thema nicht außen vor bleiben kann. Die für einen phallischen Narzissten vorrangig geltenden Suchbilder betreffen vor allem sichtbare, also äußere Charakteristiken. Zum einen liegt der Grund darin, dass man selbst die eigene Äußerlichkeit hochschätzt, zum anderen ist es für phallische Männer sehr wichtig, eine Partnerin zu erobern, die auch vom sozialen Umfeld verehrt wird – das steigert den Selbstwert. Mit anderen Worten, der phallische Narzisst intensiviert seine Wirkung auf Geschlechtsgenossen, indem er auf Grund von subjektiven, egoistischen Gründen eine allgemein begehrte Frau »annektiert«. Dies wiederum bestätigt, wie gesagt, erfreulicherweise sein Selbstbild: »Sie ist mit *mir* zusammen!«

Natürlich weiß er gewöhnlich nicht, dass er nach diesen Kriterien wählt. (Zur Erinnerung: Die meisten eigenen Handlungsmotivationen im Alltag, die sich auf Grund der eigenen Persönlichkeitsstruktur ergeben, sind unbewusst.)

Wichtig ist nun, dass wir uns, liebe Leserin, lieber Leser, bewusst machen, was dem phallischen Narzissten am meisten bedeutet. Ist uns dies nämlich gelungen, können wir leicht vorhersagen, wann diese Gesinnungen eifersüchtig werden.

Wir haben oben festgehalten, dass derartige Mentalitäten vor allem vor Mitmenschen gut dastehen, also beliebt sein wollen. Wenn wir uns vor Augen führen, was in unserer Kultur viel zählt, so sehen wir leicht, dass phallische Narzissten *genau* diese »erstrebenswerten« Ziele verwirklichen wollen: viel Geld, angesehener Beruf, reizvolles Aussehen, hoher gesellschaftlicher Status. Demzufolge können wir schließen: <u>Phallische Narzissten werden dann eifersüchtig, wenn die (attraktive) Partnerin mit einem Mann flirtet, der scheinbar in Hinsicht auf Besitz, äußeres Erscheinungsbild, Berufsstatus, Popularität, Beliebtheit überlegen ist.</u>

Phallische Männer scheinen nämlich unbewusst zu wissen, dass ihre Partnerin genau bei diesen Sachverhalten schwach werden könnte. Schließlich entspricht äußerer Glanz ihrem Suchbild; ansonsten hätte sie sich in Bezug auf ihren aktuellen Partner gar nicht erst auf einen phallischen Narzissten eingelassen.

4.3.3 Persönlichkeitsentwicklung in Bezug auf Eifersucht

Die in Frage kommenden Angelegenheiten zur Persönlichkeitsentwicklung sind genau diejenigen, vor denen man sich unbewusst fürchtet und daher zeitlebens abwehrt:

1. **Stereotyp feminine Seiten zeigen.** Männer dürfen selbstverständlich auch schwach und »weiblich« sein. Es ist nämlich schwer vorstellbar, dass eine Partnerin *immer* auf einen *maskulinen* Mann zurückgreifen will (damit meine ich nicht diejenigen Frauen, die sich selbst *immer* schwach und hilflos ausgeben und den Partner dadurch zum permanenten Halbgott-Dasein zwingen). Was, wenn sie zwischenmenschliche Probleme hat, über die sie mit *ihm* reden will? Eine andere Situation: Wenn der phallische Narzisst nie über seine eigenen Probleme spricht – denn ein *echter* Mann hat ja keine –, staut sich vieles auf, was sich nicht immer durch die Bewunderung vom sozialen Umfeld kompensieren lässt. Wer seine inneren Konflikte auf Dauer verdrängt, der neigt, etwa infolge eines Burnout-Syndroms, vielleicht irgendwann zur Ausbildung von psychosomatischen Krankheiten (vgl. Abschnitt 2.4.2).

2. **Sein wahres Ich kennen lernen.** Wer sein Leben lang auf die äußere Wirkung seiner Fassade aus ist, der vernachlässigt wohl oder übel die *innere* Entwicklung, daran besteht kein Zweifel. Phallische Narzissten müssten über kurz oder lang ihre felsenfeste Überzeugung abschwächen, dass der äußere Schein alles im Leben ist; was ist mit dem *Sein*?

So viel zu dieser Struktur. Auch zu diesem Charakter finden Sie an anderer Stelle weitere Darstellungen (DAMM & WEISS 2005, Abschnitt 3.4.3).

4.3.4 Hysterische Frauen

In der phallischen Phase, wie gesagt, geht es für Jungen und Mädchen u.a. auch um die Einschätzung und das Einstudieren der eigenen Geschlechtsrolle. Was beim männlichen Geschlecht in Bezug auf dieses Thema beobachtbar ist, also entweder eine Aneignung einer maskulinen und/oder femininen Geschlechtsrolleneinstellung, wird natürlich auch relevant bei Mädchen.

Wir alle, liebe Leserin, lieber Leser, kennen *sehr* maskuline Frauen, hart, unnachgiebig, wasserdicht. Warum sind sie so? Waren sie schon immer so rustikal oder sind sie erst so geworden?

Letzteres trifft zu. Der Grund hierfür liegt meist wieder einmal in der Kindheit. Viele hochmaskuline Frauen haben erfahrungsgemäß auf Grund einer Geringschätzung ihrer biologischen Weiblichkeit, vielleicht vom Vater ausgehend, eine stabile, ja unerschütterliche »männliche Protesthaltung« (ADLER) entwickelt.

Maja STORCH (2002), bekannt durch einige interessante tiefenpsychologische Veröffentlichungen, hat diesem Typ Frau ein ganzes Buch gewidmet; es heißt *Die Sehnsucht der starken Frau nach dem starken Mann.* Unter Einbezug der JUNGschen Anmerkungen zu den verschiedenen Urbildern der Männlich- und Weiblichkeit, *Animus und Anima*, geht sie der Psychologie derartiger Frauen auf den Grund. Eine »starke« Frau würde nach STORCH infolge spezifischer Erfahrungen, wie erwähnt, die eigene Weiblichkeit von sich selbst abspalten und späterhin charakteristische, ausschließlich maskuline Eigenschaften im Alltag offenbaren.

Wir können passenderweise an diverse Damen in der Politik, Medienbranche, im Management von großen Firmen oder an Universitäten denken. Der interessierte Leser mag an genannter Stelle mehr über dieses Thema lesen. Wer will, kann sich auch in der *Psychologie der Kommunikation* informieren (DAMM 2004a, S. 32ff.), wo ausgewählte Ausführungen zu phallischen Frauen niedergeschrieben sind.

Wir wollen aber im Folgenden nicht von starken, sondern von extrem weiblichen, vermeintlich »schwachen« Frauen sprechen (zumindest geben sie sich anderen gegenüber so). Warum legen manche Vertreterinnen des weiblichen Geschlechts ein *extrem* weibliches Naturell an den Tag, und zwar in Bezug auf Erscheinungsbild, Körpersprache und Lebensphilosophie?

Erinnern wir uns an ein hauptsächliches Thema von Kindern zwischen dem 4. und 7. Lebensjahr: die Ausbildung der Geschlechtsrolle.

Sollten Mädchen in dieser Altersphase von den engsten Bezugspersonen oft suggeriert bekommen bzw. erfahren, dass das männliche Geschlecht höher angesehen ist, also mehr zählt als das weibliche, kann es zu dauerhaften Reaktionsbildungen kommen, die das ganze zukünftige Leben bestimmen. Unterstützt wird die Entwicklung eines *hysterischen* Charakters u.a. dann, wenn das Mädchen einen Bruder hat, der nur auf Grund dessen, dass er ein Junge ist, mehr Beachtung und Liebe vonseiten der Eltern erntet. Auf dieses Ungleichgewicht wird über kurz oder lang reagiert, um das provozierte Minderwertigkeitsgefühl zu kompensieren. Man macht dann aus der *Not*, »Oje, ich bin ein minderwertiges Mädchen«, irgendwann eine heroische *Tugend*: »Gut, dann bin ich eben nur eine minderwertige Frau. Dann darf man aber auch an mich keine Ansprüche stellen. Der Mann soll sich überall als Mann ausweisen und sich als Mann gegenüber der schwachen Frau bewähren!« (WILLI 1975/2001, S. 145f.).

Hysterische Reaktionsbildungen in diesem Sinne sind demnach darauf ausgerichtet, sich generell an der Hochschätzung des männlichen Geschlechts (in der Kindheit und/oder Jugend) zu *rächen*. Dabei ist auffällig, dass sämtliche maskuline Bedürfnisse und Angelegenheiten (siehe Tabelle 1 in diesem Buch) vollends verdrängt werden. Man zieht sich zurück, offenbart eine akkurate Passivität und lastet in Partnerschaften dem männlichen

Pendant eine schwere Bürde auf, nämlich den Zwang zum Mann-Sein. (Besonders phallische Narzissten entsprechen genau diesem Typus.)

Manchmal hat eine hysterische Frau auch gegenteilige Verhältnisse in der Kindheit erlebt. Nicht selten war sie das geliebte Kind des Vaters und vergötterte wiederum ihn abgöttisch. Gleichzeitig spielte sie die Rolle des kleinen, lieben, schwachen Mädchens und genoss die väterlichen (maskulinen) Zuneigungen, sobald sie sich wie eine typische (weibliche) Dame verhielt – als Kind (!) wohlgemerkt.

Wenn man im Erwachsenenalter noch immer auf den Vater fixiert ist, dann überträgt man nicht selten die Situation und die Rollenmuster aus der Kindheit auf derzeitige (!) Freundschaften. Man gibt sich demzufolge ausschließlich stereotyp weiblich, um an die Beziehung zum Vater erinnert zu werden. Dies gelingt leicht, wenn Männer, die man antrifft, darauf mit der Demonstration einer »Parade des Maskulinen« reagieren. Im Endeffekt ziehen sich beide in diesen Fällen gegenseitig ungemein stark an. Dieses charakteristische Zusammenspiel nennen tiefenpsychologische Autoren auch *phallische Kollusion* (vgl. WILLI 1975/2001).

Einige allgemeine Auffälligkeiten von hysterischen Frauen will ich im Folgenden zusammenfassen:

1. Man legt sehr großen Wert auf ein anziehendes Äußeres, um von der Umwelt beachtet zu werden.
2. Man gibt sich extrem weiblich und verpflichtet dadurch Männer bei der Partnerwahl zum ausschließlichen Mann-Sein.
3. Nach WILLI (1975/2001, S. 144ff.) sind derartige Frauen in ihrem emotionalen Empfinden flatterhaft und oberflächlich.
4. Sie können sich schwer in Bezug auf Partnerwahl, Lebensstil und Beruf auf etwas dauerhaft festlegen.
5. Man spielt auf dem Partnermarkt meistens die Kleines-Mädchen-große-Augen-Nummer.
6. Sie neigen zur Theatralik und Dramatisierung ihrer Emotionen (Ziel: Aufmerksamkeit).
7. Sie sind abhängig von der Bewunderung der Umwelt hinsichtlich ihrer Attraktivität und »Einzigartigkeit«.
8. Sie suchen beständig nach neuen »Sensationen« in ihrem Leben.

Vertreterinnen dieses Lebensstils stellen oft die Reinform der Weiblichkeit an sich dar. Sie verstehen es, Männer leicht um den Finger zu wickeln. Daher werden sie auch vom (weiblichen) sozialen Umfeld entweder verehrt und hochgeschätzt oder gehasst. Trifft letzterer Fall ein, wird in Gesellschaft, wie oben erwähnt, hinter vorgehaltener Hand über die »Tussi« gelästert. Wenn charismatische hysterische Frauen auf einer Party eintreffen, spalten sie die anwesende Gruppe: Männer begehren sie, machen ihnen den Hof, die Freundinnen jener Männer fürchten sie (vgl. Abschnitt 2.1.1.1).

Auch in der Partnerschaft erstrahlt das Thema des hysterischen Charakters zur vollen Blüte. Männer, die mit ihrer hysterischen Angebeteten zusammenleben, müssen sich z.B. mit einer ihrer typischen Eigenarten auseinandersetzen: sie flirtet *sehr* gerne! Damit kompensieren, wie gesagt, Hysterikas oft die leidige Erfahrung in der Kindheit, nicht ausreichend beachtet worden zu sein. Auf der anderen Seite spielen sie während des Flirts deshalb die Kleines-Mädchen-große-Augen-Nummer, um den Flirtpartner zu erwünschten maskulinen Verhaltensweisen zu zwingen; das männliche Pendant spielt dabei unbewusst den Vater (Onkel oder Großvater).

Diese Kompensationsversuche sind aber vor allem für den Partner auf Dauer gewöhnlich sehr belastend. Wenn wir uns nämlich daran erinnern, dass Männer generell dann eifersüchtig werden, wenn die Freundin in ihrem Beisein mit Geschlechtsgenossen flirtet, können wir schlussfolgern: Partnerschaften mit hysterischen Frauen können in Bezug auf das Thema »Eifersucht« sehr anstrengend sein. Hinzu kommt nämlich auch, wie erwähnt, ein permanenter Antrieb, Abwechslung, Highlife und Veränderungen zu erleben.

Eine Schwäche von Hysterikas ist eine allgemeine Inkompetenz zur Dauerhaftigkeit und Beständigkeit (was ja eine Stärke von analen Charakteren ist, siehe oben). Die Persönlichkeitsentwicklung muss daher genau in diese Richtungen gehen.

Ich will an dieser Stelle die Ausführungen zur Charakterkunde mit einer allgemeinen Bemerkung zu diesem Abschnitt abschließen.

Jeder Mensch hat alle (!) genannten Charakterstrebungen in sich, sie haben schließlich in unseren jungen Jahren eine Rolle gespielt. Somit charakterisiert sich jedes Individuum durch ein einzigartiges »Mischungsverhältnis« diesbezüglich. Denken Sie also bitte nicht, Sie wären neurotisch, weil Sie eine oder gleich mehrere Charakteristiken vorwiegend offenbaren. Das ist nicht relevant. Wichtiger ist, dass Sie auch im Stande sind, Ihren jeweiligen Gegenpol auszuleben.

Ich habe also keinesfalls beabsichtigt, unnötig Formen von Abwehr bei Ihnen zu erzeugen. Jede beschriebene Gesinnung hat ihre eigenen Stärken, was nicht verheimlicht zu werden braucht:

➤ Der Gefühlsmensch hat vor allem die wunderbare Gabe der Empathie;
➤ ein zwanghaftes Individuum richtet sein Leben hauptsächlich nach den Prinzipien »Sicherheit« und »Beständigkeit« ein, was viele Vorteile mit sich bringt;
➤ phallische Narzissten sind lebensbejahend, vital und stark;
➤ hysterische Frauen haben die Fähigkeit, ihr Leben und das ihrer Freunde täglich neu zu entflammen, ihr Lebenshunger ist unübertroffen.

Doch es muss auch auf die Gefahr von Extremen hingewiesen werden. Schwierig in Hinsicht auf unser Leitthema *kann* der Lebensentwurf bei stark ausgeprägten Fixierungen ausfallen. Wer von Ihnen, liebe Leserin, lieber Leser, sich zu einer hier besprochenen Charakterausprägung *konkret* und *ganz* eindeutig bekennt, d.h. *wirklich* tagtäglich zwanghaft an sie gebunden ist, der hat wahrscheinlich auch mit einer speziellen Art von Eifersucht zu kämpfen.

Herrscht darüber hinaus auch noch Unkenntnis über die eigene charakterliche Eigenart vor, dann existiert leider oft kein Ausweg aus dem Eifersuchts-Teufelskreis. »Es« geht dann immer wieder von vorne los: »Da die Neider [und Eifersüchtigen] auf den vorangegangenen Libidostufen fixiert sind, haben sie Mühe, die Ödipalität hinter sich zu lassen. Sie bleiben lebenslänglich in Beziehungskonflikte verstrickt, projizieren uralte Familienverhältnisse auf spätere Lebens- und Liebesbeziehungen und werden kaum je weltoffene, sachbezogene Menschen. Sie rackern sich ab mit Gefühls- und Affektkomplikationen; für Sublimierung und Sozial- oder Kulturleistung bleibt wenig übrig« (RATTNER 1996, S. 49).

Doch Sie, liebe Leserin, lieber Leser, sind keine Unwissenden. Sie haben, wenn Sie die Ausführungen mitverfolgt und reflektiert haben, Verdrängtes bewusst gemacht. Sie *wissen* um Ihre Fixierungen – falls Sie welche aufweisen. Von nun an können Sie an sich arbeiten, um Ihre gegenpoligen (!) Stärken effizient im Alltag freizusetzen. Dementsprechende Ängste müssen also angegangen werden.

Fixierungen lenken nämlich, und das ist das Dumme, wohl oder übel vom eigentlichen Lebensziel ab: individuelle Ängste überwinden, um ein ganzer Mensch zu werden.

Ich denke, dies hatte auch Melissa Etheridge im Sinn, als sie sagte: »I'm a bitch, I'm a lover, I'm a child, I'm a mother, I'm a sinner, I'm a saint – I do not feel ashamed [!]«

5

Integrative therapeutische Maßnahmen

»Seelische Gesundheit im humanistischen Sinne ist gekennzeichnet durch die Fähigkeit zu lieben und schöpferisch tätig zu sein, durch die Loslösung von den inzestuösen Bindungen an die Familie und die Natur. [. . .] Das Ziel des Lebens besteht darin, intensiv zu leben, voll geboren zu werden und voll wach zu sein; von den Ideen eines infantilen Allmachtsgefühls loszukommen und zur Erkenntnis seiner wirklichen, wenngleich begrenzten Kraft zu gelangen; fähig zu werden, das Paradoxon zu akzeptieren, daß ein jeder von uns zugleich das wichtigste auf der Welt und doch nicht wichtiger als eine Fliege oder ein Grashalm ist; fähig zu sein, das Leben zu lieben und trotzdem den Tod furchtlos zu akzeptieren.«

– Erich FROMM

Wir haben bis hierher aufschlussreiches wissenschaftliches Material zur Eifersucht zusammengetragen und vor allem potenzielle Ursachen, Charakteristiken und Bewältigungsformen thematisiert. Die relevanten Erkenntnisse helfen uns, spezifische Eifersüchteleien und die dahinter stehenden Ängste besser zu verstehen. Dabei hat sich gezeigt, dass die Frage »Ist Missgunst angeboren oder auf missliche Kindheitseinflüsse zurückzuführen?« nicht eindeutig zu beantworten ist. Es existiert kein Konsens, der die Vertreter der Humanwissenschaften befriedigen würde. Eine eindeutige Entscheidung hierüber ist auch nicht unbedingt notwendig, wie ich finde. Es reicht meiner Meinung nach aus, die Existenz und Tragweite der dunklen Leidenschaft zunächst einmal für sich selbst anzuerkennen, zu akzeptieren. Man könnte demnach resümieren: »Ja, es gibt sie, die Eifersucht. Sie ist nicht abnormal, und auch ich habe ein gewisses Potenzial an derartigen Strebungen in mir. Ob dieses Potenzial bei mir übermäßig stark ausfällt, will ich täglich überprüfen. Gegebenenfalls will ich an mir arbeiten.« Am neurotischsten müssen demzufolge diejenigen erscheinen, die die Eifersucht weit von sich weisen. Das heißt, im Allgemeinen werden wir wohl fehlgehen, wenn wir vorneweg die Existenz dieses Affekts abwehren. Tun wir es trotzdem, werden wir wohl unbewusst über kurz oder lang eine Abwehr in Manier eines Zwangscharakters entwickeln: Wir werden missgünstige Strebungen unweigerlich projizieren, am Mitmenschen entdecken und dort angreifen, nur damit wir am Ende mit »weißer Weste« dastehen. Doch vielleicht gibt es gar keine »weiße Weste«.

Nein, besser ist es, verschiedene Erkenntnisse der Humanwissenschaften, die sich zum Teil voneinander abgrenzen, subjektiv zu berücksichtigen, um sich selbst und die anderen besser zu verstehen. Denn Eifersucht ist, wie gesagt, im zwischenmenschlichen Alltag nicht wegzudiskutieren. Darum »trifft« es jeden Einzelnen ja doch – mehr oder weniger. Sie sträuben sich gegen diese Annahme, liebe Leserin, lieber Leser? Macht nichts: Man ist sich interessanterweise auch in der Fachwelt dahingehend uneinig. Das konnte ich z.B. feststellen, als ich mich vor einigen Monaten daran machte, geeignete Publikationen zum Thema »Eifersucht« zu sichten, um mich auf die Manuskripterstellung vorzubereiten. Mir ist schnell klar geworden, dass es zwar zahlreiche, aber letztendlich wenige brauchbare Veröffentlichungen gibt. Mit »brauchbar« meine ich: die Autorin oder der Autor hat wissenschaftlich und objektiv gearbeitet. Ich habe keine *Zusammenstellung* der wichtigsten Erkenntnisse in Hinsicht auf unser Leitthema gefunden.

Ich musste ferner feststellen, dass die meisten Autoren eine und wirklich nur eine wissenschaftliche Perspektive einnehmen (wollen), nämlich diejenige, die sie irgendwann einmal studiert haben. Mit anderen Worten, Psychologen, Evolutionsbiologen, Lerntheoretiker und Philosophen argumentieren größtenteils »einseitig«. Sicher, dann und wann werden Ansichten von anderen Programmen vereinzelt aufgegriffen. Doch wichtige Befunde aus anderen »Ecken« werden nicht eingegliedert, nein, sie werden mal mehr, mal weniger ideenreich ad absurdum geführt. Diese energische Vorgehensweise erfüllt nicht immer die Erwartungen des Lesers. Außerdem bleiben bei einer parteilichen Darstellung wichtige Aspekte der Alltagswirklichkeit links liegen.

Was bisher nicht geschehen ist, habe ich im vorliegenden Rahmen versucht: Ich habe verschiedene wissenschaftliche Feststellungen zur Eifersucht zusammengeführt und somit eine integrative Perspektive eingenommen. Der wesentliche Vorteil dieses Vorgehens liegt u.a. in einer effizienteren Wirksamkeit von logischen Schlussfolgerungen und Ansätzen, die sich in Bezug auf den alltäglichen Umgang mit Eifersucht ergeben. Je mehr Erkenntnisse der Einzelne nämlich aufgreift, desto ganzheitlicher kann man an einen Gegenstand herantreten, *der unmittelbar auch mit ganzheitlichen Menschen zu tun hat.*

Bevor es im Nachstehenden um die Therapie von Eifersucht geht, möchte ich erst erklären, wie ich vorgehe. Was ich unter diesem Gegenstand im Unterschied zu Rolf MERKLE[24] (2000, S. 10) *nicht* verstehe, ist, dass man seine Eifersüchtigkeit mithilfe einer Veränderung der Persönlichkeit vollends »verlernen« kann. Und es kann meiner Meinung nach auch nicht das Ziel sein, unter allen Umständen seinen Argwohn mithilfe des Verstandes überwinden zu wollen. Unerwünschte Symptomhandlungen, psychosomatische Krankheiten oder negative Projektionen werden die Folgen von derartigen »Luftsprüngen der Vernunft« sein.

Wir dürfen uns merken: Es wird, wie ich in den vorangegangenen Kapiteln versucht habe deutlich zu machen, für einen eifersüchtigen Menschen niemals möglich sein, über kurz oder lang *überhaupt* nicht mehr argwöhnisch zu sein. Darum geht es also nicht. Es dreht sich vielmehr darum, mit seiner Eifersucht zu leben und ihre Energie zur Persönlichkeitsentwicklung zu nutzen; gleichzeitig wird auch der Partner davon profitieren.

Ich schlage also eine andere Herangehensweise vor: Wir können in der Tat vorab ganz neutral mit JELLOUSCHEK (2001, S. 102) sagen: »In der Eifersucht ist zunächst einmal ein normales Gefühl zu sehen. Sie ist die natürliche Reaktion auf die Bedrohung der Liebe. Sie ist ein ›Barometer der Liebe‹.«

Ich halte es demnach keinesfalls mit MERKLE (2000, S. 15), der eine besonders ausgeprägte Abneigung gegen den hier behandelten Affekt hegt: »Eifersucht ist ein krankmachendes und die Beziehung zerstörendes Gift, das auf keinen Fall normal ist [!]. Eifersucht ist für mich eine Krankheit wie Depressionen, Angst vor Höhen[25] oder Kopfschmerzen.« Weiter unten sagt er sogar: »Eifersucht und Liebe schließen [. . .] einander aus.«

---

24 MERKLE sieht die Hauptursache der Eifersucht *ausschließlich* im Minderwertigkeitsgefühl bzw. im Bewusstsein, selbst nicht liebenswert zu sein.

25 Übrigens ist die Angst vor Höhen keine Krankheit, sondern ein angeborener Schutzmechanismus, den bereits unsere Urväter und -mütter besaßen. Die Höhenangst ist (evolutionär betrachtet) so sinnvoll wie die weit verbreitete Angst vor Schlangen oder Dunkelheit. Wir brauchen diese Ängste heutzutage eigentlich nicht mehr, doch sie sind uns mit in die Wiege gelegt worden und daher oft nicht leicht zu besiegen (DAMM 2006).

Alle Evolutionstheoretiker und einige Philosophen sehen das Verhältnis anders. Auch FREUD meinte, dass Liebesverhältnisse jedweder Art mit Eifersucht schwanger gehen würden. Nach dem Begründer der Psychoanalyse würde derjenige, der von sich selbst behauptet, überhaupt nicht eifersüchtig zu sein, bereits seine Schattenseite *verraten*.

Es ist klar, dass hier von durchschnittlich ausgeprägter Missgunst gesprochen wird. Formen von psychischer oder physischer Gewalt gegen den Partner auf Grund von Neid sind verwerflich und erbärmlich, das versteht sich von selbst. Das heißt, Menschen, die das Othello-Syndrom vorweisen, also wahnhafte Phänomene zeigen, müssen einsehen, dass man mit dementsprechenden schizoiden Bewältigungsmechanismen (Abschnitt 3.3) niemals Liebe erwecken kann. Auf der anderen Seite, das dürfen wir nicht vergessen, gibt es natürlich immer auch Partner, die bewusst oder unbewusst schizoide Eifersucht *provozieren*, um etwa neue Sensationen zu erleben, weil sonst etwas im Leben fehlt. Manche hysterische Frauen praktizieren bevorzugt diese Handhabe (Abschnitt 4.3.4), phallische Narzissten neigen ebenso dazu (Abschnitt 4.3). Eine dritte Persönlichkeit mag ein dermaßen schlechtes Selbstbild aus der Kindheit bzw. Jugend mitbringen, dass sie das Gegenüber so lange reizt, bis es endlich psychische oder physische Gewalt anwendet. Bei dieser Konstellation haben wir es mit (unbewussten) masochistischen Bedürfnissen zu tun.

Eine hartnäckige Motivation, aggressive Missgunst beim Partner zu schüren, kann ferner existieren, wenn man an derartige Verhaltensmuster (seitens der Eltern) in jungen Jahren gewöhnt wurde. Solche Erfahrungen werden manchmal per Wiederholungszwang unbewusst neu inszeniert. Diese Erkenntnisse müssen zeitlebens beachtet werden.

Kommen wir nun zum eigentlichen Anliegen dieses Abschnitts. In Bezug auf eine angestrebte Therapie von Eifersucht können wir also Folgendes festhalten:

➤ Unbewusste Mechanismen, die ein wahnhaftes Ausmaß verursachen, müssen bewusst gemacht werden, um neuartige Denk- und Verhaltensweisen zu ermöglichen.

➤ Automatisierte neurotische Bewältigungsformen können durch Einsicht, Selbsterkenntnis sowie durch Umstrukturierung des Denkens (kognitives Training) aufgesprengt werden.

➤ Eine Entfaltung der eigenen Persönlichkeit, die ebenso unumgänglich ist, wird den seelischen Schwerpunkt des Lebens wieder dorthin verlegen, wo er hingehört: in die eigene Person.

➤ Die Ausbildung einer emotionalen Intelligenz mindert Argwohn. Emotionale Intelligenz kann entwickelt werden, wenn man eine dauerhafte Verbindung zu seiner Gefühlswelt aufnehmen kann.

➤ Eine klare und stimmige Kommunikation soll anstelle von eifersüchtiger Verständigung praktiziert werden können, damit der Partner respektvoll über die relevanten psychischen Vorgänge, z.B. über eigene Gefühle und Bedürfnisse, informiert wird.

Solche relevanten Maßnahmen zur sinnvollen Kanalisierung der Eifersucht ergeben sich aus den Schilderungen der vorangegangenen Abschnitte. Die wichtigsten Befunde der hier besprochenen Wissenschaften werden demnach berücksichtigt:

1. Evolutionstheorie: Eifersucht ist angeboren und ein wichtiger Aspekt des Mensch-Seins. Wäre *Homo sapiens* von Natur her nicht eifersüchtig, würden Partnerschaften sehr instabile Strukturen aufweisen und darüber hinaus auch noch abhängig von alltäglichen Zufällen sein. Ein brisanter Punkt betrifft die Fortpflanzung: sie wäre ein riskantes Geschäft, weil Menschenkinder unter eifersuchtsfreien Voraussetzungen zweifelsohne in chaotischen Verhältnissen aufwachsen würden. – Daher hat sich Missgunst evolutionär ausgebildet, sie hat sich letztlich als sinnvoll erwiesen. Eifersucht und Liebe sind aus den genannten Gründen miteinander verwandte Leidenschaften, die sich gegenseitig ergänzen. Misstrauen ist eine natürliche Schutzmaßnahme gegen Außenstehende, die die Partnerschaftsstabilität gefährden würden. Es gibt charakteristische Geschlechterunterschiede; sie ergeben sich aus den natürlichen Differenzen. Männer sind eifersüchtiger, wenn sie Anzeichen von sexueller Untreue seitens der Partnerin wahrnehmen. Der Grund: Fremdverpaarungen minimieren die Möglichkeit des Mannes, der Vater ihrer Kinder zu sein. Frauen sind generell eifersüchtiger bei *emotionalen* Treulosigkeiten des Mannes, weil sie hierin generell die Gefahr sehen, dass sich ihr Pendant dauerhaft einer Nebenbuhlerin zuwendet und schließlich mit ihr durchbrennt. Ferner bevorzugen Frauen unbewusst bei der Partnersuche diejenigen Männer, die materiell gut gestellt und ehrgeizig sind und einen hohen sozialen Status repräsentieren. Männer suchen äußerlich attraktive Frauen, materielle Angelegenheiten hingegen spielen keinerlei Rolle. Die Kriterien, wann Eifersucht bei Männern bzw. Frauen in Zweierbeziehungen entsteht, entsprechen 1:1 den Prinzipien der üblichen Suchbilder der Geschlechter auf dem Partnermarkt. Das heißt, Männer werden neidisch, wenn Geschlechtsgenossen materiell und intellektuell betrachtet mehr zu bieten haben als sie selbst. – Frauen entwickeln Missgunst, falls die Konkurrentin attraktiver erscheint, »gebärfreudiger« aussieht und jünger ist. Die natürliche Selektion hat bewirkt, dass Menschen eher zur übertriebenen Eifersucht neigen als zur unterentwickelten. Der Grund: Wer von Naturwegen her auffällig missgünstig ist, wird sich weniger oft dahingehend irren, als wenn er intuitiv weniger zu Eifersüchteleien neigen würde. Daher heißt es auch des Öfteren nolens volens: Fehlalarm und Streitereien wegen nichts.

2. Tiefenpsychologie: Sigmund FREUD hat gesagt, dass die *konkurrierende* Eifersucht, eine noch normale Ausprägung, in Beziehungen nichts Besonderes sei. Eine derartige Form von Missgunst wäre nicht neurotisch zu nennen (Abschnitt 2.5.1). Nach dem Begründer der Psychoanalyse gibt es für jegliche Art von Missgunst u.a. zwei frühkindliche Ursachen, von denen sich der erwachsene Mensch nicht lösen kann: eine verinnerlichte Geschwistereifersucht oder ein unbewältigter Ödipus- bzw. Elektra-Komplex. Wer also nach FREUD noch an frühkindliche Beziehungsstrukturen gebunden ist, das sind nicht wenige, ist generell nicht in der Lage, augenblickliche Beziehungen erwachsen und reif zu führen. Er (oder sie) wird unweigerlich den Partner unbewusst mit Personen von früher vergleichen und die damals beobachteten Verhaltensmuster vom aktuellen Pendant erpressen wollen. Ferner neigen solche Neurotiker dazu, das Gegenüber in bestimmte infantile Rollenerwartungen zu zwängen. FREUDs Nachfolger waren meist anderer Meinung. Zwar wurde die Geschwistereifersucht, die quasi ein Vorbild für jeglichen Neid darstellte, allgemein anerkannt, doch andere Theorien, z.B. diejenige über den Penisneid von Mädchen, hat man weithin verworfen. Alfred ADLER entdeckte, dass sich Eifersucht vorwiegend als ein *Streben nach Macht* darstellt. Diesem Antrieb liegt nach ADLER ein quälendes Minderwertigkeitsgefühl zu Grunde, das mit »lautem Getöse« überstimmt, kompensiert wird. Schwäche wird demnach in Stärke umgewandelt. Allgemein werden auch negative Kindheitserfahrungen mit wahnhafter Missgunst in Verbindung gebracht. Nach Josef RATTNER und Gerhard DANZER (2003 S. 40ff.) entwickelt ein Individuum vor allem dann Eifersucht, wenn es sich sowohl »verkürzt« fühlt, z.B. auf Grund einer internalisierten Geschwistereifersucht, als auch inkompetent erscheint, durch *eigene* Aktivität den gefühlten Mangel auszugleichen. Darüber hinaus, so die Erfahrungen der beiden Berliner Analytiker, zweifeln hochgradig Eifersüchtige nicht-wissend auch an ihrer eigenen Liebenswürdigkeit.

3. Charakterkunde: Menschen unterscheiden sich oft in Bezug auf den Umgang mit eifersüchtigen Strebungen in bestimmter, stets gleich bleibender, starrer Weise. Die psychoanalytische bzw. tiefenpsychologische Charakterkunde hat spezifische Lebensstile beschrieben, die in unserer Gesellschaft gang und gäbe sind. *Gefühlsmenschen*, die permanent das »Herz auf der Zunge tragen«, haben meist eine sehr enge Beziehung zu einer Bezugsperson erlebt. Dieses Bindungsmuster hat man oft verinnerlicht; daher strebt man im Erwachsenenalter eine ähnliche Symbiose mit einem Liebespartner an. Da dies im Allgemeinen nicht möglich ist, entwickeln Depressive meist charakteristische Eifersüchteleien, sobald sich der Partner gegen die angestrebte Symbiose wehrt. *Anal-Fixierte* – mit einem Hang zur Verkopftheit – verkörpern sozusagen das Gegenteil. Sie leben das zentrale Thema »Macht« in ihrer Beziehung aus, entweder als *aktiver Herrscher* oder *Untertan*. Die Ursachen: Die meisten Angelegenheiten in der Kindheit und Jugend drehten sich um Macht und Kontrolle. Demnach bezieht sich anal-sadistische Eifersucht vor allem auf Versuche des Partners, sich dem etablierten Machtverhältnis zu entziehen. *Phallische Narzissten* auf der anderen Seite legen sehr viel Wert auf äußeren Schein und Statussymbole. In einer Beziehung werden sie leicht missgünstig ihrem Pendant gegenüber, falls es mit einem anderen Mann anbändelt, der mehr darstellt. *Hysterische Frauen*, die vierte thematisierte Charakterform, suchen beständig neue Sensationen in ihrem Leben. Sie lassen sich außerdem schwer dazu überreden, sich auf eine klare Linie dauerhaft festzulegen. Partner von hysterischen Frauen müssen sich mit dieser Tatsache – und einer bestimmten Art von Eifersucht – abfinden: ihre Freundin kann scheinbar das Flirten mit anderen Männern nicht lassen.

4. Philosophie: Zu allen Zeiten hat es Denker gegeben, die Neid und Eifersucht mehr oder weniger stark im zwischenmenschlichen Alltag wahrgenommen haben. Nicht wenige Schriftsteller zählten diese beiden Charakteristiken zu den Grundwesenheiten des Menschen. Seit dem 20. Jahrhundert sind auch ganzheitliche Ansätze in der Philosophie aufgetaucht, die Körperlichkeit und Vernunft zusammenführten. Max SCHELER beispielsweise, der die philosophische Anthropologie begründet hat, regt an, den Menschen von seinem Vernunftvermögen *und* von seiner Natürlichkeit her zu verstehen. Auch in anderen Wissenschaften hat man sich dem »ganzen« Menschen zugewandt. Verschiedene Neurowissenschaftler etwa bestreiten heute entschlossen, dass es »reines« Denken überhaupt gibt. Demnach sind alle Denkakte *immer* verflochten mit emotionalen Impulsen (vgl. ROTH 2004; DAMASIO 2004). Ein Ergebnis dieser Überlegungen: Eifersucht und Neid gehören zum menschlichen Alltag *notwendigerweise* dazu.

5. Lerntheorien: Eifersucht ist nach den Autoren der Lerntheorien keinesfalls ein Wesensmerkmal des Menschen: sie ist ausschließlich *erlernt*. Man geht u.a. von zwei verschiedenen Möglichkeiten aus: 1. Eifersucht kann *klassisch konditioniert*, also antrainiert worden sein. Das heißt, ein eifersüchtig gestimmtes Individuum hat beispielsweise während der Kindheit erfahren, dass eine wichtige Bezugsperson sofort die Stimme erhoben hat (Reaktion), wenn der Partner sich anschickte, den Haushalt zwecks diverser Freizeitbeschäftigungen zu verlassen (Reiz). Wird dieses Verhaltensschema über Jahre hinweg beobachtet, kann das Gegenüber später dieselbe auffahrende Reaktion auslösen, sobald er (oder sie) alleine auf den »Partnermarkt« gehen will. – 2. Durch längerfristiges *Beobachtungslernen* hat sich eifersüchtiges Verhalten etabliert. Diese Erkenntnis leitet man aus den aufschlussreichen Erfahrungen mit Kindern ab. Man weiß, dass junge Heranwachsende spezifische beobachtete Modelle, die aus dem sozialen Umfeld stammen, imitieren, sobald sie selbst Vorteile mit den wahrgenommen bzw. praktizierten Verhaltensweisen im zwischenmenschlichen Verkehr einheimsen. In Hinsicht auf die Missgunst heißt das: Vielleicht hat ein neidischer Mensch in der Kindheit viele eifersüchtige Vorbilder erlebt, die nun im Erwachsenenalter nachgeahmt werden. Eine weitere lerntheoretische Erkenntnis: Wenn Kinder vermittelt bekommen, dass Liebe immens viel mit Besitzansprüchen und Erwartungen zu tun hat – in nicht wenigen Familien mag dies so stattfinden –, dann kann sich eine ausgeprägte Eifersucht in Bezug auf den Partner späterhin herausbilden, weil man ihn ebenso als eine Art Besitzstück definiert, das man nicht teilen oder hergeben will.

5.1 Anmerkungen

Wir berücksichtigen im Folgenden die aufschlussreichen Erkenntnisse der genannten Wissenschaften und erstellen ein Sammelsurium an therapeutischen Vorgehensweisen. Mit anderen Worten, wir entwickeln eine integrative Therapie von Missgunst.

5.2 Evolutionstheoretische Therapie

Ohne Zweifel werden wir vom »biologischen Imperativ« (GRAMMER 2002), von unserer Natürlichkeit tagtäglich beeinflusst. Das nehmen wir überwiegend gar nicht wahr. Einige Menschen mögen diese Tatsache absurderweise sogar abstreiten. Doch die Jahrmillionen des Evolutionsdrucks gehen nicht spurlos an uns vorüber, nur weil *Homo sapiens* heute maßgeschneiderte Kleidung und keinen Lendenschurz mehr trägt. Nein, unter dem Schein der Zivilisation werden Menschen von ihren evolutionären Strebungen gelenkt. Wer in entscheidenden Momenten wachsam ist, spürt die Realität dieser vitalen Impulse.

So beeinflusst beispielsweise unser angeborenes Gespür für menschliche Schönheit unsere Wahrnehmung. Haben wir demnach im Alltag mit einem andersgeschlechtlichen »symmetrischen« Individuum zu tun, empfinden wir im Durchschnitt notwendigerweise *Sympathie*. Daher sagt auch SCHOPENHAUER: »Schönheit ist ein offener Empfehlungsbrief, der die Herzen zum voraus gewinnt.« Warum wir dann diesen oder jenen Menschen reizend finden, ist und bleibt uns gewöhnlich unbekannt. Anziehung kann generell schlecht mit Worten beschrieben werden.

Auch die Partnerwahl wird weitgehend von biologischen Programmierungen gelenkt, was sich anhand der gegenwärtigen Suchbilder beweisen lässt (vgl. Abschnitt 2.1.1).

Ebenso sind alle Ausdrucksformen und systematischen Abläufe der menschlichen Körpersprache weitgehend nicht bewusst; sie laufen bekanntermaßen automatisiert und ohne Teilnahme der *Reflexion* ab. Verschiedene Gemütsstimmungen zeichnen sich beispielsweise instinktiv in unserem Gesicht ab. Das heißt, charakteristische mimische Ausdrucksformen entstehen unwillkürlich. Das menschliche Verhalten bedarf tatsächlich keiner Ideenfolge. Die meisten Auffälligkeiten dahingehend sind angeboren (EIBL-EIBESFELDT 1997).

Eine naturgegebene Komponente ist auch ausschlaggebend für das charakteristische Verhalten beim Flirt. Die Unterschiede, die zwischen Männern und Frauen bestehen, sind nicht erlernt, sondern werden mit in die Wiege gelegt.

Und *Erfahrungen* in Bezug auf Sexualität braucht auch niemand zu machen, um sich erfolgreich zu verpaaren. Wir können uns alle ganz prinzipiell von Natur her fortpflanzen. Der Antrieb zur Reproduktion und das passende »Handwerkszeug« liegen nicht ohne Grund a priori in uns: *Gäbe es diesbezüglich keine emotionale Intelligenz, würde die Menschheit nicht mehr bestehen.* Denn das Fortpflanzungsgeschäft wäre ohne einen angeborenen Trieb eine zufällige und riskante Angelegenheit. Daher versteht es sich von selbst, dass wir in gewisser Hinsicht von Mutter Natur »vorprogrammiert« sind.

Aus dem Gesagten können wir schließen, dass Affekte und Emotionen, also auch Eifersucht und Neid, mindestens in durchschnittlicher (!) Ausprägung zum Mensch-Sein dazugehören – wie auch die Liebe, Angst (DAMM 2006), Aggression oder die Sexualität.

Kommen wir nun zu evolutionstheoretischen Therapieformen. Folgende Vorgehensweisen mindern Eifersucht und ziehen erfreulicherweise auch den Aus- bzw. Aufbau einer emotionalen Intelligenz nach sich. Ich denke, gerade in dieser Hinsicht kann und muss der moderne Kulturmensch noch viel lernen. Dabei können, ja müssen wir zwischen Tipps für Männer und Frauen unterscheiden. Wie Sie ja wissen, existieren zahlreiche Geschlechterunterschiede in Bezug auf Eifersucht, Flirtverhalten und Untreue in Partnerschaften. Nun zu den Anregungen:

1. Frauen neigen im Durchschnitt dazu, Seitensprünge kurz vor dem Eisprung zu praktizieren. Für das Abenteuer wird meist ein Mann ausgewählt, der äußerlich attraktiver ist als der eigene Partner. Auf diesen wissenschaftlichen Befund wurde oben ausführlich eingegangen. Die Damen, die an der Untersuchung von BAKER & BELLIS (1991) teilnahmen, unterscheiden sich in einer wichtigen Angelegenheit von Ihnen: Sie, liebe Leserin, *wissen* um diesen spezifischen Antrieb und können sich bewusst entscheiden, was Sie in »brisanten« Zeiten damit anstellen. Machen Sie sich klar, dass es besonders vor der Ovulation, d.h. Eisprung, zu euphorisierenden Hormonschüben und daher auch zu sexuellen Phantasien in Bezug auf Außenstehende kommen kann. Das ist ganz natürlich. Sie können nun zu ihrer körperlichen Veränderung konkret Stellung nehmen, sie bewusst machen, weil Sie, wie gesagt, jetzt um diesen biologischen Sachverhalt *wissen.* »Wissen ist Macht!«

2. Männer werden generell eifersüchtig, wenn Frauen in ihrem Beisein mit potenziellen Konkurrenten flirten. Liebe weibliche Leserin. Auch dieser Umstand ist Ihnen jetzt bewusst. Vielleicht haben Sie bereits derartige Situationen eingefädelt, um Ihren Partner wieder etwas wachzurütteln. Das heißt, Sie haben eindrucksvoll darauf aufmerksam gemacht, dass Sie auch noch von anderen Männern begehrt werden. Daran ist nichts auszusetzen, die meisten Frauen praktizieren diese (effektive) Methode (mehr oder weniger unbewusst). Sollte Ihr Partner aber zu wahnhafter Eifersucht neigen, dann war diese Vorgehensweise möglicherweise eine schlechte Idee, weil er darauf wahrscheinlich überreagiert hat. Doch was ist schon dabei? Ich finde, jeder, der in einer Zweierbeziehung lebt, sollte das Recht haben, mit anderen Menschen zu flirten; schließlich ist der Antrieb zum »Geplänkel« naturgegeben. Daher lautet meine Anregung: Gehen Sie regelmäßig (alleine) mit Ihren Freundinnen in Ihre Lieblingsbistros, zum Flirten (vgl. DAMM 2004a, S. 101f.). Das kurbelt so ziemlich jede Beziehung an. Sollte dies wegen

eines Othello-Syndroms seitens Ihres Mannes nicht möglich sein, greifen Sie auf weitere therapeutische Anregungen zurück (siehe unten). Merken Sie sich auch, liebe Leserin: Männliche Eifersucht ist meistens gebunden an Anzeichen von *sexueller* Untreue. Hocheifersüchtige Männer dürfen sich an dieser Stelle bewusst machen: Wenn Frauen mit anderen Männern anbändeln, dann heißt das nicht, dass sie gleich Sex mit ihnen haben wollen. Wer zu diesen Gedanken *permanent* neigt, muss sich bewusst machen: Derartige Unterstellungen sind häufig Projektionen der eigenen Antriebe! Vielleicht will sich die Frau durch einen erfolgreichen Flirt aufwerten oder einfach nur sinnvoll die Zeit nutzen. Das ist meiner Meinung nach legitim.

3. Unterschiedliche Ansprüche von Männern und Frauen befriedigen. Wenn wir berücksichtigen, dass Männer generell auf attraktive Frauen stehen und Frauen karrierebewusste, durchsetzungsfähige Männer begehren, dann lassen sich daraus einige therapeutische, eigentlich präventive Überlegungen ableiten. Zunächst bedeutet das: »Mann« wird in einer Partnerschaft nicht fehlgehen, wenn *er* (a) seine Karriere vorantreibt, (b) an einem gesunden, sportlichen und symmetrischen Körper arbeitet, (c) sein Leben bestmöglich meistert. Das weibliche Geschlecht darf berücksichtigen: Männer mögen es generell, wenn die Partnerin (a) körperlich attraktiv ist (oder bleibt) – zahllose Möglichkeiten stehen offen – und (b) eine feminine Ausstrahlung aufweist. Bleiben Sie diesbezüglich up to date. Diese Vorgehensweisen sind deshalb effizient, weil sie in direktem Zusammenhang mit den allgemeinen Suchbildern von Männern und Frauen auf dem Partnermarkt stehen (siehe oben).

4. Frauen werden vorwiegend eifersüchtig, wenn sie einen emotionalen Seitensprung ihres Mannes befürchten. Lieber Leser, wenn Sie einmal mit einer attraktiven Frau flirten und daraufhin von Ihrer Gattin zur Rede gestellt werden, dann sagen Sie niemals: »Liebling, ich muss dir was erzählen. Meine Arbeitskollegin ist wirklich toll. Ich *verstehe* mich so perfekt mit ihr. Sie ist witzig und man kann mit ihr über alles reden.« Dies ist deshalb eine äußerst nachteilige Vorgehensweise, als Partnerinnen, wie erwähnt, vor allem bei emotionalen Treulosigkeiten auffahren. Kommunizieren Sie bei derartigen Konstellationen also etwas durchdachter, um keine umfassenden und oftmals unnötigen Ängste auszulösen.

5. Männer haben einen »in die Breite gehenden« starken Antrieb zur Reproduktion. Hieraus ergeben sich Anregungen für beide Geschlechter. Zum einen müssen sich Männer nicht gleich schämen, wenn sie bemerken, dass sie sich im Alltag durch visuelle Reize dann und wann entflammen, so etwa im Internet, TV usw. Auf der anderen Seite brauchen Frauen nicht gleich emotional Alarm zu schlagen, wenn sie dies bemerken. Gerade in diesen Situationen ist es aber üblich, dass viele Vertreterinnen des weiblichen Geschlechts zu dem Gedanken neigen: »Oh Gott! Mein Partner liebt mich nicht mehr und findet mich nicht mehr attraktiv!« Der Umstand, dass Männer eine Vorliebe für Medieninhalte haben, in denen äußerlich attraktive Frauen mit Sex-Appeal thematisiert

werden, ist keineswegs ein Anzeichen dafür, dass es um die Zweierbeziehung nunmehr schlecht bestellt ist. Es wurde auch gefunden, dass das männliche Geschlecht anscheinend leichteren Herzens einen Seitensprung praktizieren kann als das weibliche, weil »Mann« weniger emotionales Engagement dafür benötigt. Eine therapeutische Überlegung wäre diese: Wenn Männer jetzt um ihren naturgegebenen Drang, sich zu reproduzieren, *wissen*, müssen sie ihm nicht (mehr) blindlings folgen. Sie *können* »Nein!« sagen.

6. Eifersucht ist angeboren, meistens in stärkerer als in schwächerer Ausprägung. Dieser Sachverhalt des »Zuviel« hat einen biologischen Sinn, auf den HASELTON & BUSS (2000) hingewiesen haben (Fehler-Management-Theorie): Wer einen überdurchschnittlichen Antrieb zum Argwohn aufweist, wird seinem Partner das Leben zwar unzweifelhaft komplizierter machen, *aber weniger oft einen Seitensprung zulassen.* Daher hat die Evolution vorwiegend diesen emotionellen Typ hervorgebracht. Auf der anderen Seite, und das ist der Nachteil, tut man dem Pendant auch häufig Unrecht an, weil Missgunst oft nicht gerechtfertigt erscheint. Sie ist meistens auch dann unangebracht, wenn die Sinne des Eifersüchtigen – seiner Meinung nach – »eindeutige« Indizien der Untreue wahrnehmen. Also: Männer wie Frauen, die zu überdurchschnittlicher Eifersucht neigen, dürfen sich bewusst machen, dass sie häufig zu verfehlenden Verdächtigungen neigen, und zwar auf Grund des Gesetzes der Wahrscheinlichkeit. Wie hoch ist nämlich die Wahrscheinlichkeit, dass die zahllosen Unterstellungen pro Tag *immer* zutreffen? In einem Wort: gering! Wahnhafte Individuen können daher folgende Tatsache berücksichtigen: Weniger ist mehr! (Was Sie anstelle von Eifersüchteleien praktizieren können, behandeln wir später.) Nun zu tiefenpsychologischen Überlegungen.

5.3 Tiefenpsychologische Maßnahmen

Dass Liebe und Eifersucht Hand in Hand gehen, ist eine Auffassung, die immerhin Sigmund FREUD vertreten hat. Daher muss sie ernst genommen werden. Natürlich meint FREUD eine unauffällige Missgunst, die die Partnerschaftsqualität nicht beeinträchtigt und auch nicht jeden Tag aufs Neue ihr Haupt erhebt. Eifersucht in Maßen braucht demnach nicht zu beunruhigen. Diesen Aspekt haben wir zu Beginn dieser Arbeit bewusst gemacht und auch mehr bzw. weniger anerkannt (Abschnitt 1.1).

Im Fall von hervorstechender, also wahnhafter Eifersucht, die das Gegenüber permanent einschränkt, versuchen Tiefenpsychologen meistens, die Kompetenz zur Persönlichkeitsentwicklung zu erwecken. Daneben sollte der Eifersüchtige irgendwann auch seine Reflexion auf *eigene* Lebensinhalte lenken können. Dies mindert bereits eifersüchtige Motivationen.

Nach RATTNER & DANZER hilft es auch, die eigenen Potenziale, von denen man gewöhnlich nichts weiß, endlich auszuschöpfen. Es gilt nämlich das tiefenpsychologische Axiom: *Je mehr Wert jemand aus sich selbst schöpft, desto weniger Bestätigung braucht er von den anderen.* Nebenbei entlastet ein entwickelter Mensch auch den Partner.

Liebe Leserin, lieber Leser, weil alle Anregungen weiter unten (Abschnitt 5.7ff.) zumeist tiefenpsychologisch ausgerichtet sind, möchte ich an dieser Stelle die Ausführungen unterbrechen und vorerst fortfahren mit therapeutischen Handhabungsweisen, die sich aus den Erkenntnissen der Charakterkunde ergeben.

5.4 Charakterkunde

Symptomatische Verhaltensmuster von Menschen, die in der Kindheit und Jugend entwickelt wurden, stellen sich insbesondere dar als Fixierungen auf bestimmte infantile Entwicklungsstufen. Diese Fixierungen rufen meistens die Gegebenheit hervor, dass man zeitlebens nicht von relevanten kindlichen Themen loskommt. Und das Interessanteste dabei ist: Betroffene Individuen wissen generell nie etwas von ihren inneren Fesseln, obwohl manchmal die ganze Lebensphilosophie von der infantilen Bestimmung gefärbt ist.

Oben haben wir zwischen Depressiven, Anal-Fixierten, phallischen Narzissten und hysterischen Frauen unterschieden. Auf einige mögliche Arten der Persönlichkeitsentwicklung bin ich oben eingegangen. Daher will ich hier ausschließlich relevante Aspekte nennen, die sich in Bezug auf eine Therapie der Eifersucht ergeben.

In nachstehender Tabelle sind derartige Anstöße zusammengefasst:

Tabelle 3: **Charaktertypen und spezielle therapeutische Empfehlungen zum »erwachsenen« Umgang mit Eifersucht**

Gesinnung	Eigenarten in Bezug auf Eifersucht	Therapeutische Empfehlungen zur Verminderung der Eifersucht
Depressiver Charakter	Missgunst entwickelt sich vor allem bei Bestrebungen des Partners, sich abzugrenzen, also sobald er (oder sie) sich emotional und räumlich zurückzieht. Depressive verstehen unter Liebe oft eine symbiotische Bindung, bei der man mit dem Gegenüber zu »einem Ganzen« verschmilzt.	Depressive müssen auf der einen Seite lernen, eigenständige, ganze Menschen zu werden; andererseits müssen sie das existenzielle Minderwertigkeitsgefühl irgendwann flexibler kompensieren. Einige Tipps: Praxis von Kampfsportarten; sich in Situationen begeben, in denen man eine Zeit lang alleine ist und bleibt; sich zwingen, Mitmenschen auch manchmal um etwas zu bitten und dabei versuchen, die Spannungen auf Grund von Schuldgefühlen auszuhalten; Steigerung des Selbstwertgefühls durch soziale Anerkennung verschiedener Leistungen, z.B. ein Buch verfassen, eine Reise organisieren, Volkshochschul-Kurse anbieten.

Gesinnung	Eigenarten in Bezug auf Eifersucht	Therapeutische Empfehlungen zur Verminderung der Eifersucht
Zwangscharaktere	Eifersucht entsteht und entlädt sich generell dann, wenn sich das Pendant der institutionalisierten Kontrolle entzieht. Anal-Fixierte haben Angst vor der Unsicherheit und Spontaneität. Daher wird fast jede Alltagsangelegenheit streng vorausgeplant; auch der Lebensstil des Partners ist davon betroffen.	Anale Charaktere müssen ihren Gegenpol, die Gefühlswelt, nach und nach erfahren und integrieren. Das bringt Lebendigkeit, Spontaneität und Unsicherheit mit sich; also all das, wovor der Zwangscharakter Angst hat. Auf der anderen Seite wird die Entwicklung einer emotionalen Intelligenz einsetzen und gleichzeitig bewirken, dass man sich auch in den anderen eher einzufühlen vermag. Somit kann man irgendwann endlich emotionale Bedürfnisse erkennen und, was viel wichtiger ist, sie *befriedigen*. Dadurch werden zwanghafte Menschen auch das soziale Umfeld weniger oft mit aufgestauten Aggressionen belästigen. Zwangscharaktere können unter anderem nachfolgende Möglichkeiten zur Förderung der emotionalen Intelligenz berücksichtigen: Autogenes Training; Spontanurlaube mit dem Partner; Muskelentspannungs-Training nach JACOBSON; Praxis von Extremsportarten; sich in nicht-vorausgeplante Situationen begeben, die ferner unsicher sind; Arthur SCHOPENHAUERs *Aphorismen zur Lebensweisheit* lesen.

Gesinnung	Eigenarten in Bezug auf Eifersucht	Therapeutische Empfehlungen zur Verminderung der Eifersucht
Phallische Narzissten	Missgunst entsteht, wenn die Freundin mit angesehenen, attraktiven, materiell gut dastehenden Männern anbändelt. Des Weiteren wird man auch leicht bei einer nachlassenden Bewunderung vonseiten der Frau auffahren, weil man auf Hochschätzung generell angewiesen ist.	Phallische Narzissten müssen sich nicht länger ausschließlich über Äußerlichkeiten definieren. Ein negativer Aspekt derartiger Ambitionen ist nämlich dieser: Irgendwann kommt die Partnerin mit einem anderen Mann in Kontakt, der mehr besitzt oder vorstellt. Wer bei dieser Konstellation aber auch noch eine würdevolle Persönlichkeit in die Waagschale werfen kann, »strahlt« äußerlich *und* innerlich. Daher bietet sich vor allem die Lektüre von tiefenpsychologischen Klassikern an. Eine Aufwertung der inneren Persönlichkeit wird außerdem *Selbst*wert entstehen lassen, sodass die Eifersucht nebenbei auch vermindert wird.
Hysterische Frauen	Diese Persönlichkeit schätzt ebenso die Äußerlichkeiten des Lebens. Hysterische Frauen sprühen daher gewöhnlich »Gift«, sobald ihre Gatten mit attraktiveren und jüngeren Konkurrentinnen flirten. Auf der anderen Seite verspürt man bei nachlassender Aufmerksamkeit vonseiten des Partners Missgunst (wie früher gegenüber dem Vater, Onkel oder Großvater?).	Für hysterische Frauen ergeben sich dieselben therapeutischen Tipps wie für phallische Narzissten. Darüber hinaus ist eine Orientierung zur Geradlinigkeit und Dauerhaftigkeit zu empfehlen.

5.5 Philosophie

Wir haben oben gesehen, dass viele Denker der Philosophiegeschichte (ich habe sie »Pessimisten« genannt) sich durch eine bestimmt Art der Menschenschau ausgezeichnet haben. Sie haben demnach die Körperlich- bzw. Natürlichkeit *genau* unter die Lupe genommen und ihre Relevanz bezüglich des Daseins stark betont. Zu dieser Erfahrung gelangte man meistens, nachdem man die Mitmenschen lange im Alltag beobachtete und auch den eigenen seelischen Abgründen mutig entgegentrat.

Weil nun Eifersucht und Neid in der Tat emotional aufgeladene Affekte darstellen, können wir davon ausgehen, dass wir in den Werken der Pessimisten ausführliche Beschreibungen zur Körperlich- und Sinnlichkeit finden. Und so komme ich nicht umhin, einige interessante Werke zu empfehlen:

➤ *Menschliches, Allzumenschliches* (Friedrich NIETZSCHE);
➤ *Philosophie des Unbewussten* (Eduart von HARTMANN);
➤ *Aphorismen zur Lebensweisheit* (Arthur SCHOPENHAUER);
➤ *Zur Psychopathologie des Alltagslebens* (Sigmund FREUD).

Warum ist die Beschäftigung mit diesen Themen im vorliegenden Zusammenhang so wichtig? Weil unbewusste Prozesse weitläufig so unterschätzt werden. Ich finde, es ist deshalb eine Lebensaufgabe, jeden Tag diesbezüglich Selbstreflexion zu betreiben, etwa so: »Warum bevorzuge ich die und die Lebensthemen und keine anderen? Welche Ängste habe ich, wann und warum? In welchen Teufelskreisen stecke ich fest?«

Derartiges ist deshalb notwendig, weil die allermeisten Menschen, da erzähle ich gewiss nichts Neues, sich selbst nicht kennen. Die Masse lebt generell außenorientiert, der Einzelne ist selten bei sich. Daher weiß Otto Normalverbraucher auch mehr über seine Nachbarn zu berichten als über sich selbst. Man muss sich das mal vorstellen: Jedes Jahr laufen ca. zwei Millionen (!) Gerichtsverfahren, in denen es um Streitigkeiten zwischen Nachbarn geht. Ein anderes Exempel (siehe oben): Die Beziehungsqualität von Paaren ist oft davon abhängig, ob man neben wohlhabenden oder materiell schlechter gestellten Anliegern wohnt. Diese Erkenntnisse sind in der Tat aufschlussreich.

Auch ist nicht unbekannt, dass sich diejenigen Tageszeitungen, Boulevard-Magazine und Sendeformate im TV höchster Beliebtheit erfreuen, die über Persönliches und Intimes von VIPs berichten. Warum? Auch hier gilt: Kein Angebot ohne Nachfrage. Das heißt, anscheinend spezialisieren sich viele Menschen auf das Leben der anderen, weil sie denken, ihr eigenes würde nicht viel hergeben. Jedenfalls ist auch dieses Phänomen ein Beleg für die allgemeine Außenorientierung.

Man darf also, nicht nur auf Grund dieser Alltagsbeobachtungen zu Recht von einem kollektiv-unwesentlichen Lebenswandel sprechen. Diese Lebensphilosophie des Man-

Selbst-Seins (vgl. Abschnitt 5.7.3) kommt für Menschen, die demgegenüber das Selbstdenken praktizieren, nicht in Frage.

Was bedeutet das nun in Bezug auf eine »philosophische« Therapie? Ganz klar: Für Selbstdenker ist es höchst sinnvoll, auch in Hinsicht auf Eifersucht und Neid fortwährend zu reflektieren, z.B. über die eigenen Phänomene, Bewältigungsarten usw. FREUD hat dies ähnlich gehandhabt und 30 Minuten täglich für die Selbstanalyse reserviert. Parallel hierzu dürfen auch die Klassiker der Philosophie gewälzt werden (vgl. diverse Geschichten der Philosophie).

Ein anderer positiver Nebeneffekt der Selbstbeobachtung: Durch Selbsttherapie können wir auch irgendwann leicht die projizierte Eifersucht (vgl. Abschnitt 2.5.1) bei uns selbst erkennen, falls wir ihr dann und wann verfallen, und ausschalten, um die Partnerschaft nicht dauerhaft zu sabotieren.

5.6 Verhaltenstherapeutische Maßnahmen

Auch verschiedene Erkenntnisse der Lerntheorien über die Entstehung von nachteiligen Verhaltensmustern können uns weiterhelfen. Es bietet sich daher an, einige populäre verhaltenstherapeutische Ansätze in den hier vorgenommenen integrativen Ansatz einzugliedern.

War Eifersucht möglicherweise ein Produkt des Zufalls-Lernens?

Wer in seiner Kindheit auf Grund einer *einmaligen* Zufallshandlung einen Vorteil bei einem Alltagsproblem einstrich, der neigt gegebenenfalls dazu, genau dieses Muster in Zukunft beizubehalten. Je öfter man damit Erfolg hat, desto häufiger wird die Reaktion dann praktiziert. Dieser Mechanismus ist dem bekannten Lerntheoretiker Burrhus Frederic SKINNER (1953) aufgefallen.

Ein Beispiel: Im Sandkasten eines Vorschulkindergartens bricht eine Rangelei um ein Spielzeug aus. Ein älterer Junge setzt sich auf Grund seiner Körperkraft gegen ein jüngeres Mädchen durch. Dieser Vorfall wird von den nahe stehenden Erzieherinnen ausnahmsweise nicht bemerkt – und daher auch nicht negativ sanktioniert. Man hat also, so nehmen wir an, zum ersten Mal Gewalt angewendet und daraufhin eine subjektive Belohnung erhalten. Der Junge kam ja wie beabsichtigt in den Besitz des Spielzeugs. Dieses kämpferische Verhaltensmuster kann, wenn es noch weitere Male in anderen Situationen die erwünschte Wirkung nach sich zieht, verinnerlicht werden und zu einer starren Charaktereigenschaft anwachsen.

Auf unser Thema übertragen heißt das: Vielleicht, liebe Leserin, lieber Leser, war jemand bis zu einem bestimmten Lebensalter zunächst überhaupt nicht eifersüchtig gewesen. Es können sich irgendwann, *nachdem* man als Teenager eine Zweierbeziehung beschlossen hat, diesbezüglich prägende Situationen abgespielt haben. Vielleicht hat man demnach das Pendant mit bestimmten (aggressiven) Verhaltensweisen erfolgreich manipuliert; diese dürften sich teilweise als schizoide Methoden (Abschnitt 3.3) charakterisieren lassen. Ist derartiges Vorgehen oft von Erfolg begleitet, dann wird es nach lerntheoretischer Diktion beibehalten.

Wenn Sie zur Missgunst tendieren, reflektieren Sie einmal darüber, ob es zwischenmenschliche Komplikationen gegeben hat, die Sie durch die Praxis von Eifersüchteleien erfolgreich beigelegt haben (siehe oben). Sollten Sie bei Ihrer Gedankenarbeit fündig werden, können Sie sich ab jetzt jeden Tag neu entscheiden, ob Sie solche Verhaltensweisen forthin praktizieren.

Ein anderer Tipp: Sie können auch mit Ihrem Pendant in einem geeigneten Rahmen über einige Ihrer Aktionen sprechen, die von starken Eifersuchtsregungen begleitet werden.

Wurden Eifersüchteleien bei den Bezugspersonen beobachtet und erlernt?

Falls Neid im Elternhaus nahezu täglich präsent ist, ist wahrscheinlich, dass dies nicht einfach so an den Kindern vorübergeht. Daher ist es für Betroffene sehr wichtig, oft über vergangene Beziehungsstrukturen zu reflektieren.

Wenn Sie ein Übermaß an Eifersüchteleien mitangesehen und verinnerlicht haben, dann ist Folgendes zu berücksichtigen: *Ihr derzeitiger Partner kann durch spezielle Verhaltensweisen (die Sie unbewusst an früher erinnern) nur diejenigen emotionalen Reaktionen in Ihnen auslösen, die Sie schon damals empfunden haben. Ihr Gegenüber kann peinigende Gefühle zwar auslösen, aber niemals »machen«.*

Was wir auch bedenken können: Würde an Ihrer Stelle ein anderer Mensch stehen, der z.B. einen Flirt Ihres Partners in fremden Gefilden mitverfolgt, so würde Ihr Pendant dadurch ganz andere Reaktionen hervorrufen, weil ein anderes Individuum auch andersartige Lernprozesse internalisiert hat. Anders gesagt, es ist *Ihre Eifersucht, mit der Sie sich auseinandersetzen müssen.*

Wurde man in Hinsicht auf Eifersucht klassisch konditioniert?

Auf die klassische Konditionierung wurde bereits eingegangen. Eine relevante Konstellation aus der Kindheit will ich schließlich noch beispielhaft nennen. An diesem Exempel können wir schnell erkennen, wie wir therapeutisch am besten verfahren.

Nehmen wir an, ein Kind offenbart eine starke Mutter-Fixierung. Dieses Phänomen ist u.a. beim Zubettgehen auffällig: Der heranwachsende Mensch will trotz des vollendeten 8. Lebensjahres partout nicht alleine einschlafen. Spätestens wenn sich die Erzieherin anschickt, das Licht auszuschalten und das Schlafzimmer zu verlassen (Reiz), spielen sich charakteristische Szenen ab (Reaktion). Das Kind bricht z.B. in übermäßigen Zorn aus, schreit und brüllt. Die Mutter geht dann schließlich dessen ungeachtet trotzdem aus dem Zimmer (Reiz), bleibt also konsequent, um zu suggerieren: »Du musst endlich lernen, alleine einzuschlafen.« Nachdem die Tür ins Schloss fällt, steigern sich die Wutanfälle des Kindes (Reaktion).

Über Monate oder Jahre hinweg praktiziert, können sich dementsprechende konditionierte Reiz-Reaktions-Schemata dann auch in einer Zweierbeziehung zeigen. Im Erwachsenenalter kann es demnach so kommen, dass das Gegenüber, sollte es irgendwie an die Mutter erinnern, beim klassisch konditionierten Partner dieselben Aggressionen aus vergangenen Zeiten auslöst (konditionierte Reaktion).

Was können wir daraus ableiten? Wenn Sie bei Ihrer täglichen Reflexion auf vergangene Beziehungsstrukturen stoßen, die in obiges Schema passen, sprechen Sie mit Ihrem Partner darüber. Das ist z.B. bei problemzentrierten Zwiegesprächen besonders angebracht (vgl. Abschnitt 5.7.4). Wenn Sie darüber reden, kann Ihr Gegenüber Sie mittels Ihrer

Schilderung endlich besser verstehen, ferner muss er (oder sie) Ihre affektiven Reaktionen nicht länger auf sich selbst beziehen.

Drei weitere verhaltenstherapeutische Vorgehensweisen will ich im Folgenden darstellen: 1. Direktes Konditionieren; 2. Operantes Ent-Konditionieren; 3. Token-Ökonomie.

Direktes Konditionieren

Diese Methode wurde bereits oben empfohlen. Wenn Sie sich mit einem wahnhaft eifersüchtigen Partner arrangieren müssen und ein bisschen mit der »Brechstange« vorgehen wollen, um vielleicht zügig Verhaltensveränderungen zu bewirken, behalten Sie folgende Handhabe im Hinterkopf. Vielleicht ist das direkte Konditionieren etwas für Sie. Um dies zu prüfen, möchte ich einen passenden Fall schildern.

Falls ein Mensch z.B. Angst vor Flugzeugen, also vor dem Fliegen hat, dann würde ein Verhaltenstherapeut vermutlich vorschlagen, genau diese Angst zu überwinden. Und das geht oft am besten auf »direktem« Weg. Das heißt, Therapeut und Klient buchen spontan einen Flug – und treten ihn auch gemeinsam an. Der Therapeut steht bei auftauchenden Ängsten beratend zur Verfügung (DAMM 2006).

Direktes Konditionieren kann auch in der Zweierbeziehung erfolgreich sein. Konfrontieren Sie demnach Ihr eifersüchtiges Pendant in relevanten Situationen – *mit der Realität*. Wie das geht? Stellen Sie sich zunächst ein Hobby vor, das Sie nicht stressfrei ausüben können, weil Ihre bessere Hälfte eifersüchtig wird, sobald Sie die Türklinke Ihrer Wohnungstür betätigen. Nehmen wir kurzerhand an, Ihr Partner ist neidisch auf Ihren wöchentlichen Frauenabend, den Sie gewöhnlich mit Ihren Freundinnen in einem Irish Pub in der nahe gelegenen Innenstadt verbringen.

Die Methode des direkten Konditionierens sieht nun vor, dass Sie Ihr Pendant einmal (!) mitnehmen. *Er* soll sich dazusetzen. Sollten Sie dann am Abend auf befreundete Individuen des anderen Geschlechts stoßen, stellen Sie sie Ihrem Freund ohne Umschweife vor. Ich selbst habe diese Vorgehensweise einmal bei meiner (Ex-)Freundin praktiziert; sie war erfolgreich. Seit dem besagten Tag hatte ich diesbezüglich einen stressfreien Männerabend; sie konnte verschiedene selbst produzierte Filme über meine »Untreue« löschen. – Kommen wir nun zu einer anderen verhaltenstherapeutischen Arbeitsweise.

Beispiel einer operanten Ent-Konditionierung von Eifersucht – nach SKINNER

Bezug nehmend auf seine Erkenntnisse, beschreibt SKINNER eine etwas aufwändige, aber in der Tat wirksame Methode, wie man unangebrachtes, weil nachteiliges Verhalten zum Verschwinden bringen kann.

Erinnern wir uns zunächst daran, dass Lerntheoretiker gewöhnlich davon ausgehen, dass der Mensch nicht viele angeborene Charaktereigenschaften hat. Unangepasstes Verhalten ist demnach lediglich von außen, z.B. von der Familie, antrainiert und über Jahre hinweg verstärkt worden. Die charakteristischen Voraussetzungen für einen Heranwachsenden, bestimmte Verhaltensweisen beizubehalten, sind (wie erwähnt) Belohnungen jedweder Art (siehe oben).

Wie es unter Berücksichtigung des operanten Konditionierens zu unerwünschten Reaktionen kommen kann, will ich an einem einfachen Beispiel demonstrieren. Stellen Sie sich vor, eine Mutter hat mit ihrem siebenjährigen Kleinkind zahlreiche Konflikte auszufechten. Der Heranwachsende ist zweifellos verhaltensauffällig. Konkret ausgedrückt, er zeigt zu Hause häufig asoziale Verhaltensmerkmale wie Schreien, Toben, willkürlich den Mittelfinger zeigen, saftige Schimpfwörter benutzen, Rülpsen am Tisch. Woher hat er das nur? Natürlich wird die Bezugsperson, wenn sie darauf angesprochen wird, jedwede Schuld an den Verhaltensauffälligkeiten weit von sich weisen.

Doch meistens befinden sich Eltern *und* Kinder in einem reziproken Abhängigkeitsverhältnis, was beiden Parteien nicht bewusst ist. Mit anderen Worten, einige Kinder erhalten durch die Praxis der oben genannten (negativen) Verhaltensweisen genau das, was sie sich eigentlich wünschen: *Beachtung.* Natürlich hat es keinerlei moralische Bedeutung für das Kind, dass die Bezugsperson schimpft, beschwichtigt, Strafen androht usw. – *Denn negative Aufmerksamkeit ist auch eine Art von Aufmerksamkeit.*

Daher wird der Junge wahrscheinlich die (nicht unwillkommenen) Rückwirkungen der Mutter unbewusst immer wieder durch die ungeselligen Methoden (Reize) hervorrufen wollen – was ja auch fortwährend gelingt. Der Grund: *Gerade* die Reaktionen der Bezugsperson, die stets gesetzmäßig in Erscheinung treten, wirken auf das kindliche Verhalten *verstärkend*; es »tut« sich ja immer was. Was das Ende vom Lied ist? Das Kind bleibt genauso lange verhaltensauffällig, solange das soziale Umfeld in gewohnter Art und Weise reagiert.

Wenn man derartige Kreisläufe erkannt hat, tun sich ganz neue Chancen auf. Verhaltenstherapeuten empfehlen in diesen Fällen daher eine ganz bestimmte Form der Einflussnahme. Wenn das Kind ab jetzt wieder das unerwünschte Verhalten zeigt, soll die Bezugsperson zunächst auf die gewohnten Reaktionen verzichten. Auf der anderen Seite müssen entsprechende nachteilige Auffälligkeiten *sofort* und konsequent sanktioniert werden. Somit wird dem Kind suggeriert, dass das asoziale Verhalten *wirklich* keine Zukunft hat. Eine dementsprechende Sanktion könnte sein, das Kind 30 Minuten aufs Zimmer zu schicken o.Ä. (je nach Alter des Heranwachsenden, versteht sich).

Um die Kriterien des operanten Konditionierens gänzlich zu erfüllen, müssen Eltern natürlich auch Lob aussprechen oder sonstige Belohnungen verteilen, sobald der Heranwachsende sozial *erwünschtes* Verhalten zeigt. Letzteres muss dann und wann auch vorkommen. Denken wir an das Gesetz der Wahrscheinlichkeit; niemand kann *immer* nur gesellschaftsfeindliche Reaktionen offenbaren.

Das Ergebnis der modifizierten elterlichen Vorgehensweisen: *Das Kind wird nach und nach sozial umgänglicher, weil die bisherigen gesellschaftsschädigenden Verhaltensmuster nicht länger verstärkt werden; darüber hinaus ziehen erwünschte Merkmale Belohnungen nach sich; sie werden daher über kurz oder lang beibehalten.*

Nun, liebe Leserin, lieber Leser, was für Kinder gilt, das gilt meistens auch für Erwachsene. Das eben ausgeführte Beispiel können wir daher 1:1 auf unsere Thematik übertragen. Wenn Sie also mit einem eifersüchtigen Partner zusammenleben, können Sie, wenn Sie wollen, die Methode des Ent-Konditionierens nach SKINNER einmal anwenden.

Wie geht man am besten vor? Denkbar ist, dass Sie sich zunächst Ihre eigenen Handlungen bewusst machen, die in irgendeiner Form die missgünstigen Verhaltensweisen Ihres Partners *verstärken*. Möglich ist Folgendes:

➤ »Wenn ich merke, dass mein Partner bei gemeinsamen Unternehmungen Anspielungen ausspricht, ich würde verschiedene Personen, die wir antreffen, attraktiv finden, *dann* <u>frage ich oft nach</u>, was das soll.«

➤ »Wenn wir zusammen einen Abend in unserem Stamm-Pub verbringen, gehen wir irgendwann – auf mein Drängen hin – getrennte Wege, um uns mit Freunden zu unterhalten. Wir machen vorher einen Treffpunkt aus, an dem wir uns nach 30 Minuten wieder einfinden wollen. Aber sobald wir uns teilen, verfolgen mich die Augen meines Partners. Ich spüre seine Blicke fortwährend in meinem Nacken, so als würde er [oder sie] direkt hinter mir stehen. Irgendwann bekomme ich ein richtig schlechtes Gewissen. 15 Minuten vor Ablauf der halben Stunde <u>suche ich ihn [oder sie] wieder auf</u>.«

➤ »Ich <u>fange eine Diskussion an</u>, sobald ich merke, dass mein Pendant mir meinen geplanten Frauen- [oder Männerabend] vermiesen will.«

Die genannten möglichen *Reaktionen* (nehmen wir an, es wären wirklich Ihre), die ich unterstrichen habe, können mit Sicherheit den Partner in seinen Eifersüchteleien bestärken. Warum? <u>Weil er *durch* Ihre Reaktionen motiviert wird, seine eifersüchtigen Verhaltensweisen aufrecht zu erhalten. – Denn sie sind ja letztlich erfolgreich! Er *erreicht* ja etwas damit.</u>

Wenn Sie diesbezüglich etwas in Ihrer Bindung ändern wollen, dann gilt es, auch diese lerntheoretischen Erkenntnisse in den Beziehungsalltag zu integrieren. Im Folgenden möchte ich erklären, wie das aussehen könnte.

Zunächst kann man auf das unerwünschte Verhalten des Gegenübers mit *unerwarteten* Verhaltensweisen reagieren. Wenn Ihr Partner also wieder die obligatorischen Anspielungen einstreut, Sie seien hinter andersgeschlechtlichen Individuen her, dann sagen Sie einfach einmal – nichts, aber auch gar nichts. Beißen Sie sich des öfteren auf die Zunge.

In der Disco indessen können Sie in den relevanten Situationen einmal versuchen, das peinigende Gewissen auszuhalten. Darüber hinaus schadet es vielleicht auch nicht, wenn Sie tatsächlich erst *nach* 30 Minuten am Treffpunkt auftauchen. Und letztlich: Wenn Sie sich durch einige Attacken Ihres Partners bezüglich Ihrer Unternehmungen herausgefordert fühlen, schlagen Sie aus heiterem Himmel vor, er (oder sie) könnte ja heute mitkommen zum Date mit den Freundinnen oder Freunden. – Bewirkt die Methode der *nicht-erwarteten Reaktion* auf eifersüchtige Verhaltensweisen auf längere Sicht gar nichts, kann man, wenn man will, »einen Gang höher schalten«:

1. Sobald die oben genannten Verdächtigungen ausgesprochen werden, verlassen Sie das Zimmer oder die Wohnung mit den Worten: »So jetzt reicht's! Ich bin verletzt und traurig, weil du kein Vertrauen zu mir hast!«

2. In der Disco. – Wenn Sie merken, dass Ihnen nachspioniert wird, gehen Sie sofort zu ihm (oder ihr) hinüber und sagen Sie: »Hör' mal, ich gehe jetzt in den anderen Tanzraum. Wenn du mir nachkommst, dann werde ich den Heimweg antreten. Ich möchte 30 Minuten alleine sein, das haben wir gemeinsam vereinbart. Ich brauche jetzt Zeit für mich alleine. Bitte lass' es uns einmal auf diese Weise machen!«

3. Wenn der andere beim geplanten Frauen- oder Männerabend den Miesepeter spielt, sagen Sie ganz offen: »Ich bin jetzt sauer! Ich werde mich heute mit meinen Freunden alleine treffen. Das war ausgemacht, ich halte meine Versprechung. Außerdem machen mir die gemeinsamen Abende sehr viel Spaß, mir geht es gut dabei.«

Solche Reaktionen müssen *sofort* bei auffälligen Eifersüchteleien des Partners ausgeführt werden, damit er (oder sie) merkt und lernt, dass augenscheinliche Missgunst ein *negatives* Echo hervorruft und kein positives (mehr).

Auf der anderen Seite, das darf man nicht vergessen, müssen parallel zur eigenen Verhaltensänderung auch Belohnungen verschenkt werden, sobald der andere einmal (unerwartet) fortschrittlich agiert. Zum Beispiel verzichtet er (oder sie) plötzlich auf irgendeine eifersüchtige Verhaltensweise, die Sie bis dato effizient zur Weißglut gebracht hat. Effiziente Belohnungen sind etwa:
➤ Ein schmackhaftes Essen kochen;
➤ befriedigender Sex;
➤ Spontanurlaube;
➤ Theaterbesuche;
➤ alles, was er (oder sie) gerne mag;
➤ ihm (oder ihr) sagen, dass es Ihnen gut geht.

Vergessen Sie außerdem nie, dass Sie derartige Anerkennungen ganz augenscheinlich mit den positiven Verhaltensweisen des Partners in Verbindung bringen müssen. Während Sie z.B. zusammen essen, können Sie anmerken: »Schmeckt es dir? Du, ich bin so froh, dass du dich gestern nicht aufgeregt hast, als ich mich für meinen Frauenabend in Schale geschmissen habe. Ich freu' mich echt!«

Diese Vorgehensweise ist deshalb so wichtig, weil Sie bei Ihrem Partner neue Lernprozesse anregen müssen, damit sein positiver Umgang mit Eifersucht keine Eintagsfliege bleibt. Das heißt, sollte sich das Gegenüber in Zukunft typische Eifersüchteleien verkneifen, müssen Sie das einerseits *merken*, andererseits sofort *belohnen*. Irgendwann müssen Sie natürlich keine dementsprechende »therapeutische Aufmerksamkeit« mehr aufbringen: Ihr Partner wird sich verändern, wenn Sie ihn erfolgreich operant ent-konditioniert haben.

Wem diese Vorgehensweisen zu unbequem oder aufwendig sind, dem steht die Möglichkeit offen, sich auch einzig und allein auf die positiven Verstärker zu konzentrieren.

Token-Ökonomie

AYLLON & AZRIN (1965) haben, von SKINNER ausgehend, eine interessante Konditionierungsmethode entwickelt, um dauerhafte Veränderungen im zwischenmenschlichen Alltag zu bewirken. Diese Methode thematisiert Belohnungen für willkommene Verhaltensweisen und wird »Token-Ökonomie« genannt.

Wer einen eifersüchtigen Partner positiv beeinflussen will, kann demnach Tokens (Gutscheine) in Aussicht stellen, sobald jener sich in Bezug auf die blinde Leidenschaft »am Riemen reißt«. Die Tokens können schließlich eingetauscht werden. Man kann Dinge erwerben, die man begehrt, weil sie z.B. einen hedonistischen Lustgewinn mit sich bringen. Einige Beispiele: ein Päckchen Zigaretten, Computerspiele, ein Literaturklassiker, Fußball gucken oder gemeinsam *Sex and the City* schauen usw. Der Phantasie sind keine Grenzen gesetzt. Nahezu alles, was Lustgewinn verheißt, kann durch mehr oder weniger Tokens realisiert werden. Sprechen Sie mit Ihrem Partner gemeinsam über die entsprechenden »Wechselkurse«. Erstellen Sie dementsprechende Token-Tabellen.

Natürlich kann das zur Eifersucht neigende Gegenüber auch Tokens sammeln. Je mehr es von Ihnen erhält, desto »reizvollere« Objekte können schließlich erstanden werden. Sie, liebe Leserin, lieber Leser, entscheiden selbstredend darüber, welche vereinbarten willkommenen Verhaltensweisen des Pendants mit wie vielen Tokens vergütet werden.

So viel zu verhaltenstherapeutischen Vorgehensweisen. Diese Maßnahmen wurden in Hinsicht auf ihre Wirksamkeit übrigens ausgiebig überprüft. Man kann demnach zweifelsohne von einer hohen Effektivität sprechen und sich daher auf sie verlassen. Daneben müssen Sie zur Umsetzung von verhaltenstherapeutischen Überlegungen vor allem Ausdauer und Aufmerksamkeit mitbringen.

Nun folgen, wie angekündigt, allgemein nützliche Maßnahmen, die mal mehr, mal weniger auf tiefenpsychologischen, philosophischen oder kommunikationstheoretischen Grundlagen fußen. Wer einige Ausführungen in Zukunft berücksichtigt, wird sowohl seine Persönlichkeit besser kennen lernen als auch seinem Eifersucht-Potenzial das Wasser abgraben. Ich spreche dabei aus Erfahrung, liebe Leserin, lieber Leser.

5.7 Allgemeine Empfehlungen

Wir werden u.a. diese Angelegenheiten aufgreifen:

➤ Selbsterkenntnis,
➤ Kindheitseinflüsse,
➤ kognitives Training,
➤ Ich-Selbst-Sein,
➤ problemzentrierte Zwiegespräche,
➤ Teufelskreise auflösen,
➤ authentische Kommunikation.

5.7.1 Selbsterkenntnis

>»Tätigkeit, etwas treiben, wo möglich, etwas machen, wenigstens aber etwas
> lernen, – ist zum Glücke des Menschen unerlässlich: seine Kräfte verlangen nach
> ihrem Gebrauch und er möchte den Erfolg desselben irgendwie wahrnehmen.
> Die größte Befriedigung jedoch in dieser Hinsicht, gewährt es etwas zu machen,
> zu verfertigen, sei es ein Korb, sei es ein Buch; aber dass man ein Werk
> unter seinen Händen täglich wachsen und endlich seine
> Vollendung erreichen sehe, beglückt unmittelbar.«
> – *Arthur SCHOPENHAUER* (1851/1999a, S. 433)

Dass der Mensch weniger von vernünftigen Motivationen gelenkt wird als von irrationalen Antrieben, ist schon lange kein Geheimnis mehr. Diese Erkenntnis verdanken wir vor allem den Pessimisten der Philosophiegeschichte (siehe oben) und natürlich Sigmund FREUD, der das Unbewusste popularisierte, d.h. in die Psychologie einführte.

Er hat u.a. nachgewiesen: Nachteilige bzw. symptomatische Einflüsse im Kindesalter sind dafür verantwortlich, dass zahlreiche geniale naturgegebene Potenziale, die jedermann besitzt, gewöhnlich ein Leben lang ungenutzt bleiben. Dummerweise wissen die meisten Individuen nichts von derartigen Angelegenheiten, insbesondere auch deshalb, weil man sich gewöhnlich nicht selbst objektiv zum Gegenstand von Reflexionen macht. Daher nimmt man generell auch keine unterentwickelten oder infantilen Bereiche in sich wahr, die man notwendigerweise bewältigen müsste, um ein echter Mensch zu werden.

FREUDs Erkenntnis »Das bewusste Ich ist nicht Herr im eigenen Haus« bedeutete die dritte Kränkung für die Menschheit. Die anderen beiden Demütigungen, die kosmologische und die biologische, gehen auf das Konto von KOPERNIKUS – »Die Erde ist nicht der Mittelpunkt des Universums« – und DARWIN: »Der Mensch ist nicht von Gott geschaffen. *Homo sapiens* entwickelte sich in Jahrmillionen langsam zu dem, was er heute ist. Seine Wurzeln finden wir im Tierreich, insbesondere bei den affenähnlichen Wesen.«

Bleiben wir im Nachstehenden bei der *psychischen* Kränkung, also bei der Psychoanalyse. Ein Hauptanliegen von FREUD war die Heilung von (Kindheits-)Neurosen durch das Bewusstmachen von ahnungslosen, weil verdrängten Erlebnissen bzw. Beziehungsmustern (vgl. Abschnitt 4). An seiner Arbeit und seinem Werk stießen sich viele seiner Zeitgenossen, weil er vielen Illusionen, d.h. den traditionellen Moralvorstellungen, den Garaus machte. Er musste demzufolge zeitlebens gegen den Widerstand der »stumpfen Welt« ankämpfen (was er auch durchgehalten hat, er ließ sich nie beirren).

Bezug nehmend auf das bisher Gesagte, können wir, um unsere Selbstentwicklung zeitlebens nicht zu gefährden, vor allem vier tiefenpsychologische bzw. philosophische Wahrheiten tagtäglich berücksichtigen:

1. Die Masse – das »Man« – ist fast immer im Unrecht, sobald es um Prinzipien der alltäglichen Lebensphilosophie geht (siehe Zwangscharakter, Abschnitt 4.2).
2. Die Gesellschaft besteht vorwiegend *nicht* aus Menschen, die von der »reinen Vernunft« gelenkt werden. Fast niemand kann jederzeit seine inneren Absichten und Motivationen furchtlos durchschauen. Das individuelle sowie das kollektive Handeln ist im Allgemeinen von unbewussten Phantasien und unbewältigten Fixierungen an die Kindheit motiviert (siehe Abschnitt 4).
3. Die Gesellschaft ist aus psychiatrischer Sicht seelisch krank.
4. Der Weg zur Wahrheit führt nur über die Erkenntnis des eigentlichen *Ichs*. Bei praktizierter Selbstentfaltung wird das soziale Umfeld gewöhnlich wenig Unterstützung anbieten (vgl. Abschnitt 1.3).

Bleiben wir im Folgenden bei der Einsicht, dass jeder Mensch zu irrationalen Denk- und Verhaltensweisen neigt. Die Eifersucht ist ein irrationales Phänomen. Wir werden also nicht fehlgehen, wenn wir über unsere eigenen Eifersuchts-Phänomene reflektieren. Fragen wir uns also des Öfteren: »Wie stark eifersüchtig bin ich?« – »Warum bin ich oft missgünstig?« Man wird vielleicht vorschnell sagen: »Weil der Partner [. . .]« Nein, bleiben wir erstmal bei uns selbst.

Reflexion über die Kindheit und Jugend

Wie wir im Alltag reden, denken, Beziehungen führen, streiten – das alles ist immer gefärbt von Strukturen, Erfahrungen und Erlebnissen aus unserer Vergangenheit. Daher sind unsere ersten Lebensjahre sowie die Adoleszenz stets zu berücksichtigen, und zwar bei allen möglichen Angelegenheiten. Die Selbstbeobachtung und das In-sich-hinein-horchen-Können sind unsagbar Gewinn bringend, wenn wir Persönlichkeitsentwicklung betreiben wollen.

Der berühmte Neurowissenschaftler Gerhard ROTH (2004) geht bezüglich der Relevanz der Kindheit sogar noch weiter und führt aus, dass uns die Erfahrungen der ersten fünf Lebensjahre vollends in Hinsicht auf unsere tagtägliche Lebensphilosophie bestimmen würden – bis zum Tod.

Hierfür verantwortlich ist nach ROTH das *Erfahrungsgedächtnis*, in dem alle relevanten kindlichen Erlebnisse permanent gespeichert sind – und auch gespeichert bleiben. Kommt es nun im Erwachsenenalter im Alltag zu gewöhnlichen Entscheidungen, dann glaubt zunächst jeder Mensch, er würde *selbst* die Handlungsalternativen logisch abwägen und daraufhin – handeln. Diese Annahme ist nach ROTH eine Illusion. Denn die bei jeder Alltagsentscheidung mitschwingenden Emotionen, die uns beeinflussen, sind nie neuartige Strebungen, sondern altbekannte »Freunde«. – Es sind lediglich die Emotionen, die wir schon vor Jahren in ähnlichen Momenten gefühlt haben; sie wurden im *Erfahrungsgedächtnis* gespeichert.[26]

Wir spüren demnach (infantile) Gefühle als Bewertungsmaßstäbe von gegenwärtigen (!) Entscheidungsmöglichkeiten. Sie, die Emotionen, sind letztendlich der eigentliche Maßstab für die *Wahl* von anstehenden Entscheidungen im Sinne von »Das ist gut für mich« bzw. »Das ist nichts für mich«. Mit anderen Worten, unsere verinnerlichten Kindheitserfahrungen entscheiden im Allgemeinen darüber, welche Alltagshandlungen letztendlich zeitlebens ausgeführt werden.

Daher sind die meisten Menschen sehr stark eingeschränkt in Bezug auf jegliche Persönlichkeitsentwicklung. Man traut sich gewöhnlich nämlich nicht über seine kindlichen Grenzen hinaus, weil man gar nicht weiß, dass die meisten Ängste und Widerstände in einer Zeit entstanden sind, in der man klein, hilflos und schwach war. – Ähnliches gilt wahrscheinlich auch in Hinsicht auf eine ausgeprägte Eifersucht, die demnach einfach nur archaischen Ursprungs ist.

---

26 Einen ähnlichen Gedanken finden wir bei Antonio DAMASIO (2004). Eine zentrale Bedeutung haben bei DAMASIO die »emotionalen Marker«. Emotionale Marker sind (in tiefen Gehirnregionen) gespeicherte Emotionen, die wir in prägnanten Situationen in der Vergangenheit einmal gefühlt haben. Beispiel: Stellen Sie sich vor, Sie wären als Kind einmal beinahe überfahren worden, nachdem Sie bei einer Mutprobe bei Rot über eine Fußgängerampel gerannt sind. Die Situation war gefährlich, Sie hatten einen kleinen Schock, es war tierisch knapp. Seitdem ziehen Sie es vor, bei Grün loszulaufen. Ihnen scheint es sogar fast unmöglich zu sein, an Ampeln anders zu handeln. Warum? Im Gehirn hat sich wahrscheinlich ein somatischer Marker gebildet, der sofort aktiviert wird, sobald Sie, vielleicht noch Jahre später, mit dem Gedanken spielen, im Alltag bei Rot über die Straße zu spurten. Sie werden natürlich keinen Schock mehr erleiden (wie damals), aber Ihr Körper wird zumindest ansatzweise reagieren, weil die gefährliche Situation nie vergessen wurde. Emotionale Marker sind demnach intuitiver Natur und sollen den Organismus schützen. Darunter leidet bekanntlich das, was wir Willensfreiheit nennen.

Wer also vor sich selbst zugibt, obsessiv eifersüchtig zu sein – das ist schon was! – und keinen Therapeuten aufsuchen will, der kann in bescheidenem Maß Selbsttherapie betreiben.

Das »Problem« einer jeden Therapie durch Bewusstmachung von unliebsamen Erfahrungen in der Kindheit ist (leider) der *Widerstand*, eine innerpsychische Sperre, die sich als größtes Hindernis der Selbsterkenntnis präsentiert. Das ist bereits FREUD aufgefallen.

Ein Beispiel: Fast jeder Mensch ist von seiner »guten alten Zeit« überzeugt. »Damals war alles besser.« Doch diese Annahme ist meistens ein Irrtum, eine List der Psyche. Wie kommt es zum Märchen von der guten alten Zeit, auf das z.B. Erwin RINGEL, ein ADLER-Schüler, aufmerksam gemacht hat? Tiefenpsychologen argumentieren etwa so: Da unser seelischer Apparat (FREUD) so konstruiert ist, dass Unliebsames und Negatives, um des seelischen Gleichgewichts willen, verdrängt wird, können wir davon ausgehen: Jeder von uns hat seine individuellen Schattenseiten ausgebildet, d.h. verdrängte Persönlichkeitsbereiche entwickelt. Häufig weiß man nichts von ihnen, aber sie beeinträchtigen nolens volens unser seelisches Gleichgewicht. Darum charakterisieren sich ja die meisten Personen, die wir im Alltag antreffen, gewöhnlich als Halb-Menschen, als an spezifische Kindheitserfahrungen fixierte Seelen. Und darum sagte FREUD sinngemäß: »Ich habe die Gesellschaft als Patient.«

Gerade die extrem Eifersüchtigen haben oft charakteristische Erlebnisse in der Kindheit und Pubertät erfahren. Diese begünstigten und unterstützten die Entwicklung eines hohen Eifersuchts-Potenzials. Einige dementsprechende Konstellationen will ich nennen:
➤ Außenseiterrolle im Kindergarten/in der Schule,
➤ Geschwistereifersucht,
➤ dauerhafte Vernachlässigung oder Abweisung,
➤ Gewalt in der Familie.

Vielleicht haben Benachteiligte daraufhin u.a. zu diesen, nicht untypischen Reaktionen geneigt:
➤ Drogenmissbrauch,
➤ Aggressionsausbrüche,
➤ Depressionen,
➤ Alkoholmissbrauch.

Sollten Sie, liebe Leserin, lieber Leser, verschiedene Zusammenhänge zwischen eigenen nachteiligen Kindheitserlebnissen und einer starken Eifersucht erkennen können, so haben Sie jetzt endlich, nachdem das Verdrängte wieder aufgetaucht ist, die Chance, zukünftig etwas zu ändern. Die Chance existiert natürlich ein Leben lang, Sie erinnern sich ja an das Märchen von der guten alten Zeit. Es lohnt sich auch, bei derartigen Bemühungen einen Gesprächspartner einzuschalten. Durch aktives Zuhören, Geduld und Einfühlungsvermögen lassen sich dann die Pforten zum Unbewussten, zum *Es* öffnen.

Was für ein Bindungstyp bin ich?

Ein ausgezeichnetes Mittel zur Feststellung der wesentlichen Qualitäten von frühkindlichen Verhältnissen stellt die Bindungstheorie von John BOWLBY (1975) dar. Sie wurde u.a. von deutschen Sozialwissenschaftlern aufgegriffen und weiterentwickelt.

Karin und Klaus GROSSMANN sind Bindungsforscher. Sie haben ausgiebig zwischenmenschliche Kommunikationsformen in Familien- und Zweierbeziehungen zum Gegenstand von diversen Untersuchungen gemacht. In ihrer Publikation *Bindungen – das Gefüge psychischer Sicherheit* (2004) präsentieren sie die interessanten Ergebnisse ihrer *Bielefelder* und *Regensburger Studie*. Das Forscherpaar hat insgesamt mehr als 100 Familien untersucht, d.h. im Alltag beobachtet, 20 bzw. 22 Jahre lang.

Unter anderem wurde herausgefunden: Spezifische elterliche Verhaltensweisen haben charakteristische Auswirkungen auf die kindliche Persönlichkeitsentwicklung, die zeitlebens relevant bleiben. Mit anderen Worten, der *Bindungsstil* eines jeden Individuums, z.B. in der Zweierbeziehung, resultiert letztendlich aus den Erfahrungen während der Kindheit und Jugend, die man mit vertrauten Bezugspersonen gemacht hat. Drei elementare Gesinnungen werden von den GROSSMANNs unterschieden:

1. *Der Sichere*: Dieser Typ zeichnet sich durch eine weitgehend gesunde psychische Konstitution aus. Bei auftretenden Problemen in der Partnerschaft kann er (oder sie) auf spezifische Stärken zurückgreifen. Der Sichere repräsentiert nämlich u.a. typisch männliche *und* weibliche Persönlichkeitseigenschaften (siehe Tabelle 1 in diesem Buch). Demnach kann man z.B. gut zuhören, aber auch gleichzeitig angstfrei über eigene Gefühle sprechen. Konflikte werden offen, selbstsicher und respektvoll ausgetragen. Der sichere Bindungstyp umsorgt den anderen gerne, ohne ihn besitzen zu wollen. – Wie geht diese Gesinnung mit Eifersucht um? Wir können annehmen, dass man einen erwachsenen, toleranten Umgang praktiziert.

2. *Der (unsicher) Vermeidende*: Dieser Charakter lässt den Partner in Krisenzeiten nicht an sich heran, emotional und körperlich gesehen. Man kapselt sich lieber ab. Somit erinnert der unsicher Vermeidende an das Naturell des phallischen Narzissten (Abschnitt 4.3). Wer von letzterer Gesinnung durchdrungen ist, scheut, wie erwähnt, jeglichen Eindruck, vom anderen abhängig zu sein. Auch Probleme löst man generell im Alleingang. Die Gründe hierfür haben wir besprochen: Man ist ja ein »echter Mann« und braucht keine »Gefühlsduselei«. Unsicher Vermeidende haben nach den Erkenntnissen der GROSSMANNs meistens ständige Enttäuschungen in der Kindheit erlebt. Man will demnach schlicht und einfach als Erwachsener nicht schon wieder verletzt werden. Eine weitere Voraussetzung für die Ausbildung dieses Bindungsstils: Wichtige

Bezugspersonen haben das Kind mit Emotionalitäten erdrücken wollen. Demzufolge hat man heute in schlechten Zeiten gerade Angst vor einem Nähe suchenden Partner. Ein Phänomen, das bei diesem Bindungsverhalten häufig auftaucht, ist die Inkompetenz, über die eigenen Gefühle zu reden. – Wir können auf Grund solcher frühkindlichen Erfahrungen außerdem einen eher ambivalenten Umgang mit Eifersucht annehmen (vgl. Abschnitt 3.3).

3. **Der (unsicher) Verstrickte**: Der dritte Bindungstyp scheint dem Depressiven (Abschnitt 4.1) ähnlich zu sein. Beschrieben wird Ersterer nämlich als Persönlichkeit, die zunächst ein schwaches Selbstbild offenbart. – Des Weiteren, so die Ausführungen der GROSSMANNs, wollen unsicher Verstrickte die meiste Zeit mit dem anderen zusammen sein. Wir denken hierbei u.a. an das charakteristische Symbiose-Bedürfnis des Bauchmenschen (siehe oben). Die dritte hier besprochene Bindungsstruktur finden wir häufig unter Scheidungskindern. – Wenn unsicher Verstrickte starke Eifersucht empfinden, z.B. weil der Partner untreu war, offenbaren sie mit Sicherheit, so meine Annahme, genau dieselben Phänomene, die auch Depressive (Abschnitt 4.1) zeigen: *Aggressionen gegen sich selbst; übermäßige orale Lustbefriedigung; seelische Tiefststände; Ausbildung von psychosomatischen Krankheiten.*

Wie gesagt, der individuelle Bindungsstil taucht insbesondere bei persönlichen Krisen auf. Das bedeutet, der Sichere wird bei auftretenden Problemen seiner Persönlichkeit gemäß den Partner konsultieren und gemeinsam mit ihm Lösungsstrategien entwerfen, und zwar angstfrei. – Der unsicher Vermeidende hingegen zieht sich emotional zurück in sein Schneckenhaus; er (oder sie) verlässt z.B. spontan die Wohnung für drei Tage, um über den Fall zu »brüten« o.Ä. – Unsicher Verstrickte letztlich kommen speziell bei subjektiven Konflikten überhaupt nicht mehr vom Partner los, sie klammern.

Das wirklich Nachteilige an den besprochenen (neurotischen) Verhaltensweisen ist, dass meistens einerseits das betroffene Individuum nichts von den Ursachen und Phänomenen seines eigenen Bindungsstils weiß, andererseits ist sich gewöhnlich auch der Partner darüber im Unklaren. Somit leiden nolens volens häufig *beide*, wenn *einer* eine Krise hat, die neurotische Ausmaße erreicht. – Und hier kommt wieder die Selbstreflexion ins Spiel. Um mehr über seine Vergangenheit herauszufinden, muss man sich ernsthaft und ehrlich fragen: Wie verhalte ich mich meinem Partner gegenüber, wenn ich in ein seelisches Loch falle?

Wenn Sie sich einem bestimmten Bindungsstil zugeordnet haben, dann hat das vielleicht weit reichende therapeutische Konsequenzen – insofern Sie diese zulassen. Eine Schlussfolgerung wäre, Persönlichkeitsentwicklung zu betreiben (vgl. Abschnitt 4), insofern Sie sich nicht mit dem 1. Typ identifizieren (er ist ja nicht neurotisch).

Selbsttherapie hat Folgen: *Eine* gewöhnliche Auswirkung von nachteiligem Bindungs-verhalten können Sie durch Selbsterkenntnis mit Sicherheit abändern, nämlich die Ge-gebenheit, dass man meistens den individuellen Bindungsstil an seine Kinder weitergibt. – Kommen wir jetzt zum kognitiven Training.

5.7.2 Herkömmliche Sichtweisen verändern – kognitives Training

> »Die Vorurteile der Kinderjahre verwenden wir auch als Erwachsene noch immer,
> als ob sie geheiligte Gesetze wären.«
> – *Alfred ADLER* (1927/2001, S. 150)

Die meisten Menschen haben zu jeder Angelegenheit, zu jedem Alltagsphänomen stets die »richtigen« Erklärungen parat – das scheint eine typische Wesensart des *Homo sapiens* zu sein. Erkrankt man etwa an Grippe, war einmal »der Wetterumschwung vor kurzem schuld«, ein anderes Mal ist vielleicht »ein unangenehmer Luftzug auf der letzten Bahn-reise vor zwei Tagen« dafür verantwortlich zu machen o.Ä. – Bleibt das eigene Auto auf der Straße stehen, »hat wahrscheinlich die Werkstatt bei der letzten Reparatur etwas übersehen«. – Macht die Pizzeria um die Ecke pleite, »dann liegt das daran, dass nicht mehr so viel Geld unter den Leuten ist«. Kurzum, *wir Menschen brauchen Erklärungen.*

Dieser typische Drang, zu allen möglichen Aspekten seine Ansichten kundzutun, macht auch automatisch vor bestimmten Themen in der Zweierbeziehung nicht Halt. Viele Partner haben in der Tat zahlreiche vorgefertigte Standpunkte, vor allem in Hinsicht auf das Gegenüber.

Zahlreiche Liierte »wissen« daher, wie der andere »ist«, ferner *warum* er so ist und was er tun *müsste*, damit es um die Beziehung insgesamt besser bestellt wäre. Derartige An-schauungen sind natürlich Trugschlüsse erster Ordnung. Denn jedwede Wahrnehmung ist permanent abhängig vom individuellen Bewusstsein, von meiner Biografie, von *mei-nen* derzeitigen Stimmungen. Das was wir Wirklichkeit nennen, wird immer, jede Se-kunde subjektiv neu konstruiert. Daher gibt es auch nichts, aber auch gar nichts, was »normal« zu nennen wäre.[27] Denn jedes Objekt der Realität ist abhängig von individu-ellen Urteilen, mit anderen Worten, vom Betrachter. Ein belangloses Beispiel: Ein He-ranwachsender kann absolut felsenfest von der Sinnhaftigkeit seiner Autonomiebestre-bungen überzeugt sein, seine Eltern sind demgegenüber der Meinung: »Unser Kind ist frech! Man muss sich schämen!« Wer hat jetzt Recht, liebe Leserin, lieber Leser?

---

27 Wenn jemand von Normalität spricht, dann meint er meistens das, was die Gesellschaft als normal definiert.

Kommen wir aber zurück zum Thema »Meine Meinung über die Mitmenschen«. (Wir können vorab noch erwähnen, dass eigentlich immer derjenige am besten wegkommt, der Urteile über andere fällt.)

Es lässt sich eine relevante Besonderheit in Bezug auf unser Leitthema (die Eifersucht) feststellen. Insbesondere Paartherapeuten wissen davon ein Lied zu singen. <u>Viele Liierte sind der Auffassung, der Partner wäre verantwortlich für die eigene Eifersucht, er (oder sie) würde sie letztendlich »machen«.</u>

Verantwortung für Missgunst übernehmen

> »Nicht was die Dinge objektiv und wirklich sind, sondern was sie für uns, in unsrer Auffassung, sind, macht uns glücklich oder unglücklich.«
> – *Arthur SCHOPENHAUER* (1851/1999a, S. 324)

> »Statt anderen Leuten die Schuld für unsere Gefühle zu geben, akzeptieren wir unsere Verantwortung, indem wir unsere Bedürfnisse, Wünsche, Erwartungen, Werte oder Gedanken erkennen und akzeptieren.«
> – *Marshall B. ROSENBERG* (2001, S. 65)

Im Allgemeinen machen wir unsere Mitmenschen dafür verantwortlich, wenn wir im Alltag negative Gefühle verspüren. Ein aufschlussreiches Beispiel will ich ausführen.

Sie haben sich mit jemandem zu einer bestimmten Zeit in der Stadt verabredet. Sie sind pünktlich, er (oder sie) dummerweise nicht. Sie müssen warten. Nach 15 Minuten werden Sie langsam mürrisch und kommen zu dem Schluss: »Ich werde jetzt sauer, *weil* er [oder sie] nicht kommt, wie verabredet.« Mit anderen Worten, wir denken gewöhnlich, der andere würde unsere negativen Emotionen »machen«. Doch es verhält sich anders: Er (oder sie) kann lediglich negative Stimmungen auslösen; das ist ein himmelweiter Unterschied, der, wenn er vollends bewusst gemacht wird, folgenschwer ist. – Werden wir konkret. In Hinsicht auf unser Hauptanliegen »Liebe und Eifersucht« sind folgende Denkirrtümer möglich:

➤ »Du hast mit dem Typen getanzt und mich somit eifersüchtig *gemacht*!«
➤ »Wenn du mir nicht sagst, wo du warst, dann *werde* ich sauer!«
➤ »Ich kann nicht mit ansehen, wenn du mit anderen Männern/Frauen sprichst, *dann* könnte ich *explodieren*!«

Die Entstehung von Eifersucht und Neid wird bei allen erwähnten Aussprüchen, wie wir sehen, auf das Verhalten, anders ausgedrückt, auf die *Aktion* der Gegenseite zurückgeführt. *Darauf* wird nach eigener Ansicht nur gerechtfertigt *reagiert*, eben mit Eifersucht. Und so sind auch viele Eifersüchtige davon überzeugt, dass ausschließlich der Partner an der Entstehung der Unmutsgefühle beteiligt ist. Dieser Schluss ist nicht korrekt.

Was dabei u.a. übersehen wird, weil es anscheinend unserem Wesen entspricht, ist, dass schlicht und einfach <u>subjektive Bedürfnisse nicht befriedigt werden</u>, sobald der Partner seine (unserer Meinung nach) unwillkommenen Verhaltensweisen praktiziert. Diese wichtige Erkenntnis verdanken wir den Autoren der Humanistischen Psychologie. Marshall B. ROSENBERG (2001) ist derzeit einer der populärsten Vertreter dieser Richtung, insbesondere im deutschsprachigen Raum.

Betrachten wir jetzt einmal die eben demonstrierten Aussagen unter dem humanistischen Aspekt. In Wahrheit könnten die anklagenden und schuldzuweisenden Du-Botschaften demzufolge heißen:

➤ »*Mir* wird ganz angst und bange, wenn du mit anderen Männern tanzt, weil ich befürchte, du könntest jemanden kennen lernen, der besser zu dir passt!«

➤ »*Ich* will *deshalb* wissen, wo du warst, weil ich das Bedürfnis nach Sicherheit habe. Und das sehe ich bei deinen Aktivitäten gefährdet bzw. nicht befriedigt.«

➤ »*Sobald* du in meinem Beisein mit anderen Männern redest, werde *ich* unruhig, weil *ich* die Nr. 1 bei dir sein will.«

Derartige existenziellen Gefühle und Bedürfnisse, die sich wahrscheinlich bei den genannten Kommunikationsformen offenbaren, sind *eigene*, subjektive Bedürfnisse, und zwar *selbst verantwortbare*. Schließlich liegt es doch nur an mir, an meiner Person, welche Erwartungen ich an den Partner stelle. Hohe Erwartungshaltungen sind in meiner Persönlichkeit zu Grunde gelegt. Mit anderen Worten: *Würde ich keinerlei sexuelle und emotionale Ansprüche stellen, wäre ich auch nicht eifersüchtig.* Daher sagen RHODE, MEIS & BONGARTZ (2003, S. 67): Unsere »Gefühle sind gekoppelt an [unsere] Erwartungen, Bedürfnisse und Wünsche«.

Diese Wahrheit zieht notwendigerweise die Anerkennung einer bestimmten Tatsache nach sich, liebe Leserin, lieber Leser: <u>Andere Personen können durch ihre Denk- und Verhaltensweisen keine spezifischen Gefühle in uns produzieren, nie und nimmer – sie können sie nur auslösen.</u> Es kann nämlich dort keine Eifersucht provoziert oder ausgelöst werden, wo keine *ist*. (Ich bin geneigt zu sagen, dass die Übernahme dieser weisen Perspektive schon fast einer *kopernikanischen Wende* gleichkommt.)

Doch gerade die Themen rund um Eifersucht werden nicht gerne *selbst* verantwortet. Für viele Menschen ist es ferner einfacher und angenehmer, stets im Recht zu sein (vgl. Zwangscharaktere, Abschnitt 4.2). Das heißt, man hat mehr Vorteile in der Rolle des vermeintlich Benachteiligten, der das exorbitante Unrecht, das vom Partner begangen wurde, wettmachen darf. Kurzum: Der Status des Anklägers ist reizvoller als der des Angeklagten.

Die Methode, einen Mitmenschen anzugreifen, wenn in mir etwas »quer sitzt«, ist weit verbreitet. Insbesondere Kinder machen sehr eindrucksvolle negative Erfahrungen hinsichtlich dieses populären Kommunikationsmusters. Viele Heranwachsende bekommen von ihren Erziehern beispielsweise suggeriert, dass sie schuld daran seien, wenn es mit der elterlichen Stimmung einmal bergab geht. Wenn das Kind z.B. keine exzellenten Noten nach Hause bringt, »*wird* die Mutti böse«. Wer sich sozial unangepasst verhält, »*bringt* die Eltern zur Weißglut«.

Lernt das Kind hauptsächlich derartige unvorteilhafte Konstrukte kennen, entsteht möglicherweise auch eine fulminante subjektive Fehlhaltung, die sich durch das ganze Leben ziehen kann: Man handelt zwar moralisch angepasst, aber nicht, weil man es selbst will, sondern weil man Schuldgefühle vermeiden möchte. Die Grundmotivation von Moralität ist demnach Angst (siehe depressive Charaktere, Abschnitt 4.1). Doch kommen wir wieder zurück zum Thema dieses Abschnitts: Zu guter Letzt können auch ausgewählte Erkenntnisse der Lerntheorien eine Veränderung der üblichen nachteiligen Denkmuster bewirken.

Wir hatten oben, Abschnitt 2.6, festgehalten, dass neidische Verhaltensweisen in der Kindheit erlernt werden können. Stellen wir uns nun jemanden vor, der viele eifersüchtige Vorbilder beobachtet und schließlich internalisiert hat. Im Erwachsenenalter zeichnet man sich dementsprechend durch eine ausgeprägte Missgunst aus. Wer, liebe Leserin, lieber Leser, hat diese charakteristischen Phänomene früher verinnerlicht? *Dieser eine Mensch, genau dieser und kein anderer.* Nennen wir dieses erdachte Individuum kurzerhand Typ A.

Hätte dieser Mensch hingegen andersartige Lernprozesse verinnerlicht, würden wir ihn Typ B nennen – müssen, weil er nicht mehr derselbe wäre. Logisch. Ergo: Wenn nun ein Geschlechtspartner ein bestimmtes Verhalten zeigen würde, nämlich dasjenige, was man gemeinhin als eifersuchtserregend bezeichnet, würden sich bei Typ A wahrscheinlich andere Reaktionen nachweisen lassen als bei Typ B.

Auf was ich hinaus will, liebe Leserin, lieber Leser, ist dies: <u>Die Verantwortung für starke Missgunst, sei sie angeboren oder erlernt, liegt immer in mir selbst. Es ist meine Eifersucht.</u> – Diese Sicht, finde ich, muss man dann und wann in einer Zweierbeziehung einnehmen können, denn: »Wer anderen oder sich die Schuld [für was auch immer] gibt, will leiden und nicht handeln« (RHODE, MEIS & BONGARTZ 2003, S. 66). Mit anderen Worten: Ein stark eifersüchtiger Mensch darf nicht länger ausschließlich seinen Partner für innere Konflikte verantwortlich machen.

Neue Reaktionen auf alte Auslöser

Eine andere Methode, wie Eifersüchtige aus ihren automatisierten Verhaltensweisen ausbrechen können, stammt aus der Kognitionspsychologie. Die Autoren, die sich dieser Wissenschaft zugehörig fühlen, thematisieren u.a. Prozesse des Denkens und Urteilens.

Wir haben oben festgehalten, dass die meisten Menschen im Alltag oft zu konstanten Meinungen und Vorurteilen tendieren, sobald sie mit realen Geschehnissen und anderen

Individuen konfrontiert werden. Gerade extrem Eifersüchtige praktizieren in der Partnerschaft diesbezüglich eine eigene Logik. Sie leben in ihrer eigenen Welt. Das heißt, wenn sie wollen, drehen sie ihrem Gegenstück aus allem, was er (oder sie) tut oder sagt, den umgangssprachlichen Strick. Einige Beispiele:

➤ Das Pendant kommt 10 Minuten später als vereinbart nach Hause – Reaktion: »Was soll das, wieso hast du mir nicht Bescheid gesagt!«

➤ Auf einem Weinfest schaut der Partner in die Runde – Reaktion: »Hey, gefällt dir der Typ da hinten, oder was?«

➤ Das Pendant unterhält sich beim Neujahrsempfang etwas länger angeregt mit einem reizenden Menschen – Reaktion: »Na, hat dir gefallen, nehme ich an, hm?«

Wer bei diesen oder anderen Konstellationen überwiegend eifersüchtig reagiert, der offenbart ein sehr einfaches Denkschema, nämlich dieses: »Egal, was mein Gegenüber tut, ich habe ein Recht darauf, eifersüchtig zu sein.« – Dieses Muster trifft aber so gut wie nie das Wesentliche, und zwar auf Grund des Gesetzes der Wahrscheinlichkeit. – Der Partner wird auch einmal »untreue« Verhaltensweisen zeigen und dabei gerade *nicht* etwas im Schilde führen. (Das wird wohl jedermann einsehen.)

Wer sein missgünstiges Denken dauerhaft abändern will, der kommt nicht um eine neutralere Bewertung der Alltagshandlungen des Pendants herum. Es geht demzufolge sowohl darum, den »Tunnelblick der Eifersucht« zu erweitern als auch um die Ausdehnung des Lebensraums des Gegenübers.

Spüren Sie also nachteilige Kognitionen, d.h. Zuschreibungen, auf und ersetzen Sie sie durch humanere. Dies entspricht u.a. der verhaltenstherapeutischen Methode von Guy BODENMANN (2002).

Mit anderen Worten, geben Sie den verschiedenen unwillkommenen Reaktionen des Partners des Öfteren positive Bedeutungen (dafür muss man natürlich auch die Perspektive des anderen einnehmen können). Wie die Umstrukturierung von Urteilen, z.B. in Hinsicht auf »provokante« Aktionen des Partners, funktioniert, möchte ich anhand einer Tabelle zeigen.

Tabelle 4: **Kognitives Training**

Verhalten des Partners (Reaktionsauslöser)	Herkömmliche Annahme (kausale Attribution)	Umstrukturierung des herkömmlichen Urteils – und neue Reaktion
Das Pendant kommt 10 Minuten später als vereinbart nach Hause.	Da ist etwas im Busch: »Was soll das, wieso hast du mir nicht Bescheid gesagt!«	Er/sie stand vielleicht im Stau: »Hallo, hey, sieh' mal, ich koche gerade etwas für uns!«

Verhalten des Partners (Reaktionsauslöser)	Herkömmliche Annahme (kausale Attribution)	Umstrukturierung des herkömmlichen Urteils – und neue Reaktion
Auf einem Weinfest schaut der Partner interessiert in die Runde.	Der Partner schäkert mit einem ansehnlichen Menschen: »Hey, gefällt dir der Typ da hinten, oder was?«	Er/sie vertreibt sich ein bisschen die Zeit: »Na, jemand anwesend, über den wir lästern können?« (grinst dabei)
Das Pendant unterhält sich beim Neujahrsempfang etwas länger angeregt mit einem charismatischen Menschen.	Die beiden haben sich sehr gut verstanden, zu gut: »Na, hat dir gefallen, nehme ich an, hm?«	Er/sie hat einfach nur einen Smalltalk genossen. Was soll's. Gegen einen Flirt sträube ich mich ja auch nicht unbedingt. – »Na, hast du dich gut amüsiert? Ich habe auch ein paar soziale Kontakte geknüpft.«

Ich möchte nun fortfahren mit der Thematisierung einer allgemein förderlichen Lebenseinstellung. Die Praxis folgender Handhabungsweisen wird dauerhaft den Alltag positiv beeinflussen und zweifellos eine ausgeprägte Missgunst reduzieren. Es geht im Folgenden um das Ich-Selbst-Sein.

5.7.3 Ich-Selbst-Sein

»Das neue Zeitalter begann mit der Idee der Initiative des Individuums. Die Entdecker der neuen Welten und Seewege im sechzehnten und siebzehnten Jahrhundert, die Pioniere der Wissenschaft, die Begründer neuer Philosophien, die Staatsmänner und Philosophen der großen englischen, französischen und amerikanischen Revolutionen und schließlich die Industriepioniere, ja sogar die modernen Raubritter – sie alle bewiesen eine bewundernswerte individuelle Initiative.«
– *Erich FROMM* (1955/2003, S. 300)

»Der normale Mensch [. . .] ist, hinsichtlich des Genusses seines Lebens, auf Dinge AUSSER IHM gewiesen, auf den Besitz, den Rang, auf Weib und Kinder, Freunde, Gesellschaft usw., auf diese stützt sich sein Lebensglück: darum fällt es dahin, wenn er sie verliert, oder sich in ihnen getäuscht sah. Dies Verhältnis auszudrücken, können wir sagen, dass sein Schwerpunkt AUSSER IHM fällt.«
– *Arthur SCHOPENHAUER* (1851/1999a, S. 336)

Meine 88-jährige Großmutter hatte Anfang dieses Jahres (2005) einige Anzeichen von Altersdemenz gezeigt. Sie offenbarte die gewöhnlichen Phänomene und sah u.a. auf

Grund einiger Halluzinationen Personen aus ihrer Vergangenheit in ihrem Wohn- und Schlafzimmer wieder. Die befremdlichen Zustände verschwanden glücklicherweise so schnell, wie sie kamen.

Bedenken wir, dass dies eine wirklich existenzielle Erfahrung für einen Menschen sein muss: 88 Jahre gelebt – Zeit, von allen und allem Abschied zu nehmen? Nein, weit gefehlt. Was meine Großmutter am meisten bedrückte, war nicht, dass sie möglicherweise erst psychisch, dann physisch gestorben wäre. Die Angelegenheit, die viel schlimmer war, lässt sich so beschreiben: Was würde *man* im Dorf jetzt über sie denken? Ob *man* über eine spleenige, verkalkte Frau lästern würde? Diese Sache schien entsetzlicher zu sein als die Vorstellung des eigenen Todes. (Mal abgesehen davon, dass sie die meisten im Dorf, die sie kennt, ohnehin schon überlebt hat.)

Nun, ich denke, meine Großmutter hat keine unüblichen, sondern weit verbreitete Ängste offenbart. Schon SCHOPENHAUER hat auf den allseits bekannten menschlichen Antrieb hingewiesen, vor anderen gut dastehen zu wollen, also möglichst viel »vorzustellen«. Mit anderen Worten, meine Großmutter ist mit ihrer Angst, was andere Menschen Schlechtes über sie denken könnten, beileibe nicht alleine. Sie teilt ihre »Man-Abhängigkeit« mit Millionen anderen Menschen.

Auf die Charakteristiken des Man-Selbst-Seins (HEIDEGGER) bin ich bereits oben eingegangen. Insbesondere zwanghafte Menschen (Abschnitt 4.2ff.), so haben wir gesehen, sind davon regelrecht durchströmt.

Bringen wir das Man-Selbst-Sein noch einmal konkret auf den Punkt: Wer außer sich lebt, seine Gedanken, Handlungen und Hoffnungen von dem Gutdünken der Eltern, Nachbarn oder von der anonymen Masse abhängig macht, der lebt nicht für sich und hat auch gewöhnlich kein eigenes Ich. Ein Man-Mensch ordnet sich stets unter und trottet mit der Horde dahin – bis er (oder sie) tot ist.

Liebe Leserin, lieber Leser, wir müssen, wenn uns etwas an unserer Existenz liegt, unbedingt vom Man-Selbst-Sein wegkommen. Warum? Weil diese Daseinsform uns einschränkt, gleichschaltet, hemmt. In Bezug auf unser Leitthema bedeutet das: <u>Vielleicht neigen gewöhnlich die Menschen deshalb übermäßig zur Eifersucht, weil *man* im Allgemeinen eben zur Eifersucht neigt.</u> Anders gesagt, wer nicht individuell ist, der ist, weil die Masse Eifersucht anerkennt, zwangsläufig so missgünstig wie alle anderen Menschen auch. Also: je man-hafter, also gewöhnlicher, desto eifersüchtiger.

Nun können wir auch das interessante Phänomen lösen, warum Menschen, die scheinbar nicht eifersüchtig erscheinen, im Allgemeinen kritisch begutachtet und absonderlich beäugt werden, so als wären sie Außerirdische. – Nicht-eifersüchtige Individuen fallen deshalb auf, weil sie diesbezüglich nicht »normal« sind.

Allgemeine Wege, um eine unverhältnismäßige Außenorientierung abzulegen, damit man nebenbei auch die Kompetenz erwirbt, Argwohn abzumildern, möchte ich im Folgenden nennen.

Sie haben in Hinsicht darauf hoffentlich keine Bedenken. Die Außenorientierung ist nämlich nach RATTNER (1996, S. 56) eine kollektive Krankheit; sie ist »die allgemeinste Neurose des Kulturmenschen«. Wer sich immerfort nach dem richtet, was die Allgemeinheit von ihm denkt, der kann niemals individuell sein. »Wer sich selbst entfremdet ist, kann nicht wachsen und sich entwickeln« (ebenda, S. 46).

Ganz allgemein gilt demnach: Jede Art von *Selbst*verwirklichung vermindert die Außenorientierung und, was hier wichtiger ist, auch Eifersucht und Neid. Einige konkrete Empfehlungen will ich Ihnen geben:

1. Um seine individuellen Stärken herauszufinden, muss man <u>möglichst viel ausprobieren</u>. Hierbei muss berücksichtigt werden, dass sich jeder Mensch gegen bestimmte Erfahrungen sträubt. Vor anderen Dingen wiederum hat man regelrecht Angst. Verschiedene Grundformen der Angst haben wir im 4. Abschnitt kennen gelernt, wo es um verschiedene Charaktertypen ging.

Stellen Sie, liebe Leserin, lieber Leser, eine Liste von Ängsten zusammen, die von unten nach oben unüberwindbarer erscheinen. Ab heute nehmen Sie sich vor, jeden Tag oder jede Woche eine bestimmte Angst zu überwinden. Diese verhaltenstherapeutische Vorgehensweise wird bewirken, dass Sie sich unweigerlich besser kennen lernen. Auf der anderen Seite werden Sie sehen, dass mehr als die Hälfte Ihrer Ängste überflüssig war, vor allem diejenigen, die man Ihnen in der Kindheit antrainiert bzw. -dressiert hat (DAMM 2006).

2. »Lebenstüchtigkeit reduziert Neidbereitschaft«, sagt Josef RATTNER. Damit meint der Tiefenpsychologe, dass man sein <u>Wissen und Können</u>, je nach eigenen Interessen, <u>vermehren sollte</u>. Denn wer infolgedessen irgendwann viel kann und weiß, demnach »*in* der Welt ist«, der braucht nicht täglich nach rechts oder links zu schauen und zu überprüfen, ob jemand »noch besser« ist. Natürlich gerät der Partner bei dieser Lebensphilosophie auch nicht übermäßig oft ins Kreuzfeuer der alltäglichen Aufmerksamkeit. Apropos Aufmerksamkeit.

3. FORWARD & BUCK (1991/1999, S. 289) befürworten, <u>die Aufmerksamkeit, die durch eifersüchtige Empfindungen hervorgerufen wird, per *Selbstzwang* abzulenken</u>: »Wenn es je eine Zeit gab, eine Fremdsprache zu lernen, die Wohnung zu streichen, Ihr Adressbuch umzuorganisieren oder Kreuzworträtsel zu lösen, dann jetzt. [. . .] Wofür Sie sich auch entscheiden, wenn es Sie zur Konzentration zwingt, wird es Ihnen helfen, obsessive Gedanken aus Ihrem Kopf zu vertreiben. Das Konzept ist denkbar einfach, aber sehr wirksam.«

4. Letztlich möchte ich Ihnen noch einige andere Gewinn bringende Aspekte nennen:

➤ Kurse an der Volkshochschule belegen, beispielsweise zur Kommunikation, Psychoanalyse, zu Konfliktlösungsstrategien usw.,

➤ tiefenpsychologische Literatur lesen (vgl. *100 Meisterwerke der Tiefenpsychologie* von Josef RATTNER & Gerhard DANZER),

➤ Tagebuch schreiben,

➤ Trecking Tour durch die USA oder Australien (per Anhalter),

➤ Literatur wälzen (z.B. die Klassiker des 20. Jahrhunderts),

➤ Theater spielen,

➤ ein Buch verfassen,

➤ Aquarelle malen,

➤ die Klassiker der Philosophie lesen,

➤ sich alleine in ein Café setzen und drei Stunden lang Menschen beobachten.

Fassen wir den Hauptaspekt dieses Abschnitts zusammen: Eifersüchtige Menschen werden die blinde Leidenschaft reduzieren können, sobald sie sowohl eine unverhältnismäßige Außenorientierung vermindern als auch ernst gemeinte Persönlichkeitsentwicklung betreiben.

5.7.4 Problemzentrierte Zwiegespräche

> »Das Zwiegespräch ist das vollkommene Gespräch, weil alles, was der eine sagt, seine bestimmte Farbe, seinen Klang, seine begleitende Gebärde *in strenger Rücksicht auf den anderen*, mit dem gesprochen wird, erhält. Beim Zwiegespräch gibt es nur eine einzige Strahlenbrechung des Gedankens: diese bringt der Mitunterredner hervor, als der Spiegel, in welchem wir unsere Gedanken möglichst schön weiterblicken wollen.«
> – *Friedrich NIETZSCHE* (1886/1982, S. 223f.)

> »Dialogunfähigkeit heißt immer auch Liebesunfähigkeit.«
> – *Josef RATTNER* (1996, S. 59)

Die Frage »Gibt es eine Liebe ohne Konflikte?« ist bekanntlich zu verneinen. Diejenigen, die sie bejahen, sind wahrscheinlich (noch) dem Mythos der »sentimentalen Liebe« (FROMM 1956/2001, S. 116) verfallen. Zu einer derartigen »Pseudoliebe« neigen meist Menschen, die den Urzustand der Mutter-Kind-Beziehung psychisch noch nicht verlassen haben, z.B. depressive Charaktere (vgl. Abschnitt 4.1).

Zu zwischenmenschlichen Konflikten, liebe Leserin, lieber Leser, *muss* es tatsächlich kommen, wenn *Individuen* miteinander zu tun haben. Immerhin geht es um Charaktere, die sich trotz mancher Übereinstimmungen in wesentlichen Aspekten unterscheiden, etwa in Hinsicht auf Herkunft, Intellekt, Temperament, individuelle Vorlieben, Fixierungen usw. Manchen scheint dies, wie gesagt, nicht ganz bewusst zu sein.

Und so glauben auch viele den Erzählungen ihrer Mitmenschen, dass es die Liebe ohne Konflikte gäbe. Vielleicht schildert uns auch ein Freund, in seiner Beziehung habe es noch *nie* Unstimmigkeiten gegeben. Dies bedeutet dann gewiss nicht, dass es um die Partnerschaft gut bestellt wäre. Vorstellbar wäre in diesen Fällen etwa, dass ein Gefährte permanent zurücksteckt, um vielleicht seinen Seelenfrieden zu sichern.

Wir müssen folgende Tatsache akzeptieren: Die Liebe ist kein Ort der ewigen Symbiose und darüber hinaus auch kein Ruheplatz. Sie bedarf des gemeinsamen Wachsens, der munteren, aufmerksamen und bewussten Zusammenarbeit der Partner sowie der individuellen Persönlichkeitsentwicklung.

Eine förderliche Methode der Zusammenarbeit ist das (problemzentrierte) Zwiegespräch. Auf diese Kommunikationsform wurde schon an anderer Stelle hingewiesen (vgl. DAMM & WEISS 2005, Abschnitt 4.6). Einige Ausführungen hierzu.

Zunächst einmal können Zwiegespräche (MOELLER 2001) ganz allgemein die Partnerschaft beflügeln. Bei Zwiegesprächen reflektiert zunächst ein Pendant »laut« über sein Leben. Er berichtet dem anderen, wie er sich bei diesen und jenen für ihn wichtigen Alltagsangelegenheiten gefühlt hat. Währenddessen hört der andere zu, und zwar möglichst genau 15 Minuten. Wichtig ist, dass man den Monolog nicht unterbricht. Sie dürfen aktiv zuhören oder einmal eine Frage stellen, sobald Sie eine Darstellung nicht ganz verstanden haben.

Alleine schon durch diese Vorgehensweisen können Paare sich besser kennen lernen. Sie werden sich wundern, liebe Leserin, lieber Leser, was alles an unbewusstem Material zu Tage treten kann, wenn man sich um Ehrlichkeit und Selbstklärung bemüht.

So viel zunächst zu Zwiegesprächen der allgemeinen Art. Das *problemzentrierte* Zwiegespräch hingegen verstehe ich als eine besondere Form. Problemzentrierte Zwiegespräche bieten sich – wie die Bezeichnung verrät – insbesondere bei spezifischen und vor allem bei akuten Anlässen an. Etwa dann, wenn das Thema »Eifersucht« die Beziehungsqualität weit reichend beeinflusst. – Bei problemzentrierten Zwiegesprächen gelten natürlich auch die bewährten MOELLERschen Kommunikationsregeln:

➤ Ich-Botschaften senden und eigene Bedürfnisse verbalisieren,
➤ die Meinung des anderen *akzeptieren*,
➤ den anderen nicht verbessern, berichtigen oder kritisieren,
➤ den Partner ausreden lassen,
➤ aktiv zuhören (»Aha!« – »Hm!« – »Okay!«),

➤ die Aussagen des anderen dann und wann paraphrasieren, damit er (oder sie) sich noch konkreter ausdrücken kann (z.B.: »Wenn ich dich richtig verstanden habe, dann meinst du das und das. Habe ich das richtig ausgedrückt?«).

Problemzentrierte Zwiegespräche über Eifersucht

Machen Sie sich, wenn Sie problemzentrierte Zwiegespräche über den Gegenstand »Eifersucht« führen, Gedanken über Ihre frühen Erfahrungen mit Ihren Bezugspersonen, Schulkameraden und Ex-Partnern. Teilen Sie Ihre Gedanken dem Gegenüber mit. Derartige Reflexionen sind, wie erwähnt, höchst wichtig. Denn: »Die Voraussetzungen für die spätere partnerschaftliche Fähigkeit zum Lieben wird in der Kindheit und Jugendzeit entwickelt« (LAUSTER 1980/2003, S. 37).

Oben habe ich auf die Wichtigkeit der alltäglichen Selbstreflexion hingewiesen, insbesondere wenn man extrem zur Missgunst neigt. In Bezug darauf ergeben sich z.B. folgende Fragestellungen, die Sie gemeinsam mit dem Gegenüber durchgehen können, wenn Sie, wie üblich, 15 Minuten sinnvoll nutzen:

1. »Habe ich Familienverhältnisse erlebt, die die Ausbildung eines Othello-Syndroms begünstigt haben?«
2. »Bin ich bei meinen Ex-Partnern ähnlich eifersüchtig gewesen? Wenn ja: Wie hat man darauf gewöhnlich reagiert?«
3. »Was will ich mit meiner Eifersucht erreichen?« (Fragen Sie nach dem Wozu.)
4. »Wie fühle ich mich, wenn ich der Missgunst freien Lauf lasse?«
5. »Was macht es mit mir, wenn mein Partner darauf mit Aggressionen oder Depressionen reagiert?«
6. »Wie mag sich mein Gegenüber fühlen?«

Zwiegespräche, liebe Leserin, lieber Leser, können zu einer echten Bereicherung Ihrer Partnerschaft avancieren. Institutionalisieren Sie derartige Unterhaltungen. Reservieren Sie 90 Minuten in der Woche für diese Gewinn bringende Kommunikationsform. Schalten Sie dabei die Handys aus, legen Sie klassische Musik auf, z.B. *Die vier Jahreszeiten* von Antonio Vivaldi, und ziehen Sie eine Flasche Spätburgunder auf – wenn Sie wollen (eine Empfehlung von mir).

Nun zu einem klassischen Konfliktherd in Zweierbeziehungen.

5.7.5 Teufelskreise auflösen

Teufelskreise, so haben wir festgestellt, können sehr widerstandsfähig sein und die Partnerschaft ernsthaft in Gefahr bringen, etwa dann, wenn sich der ganze Alltag nur noch um das jeweils relevante, aber unwillkommene Thema dreht.

Wir haben uns u.a. diverse Kenntnisse über Eifersuchts-Untreue-Teufelskreise angeeignet (Abschnitt 3.4.4). Ein derart typisches Muster charakterisiert sich vor allem dadurch, dass ein eifersüchtiger Partner durch seine typischen Äußerungen den anderen in die Autonomie treibt. Letzterer wiederum wird durch selbstständige Strebungen, die sich in ihren Ausprägungen fortwährend steigern, den Ersteren wieder zu extremeren Eifersüchteleien antreiben usw.

Geht das eine Weile in diesem Stil weiter, ist der eine Partner letzten Endes unnachgiebig davon überzeugt: »Ich bin nur so missgünstig, weil du so ungreifbar bist.« Die andere Partei: »Ich bin nur so ungreifbar, weil du so eifersüchtig bist.« Wer bei dieser Konstellation im Recht ist? Paradoxerweise keiner *und* beide. Derartige Konflikte, das können wir festhalten, haben immer eine *kreisförmige* Struktur. Das heißt, ein Partner beeinflusst den anderen permanent mit seinen Machenschaften – und umgekehrt.

Es kann nicht oft genug darauf hingewiesen werden, dass das Dilemma darin besteht, dass beide Parteien davon überzeugt sind, der *andere* sei schuld am Konflikt. Daher meint auch jeder, seine negativen Gefühlstimmungen würden vom Verhalten des anderen hervorgerufen, »gemacht« werden. Dabei ist logischerweise das »Opfer« gleichzeitig immer auch Täter. HEGEL sagte einmal in diesem Sinne: »Das Tun des einen ist das Tun des anderen.« (Zum Thema »Gefühle machen« wurden oben einige Anmerkungen ausgeführt, siehe Abschnitt 5.7.2.)

Die meisten Beteiligten derartiger Konstellation erwarten und provozieren irgendwann sogar unbewusst das ungeliebte Verhalten des Partners, um darauf wieder charakteristisch reagieren zu können; dies wird den Teufelskreis verstärken. Die Ursachen für solche Motivationen finden die Teufelskreis-Teilnehmer vorwiegend in der Kindheit oder im Jugendalter, wo die benötigten psychischen Konstrukte nolens volens erlernt und verinnerlicht wurden. Diese Konstrukte sind dafür verantwortlich, dass die Betroffenen scheinbar auf immer und ewig die peinigenden Beziehungsmuster aktuell erleben müssen.

Was können wir nun gegen die hier thematisierten Teufelskreise tun? Wer solche zermürbenden Beziehungsmuster auflösen will, muss einige Anstrengungen aufbringen, die sich aber zweifelsohne lohnen werden. Im Folgenden finden Sie hierzu einige Tipps.

Zunächst einmal muss der Teufelskreis von beiden Parteien glasklar erkannt und auch im Bewusstsein festgehalten werden. Zeichnen Sie das Zusammenspiel gut sichtbar in Kreisform auf ein DIN A2-Blatt und hängen Sie es ins Schlafzimmer. Diese Vorgehensweise impliziert, dass jeder Einzelne das Bild von Täter und Opfer getrost aufgeben kann. Man kann sich außerdem jeden Tag aufs Neue bewusst machen: »Ich beeinflusse den Partner durch mein Verhalten, er ›impft‹ mich mit seinem. Wir beeinflussen uns demnach gegenseitig, niemand ist schuld.«

Eine weitere Anregung stammt von THOMANN & SCHULZ VON THUN (2003). Die Autoren empfehlen: Leben Sie den Teufelskreis dann und wann <u>bewusst</u> aus, und zwar am besten humorvoll. Ein Beispiel: Wenn Sie sich alleine mit anderen Leuten treffen wollen und Ihr Pendant stichelt dagegen, z.B. während Sie sich in Schale werfen, dann reißen Sie einmal das oben erwähnte DIN A2-Blatt von der Wand und halten es ihm unter die Nase: »Schau mal, Süßer!« Auf diese Weise nehmen Sie Ihrem Lebensgefährten den Reiz an seinen Eifersüchteleien. Das Gegenüber verliert schnell die Lust, sobald das Zusammenspiel (= Teufelskreis) nicht mehr spontan ist, sondern von Ihnen, liebe Leserin, lieber Leser, vorausgesehen wird.

<u>Zirkuläre Fragen</u> (vgl. FISCHER-EPE 2004), eine andere Vorgehensweise, bringen auch einige Vorteile. Ich zwinge beim Aussprechen dieser Fragen mein Gegenüber zur Perspektivenübernahme, er (oder sie) muss demnach Empathie aufbringen und wird – verblüfft sein.

Also: Wenn es einmal hoch hergeht, liebe Leserin, lieber Leser, d.h. falls Ihr Partner wieder eine Eifersuchtsattacke auslebt, stellen Sie zirkuläre Fragen, und zwar selbstsicher und mit Nachdruck. Etwa so:

➤ »So, was müsste ich denn jetzt *genau* tun, damit du nicht eifersüchtig wirst?«
➤ »Wenn ich verspreche, dich in zwei Stunden von der Party noch einmal anzurufen, würde dich das beruhigen?«
➤ »Wie müsste ich mich denn heute Abend verhalten, damit du keine Eifersucht verspürst?«

Wenn Sie derart vorgehen, *muss* Ihr Partner, immerhin für kurze Zeit, in Ihre Haut schlüpfen und sich wirklich vorstellen, *was* Sie tun oder lassen könnten, um ihm zu helfen. Natürlich wird er (oder sie) derweil nicht merken, dass Sie einen therapeutischen Trick anwenden. Meist verhält es sich auch so, dass Menschen, die mit zirkulären Fragen konfrontiert werden, kurz verstummen – man ist es schließlich generell nicht gewohnt, empathisch zu sein – und wirklich die Sichtweise des anderen einnehmen.

Auf der anderen Seite, und das ist ein weiterer Vorteil, können durch zirkuläre Fragen irrationale Wünsche und Phantasien endlich sowohl bewusst gemacht als auch ad absurdum geführt werden. Mit anderen Worten, Sie, liebe Leserin, werden irgendwann einmal vor Ihrem Mann stehen, der nach kurzer Reflexion verdutzt zugibt: »Also, weißt du, wenn ich wirklich ehrlich bin, dann erwarte ich, dass du heute Abend auf der Party die ganze Zeit auf meinem Schoß sitzt, keine anderen Männer anschaust und ständig sagst, dass ich der Beste bin.«

Meist werden derartige Luftschlösser, die man manchmal zum ersten Mal selbst glasklar vor sich sieht, weil man sie verbalisiert hat, auf immer verworfen. – Man hat wieder ein unbewusstes Problem gelöst.

Die restlichen Varianten, Teufelskreise aufzusprengen, sind Ihnen bereits bekannt, wir haben Sie oben thematisiert. Sie charakterisierten sich als verhaltenstherapeutische Maßnahmen. Zur Wiederholung: *1. Ändern Sie Ihr eigenes Verhalten.* Dies wird nämlich auch die Haltung des anderen modifizieren, weil man sich ja gegenseitig beeinflusst, d.h. kreisförmige Strukturen entstehen lässt. Dabei können Sie Einfallsreichtum beweisen. Allgemeine Tipps sind hier fehl am Platz, da es immer auf die jeweilige Beziehungskonstellation ankommt. – *2. Modifizieren Sie die Eifersüchteleien des Partners.* Sie können also demnach seine (oder ihre) unerwünschten Verhaltensweisen direkt sanktionieren sowie positive Auffälligkeiten belohnen. Mit dieser Handhabe betreiben Sie Ent-Konditionierung (siehe oben). Bedenken Sie immer, dass Sie Ihren Partner in Hinsicht auf seine Eifersucht dummerweise bestärken können, wenn Sie nicht aus Ihren bisherigen, stets gleich bleibenden Reaktionsmustern ausbrechen.

Teufelskreise, liebe Leserin, lieber Leser, daran besteht kein Zweifel, belasten Zweierbeziehungen ungemein. Gehen Sie derartige Strukturen an, wenn Ihnen etwas an einer Veränderung der Partnerschaftsqualität liegt. Auf der anderen Seite kann man jedem Paar empfehlen, Kommunikationstraining zu betreiben. Die alltägliche Verständigung darf klar und authentisch gestaltet werden.

5.7.6 Authentische Kommunikation

>»Vielleicht finden Sie Sätze, die wortwörtlich von Ihrer Mutter hätten kommen können – und andere vom Vater. Ob wir wollen oder nicht: Mutter und Vater leben in uns fort – und nicht nur sie, sondern jeder Mensch, jeder Beziehungspartner, der in unserem Leben eine Rolle spielt oder einmal gespielt hat, hinterläßt in uns einen Widerhall.«
> – *Friedemann SCHULZ VON THUN* (2002, S. 43)

An allgemein bildenden Schulen lernen wir Rechnen, Schreiben und Lesen, aber wie man stimmig und klar kommuniziert, das wird meist nicht ausreichend vermittelt. Dies ist nicht nachvollziehbar. Alle wissenschaftlichen Studien, die sich mit der Kommunikation in Partnerschaften befasst haben, kommen einstimmig zu dem Ergebnis: Eine nachteilige Verständigung beeinträchtigt immer auch die Beziehungsqualität. Es wurde, wie erwähnt, u.a. auch ein Zusammenhang von Schizophrenie und absurder, unstimmiger Kommunikation in der Familie nachgewiesen (BATESON u.a. 1969).

Zweifellos ist jeder Mensch auf partnerschaftliche und authentische Kommunikation angewiesen. Doch leider liegt die übliche Sprachkultur im Argen. In einem Satz: Missverständnisse sind die Regel. Ich möchte daher einen wichtigen Beitrag zur Kommunikationspsychologie kurz skizzieren, der uns im Alltag sehr hilfreich sein kann, gerade wenn es um unser Leitthema »Eifersucht« geht. Friedemann SCHULZ VON THUN (1981/2001), der populäre Hamburger Universitätsprofessor, stellt fest: Jede verbale Nachricht beinhaltet stets viele Botschaften gleichzeitig, genau genommen vier:

1. Sachinhalt: Damit meint SCHULZ VON THUN den faktischen, den eindeutigen Inhalt der Nachricht. Beispiel: Eine Mutter sagt zu Max, ihrem 6-jährigen Sohn, der gerade vom Spielplatz nach Hause kommt: »Max! Deine Hose hat ein Loch! Sie ist ganz zerrissen!« – Es werden also Informationen über die Realität ausgedrückt.

2. Selbstoffenbarung: Jede Nachricht enthält oft, wenn auch beständig stark verschleiert, eigene Bedürfnisse. Das Bedürfnis der Mutter könnte lauten: »Deine Hose hat ein Loch, jetzt ärgere ich mich darüber, dass ich sie wieder nähen muss! Denn ich habe gerade eher Lust, auszuspannen.« In unserem Beispiel bekommt Max aber nicht gesagt (!), was seine Mutter im tiefsten Inneren bewegt. Er vernimmt ferner nicht nur die Sachnachricht »Max! Deine Hose hat ein Loch! Sie ist ganz zerrissen!«, sondern etwa die Botschaft, dass er »wieder böse und unartig war«, obwohl diese Information nicht verbalisiert wird.

3. Beziehungshinweis: Dieser Botschaftsanteil drückt aus, wie der Sender zum Empfänger steht, also wie Ersterer die Beziehung definiert. Etwa: »Ich bin deine Mutter und daher befugt, dich zurechtzuweisen, wenn ich es für richtig halte!« Den Beziehungshinweis offenbaren Sender nicht unbedingt durch den *Inhalt* des Ausgesprochenen, er wird normalerweise selten verbalisiert, sondern vor allem durch Stimmlage und Körpersprache ausgedrückt. Wenn einzelne Wörter oder Silben akzentuiert werden, bekommen Sätze automatisch verschiedene Bedeutungen. Der Ton macht bekanntlich die Musik.

4. Appell: »Max, bitte pass' in Zukunft besser auf deine Hose auf.« Diese Nachricht steckt mit Sicherheit auch im obigen Satz. Aber *auch* diese Intention wird nicht verbal mitgeteilt.

Fazit: Die Mutter praktiziert durch und durch eine unsinnige, aber nicht unübliche Kommunikation, sie verständigt sich widersprüchlich. Max wird diese Widersprüchlichkeit einmal selbst praktizieren, Stichwort: Beobachtungslernen.

Wir alle sprechen demnach mit »vier verschiedenen Schnäbeln«, d.h. Sach-, Appell-, Beziehungs- und Selbstoffenbarungsaspekte schwingen bei jedem Alltagsgespräch unwillkürlich mit. Erschwerend kommt hinzu, dass unsere Mitmenschen mit dementsprechenden (vier) Ohren hören. Daher missversteht man sich auch so oft.

Was ich Ihnen daher nur ans Herz legen kann, liebe Leserin, lieber Leser: Üben Sie sich in authentischer Kommunikation. Drücken Sie sich bitte klar aus, also »einseitig«.

Das heißt, wenn Sie eine Bitte vermitteln wollen, dann sprechen Sie sie direkt aus. Dies funktioniert am besten mit Ich-Botschaften. Lassen Sie Du- (»Du bist eifersüchtig«) und Man-Botschaften (»Das macht man nicht«) in Zukunft außen vor. Derartiges verhindert die Selbstoffenbarung und somit echte humane Begegnung; diese Kommunikationsformen sind eines Menschen unter dem Strich nicht würdig. Außerdem wird bei der Praxis dieser Verständigungsarten das Gegenüber stets abwehren und sich verteidigen wollen, und zwar selbstverständlich unabhängig davon, ob Sie Recht haben oder nicht. Nonsens-Gespräche sind die Folge. – Einige Beispiele für einseitiges Kommunizieren:

1. Im Haushalt: *Sie* sagt zu *ihm* besser: »Hast du Lust, jetzt oder irgendwann heute das Bad zu putzen?« Unangebracht ist: »Das Bad müsste man mal putzen.«
2. Gespräch im Freundeskreis: Empfohlen ist: »Würdest du mir bitte 50 Euro leihen? Ich bin in Schwierigkeiten, weil ich [. . .]« Nicht empfohlen ist: »Mann, was bin ich pleite!«
3. Ehestreit: »Ich hätte es gerne sauber im Wohnzimmer, wenn meine Eltern zu Besuch kommen.« Nicht angebracht ist: »Du bist faul!«

Ich-Botschaften bringen uns näher zu uns selbst, näher zu unseren eigentlichen Bedürfnissen. Auch das Gegenüber bekommt durch sie konkret Einblick in mein Innenleben. Dies ist insofern nützlich, als bewiesen ist, dass sich Streitigkeiten meist auf Grund von unbefriedigten Bedürfnissen ergeben (siehe oben). Außerdem gelangen wir bei der Praxis von Du-Botschaften leicht auf die Ebene des Pingpong-Gesprächs: »Du!« – »Nee, du!« – »Ja, aber eigentlich du!« usw.

Ein gewisses Maß an *Selbstbeobachtung* schadet ferner nie, weil, wie gesagt, tagtäglich verschiedene psychische Prozesse in uns gegeneinander arbeiten. Insbesondere wenn es um Eifersucht geht, kann die Vernunft vom Gefühlsbereich völlig verdrängt werden. Fragen Sie sich bei adäquaten Gesprächen ruhig des Öfteren,

➤ ob Sie Eifersüchteleien unterschwellig mitteilen, etwa durch den Tonfall (»Ich bin nicht eifersüchtig, ich will ja nur [. . .]«),

➤ oder ob es möglich ist, dass Sie Ihre Missgunst auf den Partner projizieren, um einen Vorteil zu erhaschen (»Gut, dann brauchst du aber nicht eifersüchtig zu werden, wenn ich heute alleine auf die Piste gehe.«).

Sobald Sie merken, dass Sie dementsprechend paradox vorgehen: pfeifen Sie sich zurück, Sie kommunizieren nämlich in diesen Momenten irrational. Die Folge: Das Gegenüber wird darauf ebenso irrational reagieren, ergo herrscht Pingpong-Gespräch-Gefahr!

Wie Sie sich möglichst stimmig und eindeutig verständigen können, falls *Sie* eifersüchtige Strebungen verspüren, die Sie nicht unterdrücken können oder wollen, möchte ich nachfolgend demonstrieren.

Tabelle 5: **Klare und stimmige Kommunikation beim Empfinden von Eifersucht**

Situation	(unangebrachte) Du-Botschaft	Selbstoffenbarung per Ich-Botschaft
Mein Partner tanzt auf einer Party ausgelassen mit einem ansehnlichen Menschen.	»Du bist ja ganz schön auf Tuchfühlung gegangen. Hör' mal, ich steh' nicht auf diesen Dirty-Dancing-Scheiß!«	»Ich war ganz schön eifersüchtig, als ich dich heute habe tanzen sehen. Nicht gerade ein sehr schönes Gefühl. Ich will dich nicht davon abbringen, mit anderen Leuten zu tanzen. Bitte mach' das an Abenden, an denen ich nicht dabei bin.«
Mir erzählt ein guter Freund am Telefon, dass meine bessere Hälfte gestern Abend in der Stammdisco ausgiebig mit einem »Latin Lover« geflirtet hätte. Ich täte seiner Meinung nach gut daran, »besser auf sie aufzupassen«.	»Du gehst fremd!«	»Ich habe eben erzählt bekommen, dass du gestern Abend ein bisschen geflirtet hättest. Wenn ich das höre, habe ich ein bisschen Angst, dich zu verlieren. Muss ich mir Gedanken machen oder flirtest du manchmal einfach gerne, um dich begehrt zu fühlen?«
Mein Pendant hat heute vor, sich mit ihrem/seinem Ex-Partner auf einen Kaffee zu treffen.	»Wieso willst du dich mit deinem Ex-Partner treffen? Reiche ich dir nicht mehr?«	»Ich bin eifersüchtig, weil ich jetzt Angst bekomme, dass sich da wieder etwas anbahnen könnte. Ich will dich nicht verlieren. Was meinst du dazu?«

Derartige Selbstoffenbarungsnachrichten sollten nicht zwischen Tür und Angel gesendet werden, eher in geeigneten, ruhigen Situationen.

Nun zur umgekehrten Konstellation: Sollten Sie sich oft mit einem eifersüchtigen *Partner* auseinandersetzen müssen, dann berücksichtigen Sie doch die folgenden Darstellungen.

Tabelle 6: **Klare und stimmige Kommunikation mit einem eifersüchtigen Partner**

Situation	(unangebrachte) Du-Botschaft	Selbstoffenbarung per Ich-Botschaft
Ich tanze auf einer Party ausgelassen mit einem attraktiven Menschen und werde daraufhin von meinem Partner zur Rede gestellt. Er hat mich die ganze Zeit beobachtet.	»Du hast mir gar nichts zu befehlen. Ich lasse mich doch von dir nicht einschränken!«	»Ich kann verstehen, dass du dich aufregst, wenn du mich mit anderen Leuten tanzen siehst. Andererseits will ich aber auch nicht darauf verzichten, weil ich auch dann und wann die Bestätigung brauche, attraktiv zu sein. Darauf werde ich nicht verzichten. In Zukunft mache ich das, wenn ich alleine bin. Verstehe mich richtig, ich will keinen neuen Partner kennen lernen. Ich liebe dich!«
Mein Partner erzählt mir triumphierend, dass er einen heißen »Tipp« bekommen habe. Ein guter Freund hat am Telefon ausgesagt, er hätte mich gestern in der Disco beim Flirten beobachtet.	»Aha! Du lässt mich sogar schon beschatten. Du spinnst wohl!«	»Ich habe nichts zu verheimlichen. Ja, ich habe gestern geflirtet, weil ich das Bedürfnis danach hatte. Weiter nichts. Ich bin nicht in die Disco gegangen, um mir einen neuen Partner zu angeln, sondern um Spaß zu haben. Das brauche ich manchmal. Ich bitte dich, mir zu vertrauen.«
Ich habe vor, meinen Ex-Partner auf einen Kaffee zu treffen, mein derzeitiger Gefährte regt sich auf.	»Ich lass' mir doch von dir nicht vorschreiben, mit wem ich mich treffe und mit wem nicht.«	»Ich kann mir vorstellen, dass du eifersüchtig bist. Ich wäre es mit Sicherheit im umgekehrten Fall auch. Ich würde mir wünschen, dass du mir vertraust. Ich habe mich mit meinem Ex-Partner verabredet, weil wir ein bisschen quatschen wollen. Und ich werde mich auch mit ihm treffen. Dasselbe Recht gestehe ich auch dir zu.«

Wenn Sie auf diese Weise ich-zentriert kommunizieren und Ihre Grundbedürfnisse mitteilen, ist es wichtig, je nach Bedarf Selbstsicherheit, Standfestigkeit oder Empathie aufzubringen. Bleiben Sie aufmerksam und flexibel. Das Gegenüber muss sich ferner unbedingt verstanden fühlen. Mit anderen Worten, Ihre Körpersprache muss mit Ihrer verbalen Verständigung verschmelzen, sonst wird Ihr Partner misstrauisch. Hier gilt: Übung macht den Meister. Ferner ist zu beachten, dass man nicht innerhalb kurzer Zeit wieder in die altbekannten Kommunikationsschleifen gerät: »Du!« – »Nee, du!« – »Ja, aber damals hast du [. . .]« Versuchen Sie demnach, sowohl das ich-zentrierte Senden einmal länger durchzuhalten als auch die tiefer liegenden Bedürfnisse Ihres Gesprächspartners herauszufinden und zu verbalisieren. Der Erfolg auf lange Sicht wird nicht lange auf sich warten lassen.

»Hey, hey, hey, setz' dich hin, wir lassen deine Freundin schon in Ruhe!«

Bevor wir gleich resümieren, liebe Leserin, lieber Leser, möchte ich noch eine kleine Anekdote zum Besten geben, die hervorragend zum Thema passt. Einerseits geht es nämlich um projizierte Eifersucht und Flirtbereitschaft, andererseits um paradoxe Kommunikation.

Im letzten Sommer (2004) war ich irgendwann am Wochenende mal wieder mit der Bahn unterwegs, in Baden-Württemberg. Ich hatte vor, *Das Fest* in Karlsruhe zu besuchen.[28] Irgendwo zwischen Bühl und Bruchsal betraten drei junge Frauen, ca. Anfang 20, mein Abteil. Sie hatten anscheinend dasselbe Konzert im Sinn wie ich. Das konnte man leicht unterstellen: Sie hatten sich in Schale geworfen – man sah viel Haut und wenig Rock – und etwas »trinkbaren« Reiseproviant mitgebracht. Letzteres ist üblich bei derartigen Anlässen. Erfreulicherweise setzten sie sich alle drei zu mir (ich saß alleine auf einem »Vierer«).

Wie es bei derartigen Konstellationen eben so ist: es dauerte nicht lange und wir kamen ins Gespräch. »Na, ihr seid wahrscheinlich auch unterwegs zum *Fest*, nicht?« [. . .] »Und – wo kommt ihr her?« usw.

Eine gewisse Sympathie zwischen uns war auch vorhanden, sonst hätten wir wahrscheinlich nicht irgendwann mit dem mitgebrachten Sekt angestoßen. Ja, wir hatten unseren Spaß. Dann wurde es irgendwann sehr lebhaft im Abteil. Eine Männergruppe, alle trugen das gleiche T-Shirt, stieß an einem Haltepunkt hinzu. Man feierte den unvermeidlichen Junggesellenabschied. Und so kam es, dass 18 Männer in feucht-fröhlicher Laune die Plätze vor und hinter uns in Beschlag nahmen. Jetzt hatten wir nicht mehr so viel Spaß, zumindest ich nicht.

---

28 *Das Fest* ist eine sehr populäre überregionale Veranstaltung, an der verschiedene Bands teilnehmen.

Irgendwann erweckte unsere (informelle) gemischte Gruppe, also die leicht bekleidete 3-köpfige Party-Fraktion und ich, reges Interesse bei der lautstarken Vereinigung. Natürlich war nicht meine Anwesenheit, sondern die meiner drei Mitstreiterinnen dafür verantwortlich. Tja, und irgendwann war es dann soweit: Ein Mädchen, das war *ganz zufällig* die attraktivste von allen (schlank, schulterlange schwarze Haare, Stupsnase), wurde von einem Freund des Fast-Bräutigams gefragt, ob sie nicht »mal kurz auf einen Piccolo rüberkommen wolle«. Sie wollte. Als sie in Richtung der Meute »dahinschwebte«, das musste man so nennen, geriet man allgemein in Verzückung. Der Noch-Junggeselle zögerte auch nicht lange – vielleicht lag es auch an seinem erhöhten Blutalkoholspiegel – und dirigierte das weibliche Geschöpf auf seinen Schoß, wo es bereitwillig Platz nahm. Sie genoss natürlich die Aufmerksamkeit aller anwesenden Männer, was sich z.B. darin zeigte, dass sie ca. 15 hair-flips in einer Zeitspanne von etwa vier Minuten zeigte (vgl. Abschnitt 2.1.1.2).

Die Zeit verging. Ich machte ein bisschen Smalltalk mit den anderen Frauen. Als der Zug dann eine lange Kurve nahm, die durch Mark und Bein ging, wusste ich: »Jetzt kommen wir gleich an: Karlsruhe-Hauptbahnhof!« Ich stand auf, drehte mich zum Fenster und machte mich daran, es zu öffnen. Ich wollte meinen Kopf ein bisschen in den Fahrtwind recken. Immerhin war es Hochsommer. Gerade als ich Hand anlegte und das Fenster ruckartig öffnen wollte, hörte ich eine laute Stimme: »Hey, hey, hey, setz' dich wieder hin, wir lassen deine Freundin schon in Ruhe!« Dann begannen auch noch seine Kumpels, mich zu »beschwichtigen«.

Obwohl ich es im Nachhinein bereute, drehte ich mich zur Gruppe und ließ an die entsprechende Adresse verlauten: »Leute, ich will nur ein bisschen frische Luft reinlassen.« Sie sehen, liebe Leserin, lieber Leser, auch ein Autor der Kommunikationspsychologie hat Rückfälle, in denen er irrational kommuniziert. Denn natürlich nahm mir das niemand ab. Diesen Satz hätte ich mir sparen können.

Doch kommen wir lieber zur Analyse der Situation. Viel wichtiger ist die Psychologie dieser paradoxen Kommunikation. Zunächst einmal können wir annehmen, dass so ziemlich die ganze Gruppe, die den Junggesellenabschied zelebrierte, annahm, die attraktive, sexy Schwarzhaarige sei meine Freundin. (Immerhin ist dies auch ein Kompliment!) Aber jetzt wird es interessant: Derjenige, der herausfordernd die Stimme erhob, ich solle mich wieder hinsetzen, hat einiges über seine Persönlichkeit bzw. seine Wahrnehmung verraten, natürlich ohne dass er es bemerkt hat. Er teilte mir mit:

1. »Ich denke, die Frau auf dem Schoß meines Bekannten ist deine Freundin« (dies ist schon gesagt worden);
2. »Du bist sauer, weil du ›das hier‹ siehst; mein Kumpel macht schließlich deine Freundin an«;

3. »Du willst uns (oder vielmehr ihm) vielleicht gefährlich werden – immerhin stehst du schon auf. Daher werde ich erst einmal andeutungsweise *dir* gefährlich, nur so ein bisschen, damit du weißt, auf was du dich einlassen würdest«;

4. »Ich denke, dass *du* eifersüchtig bist, weil *ich* es in dieser Situation auch wäre.«

Der wichtigste Aspekt ist meines Erachtens der vierte, liebe Leserin, lieber Leser: Mittels einer Projektion habe ich die eifersüchtigen Machenschaften *meines Gegenübers* angedichtet bekommen. Was für ein schlechter Witz! Seine Wahrnehmung hatte nichts, aber auch gar nichts mit meinen Emotionen zu tun. Was soll man da machen? Denken Sie jetzt bitte bloß nicht, ich wäre weiter gekommen, indem ich paraphrasiert hätte, quasi in die Richtung: »Also, wenn ich dich richtig verstehe, dann meinst du, dass ich [. . .]« In solchen Momenten stößt man trotz kommunikationspsychologischem Rüstzeug an seine Grenzen. (Was hätte wohl Friedemann SCHULZ VON THUN geantwortet?) Solche brisanten Situationen mitsamt ihren paradoxen Kommunikationsformen sind im Alltag selbstverständlich Legion. Aber was erzähle ich Ihnen, das wissen Sie. Missverständnisse treffen irgendwann jeden einmal, manchmal sind sie weit reichend. Blöd, aber wahr.

PS: Übrigens haben sich keine weiteren Folgen ergeben. Natürlich bin ich dessen ungeachtet stehen geblieben und habe weiter nach draußen geschaut. Einfach zum Trotz. Sie wissen ja: männlicher Stolz und so.

Am Hauptbahnhof schließlich verloren wir uns alle aus den Augen. Ich sah keine Männergruppe mehr, keine Party-Fraktion und meine »Freundin« sah ich auch nicht mehr.

6

Resümee und Ausblicke

»Hineingeboren in ein vergangenheitsbestimmtes Leben, haben wir die
Möglichkeit und die Aufgabe, uns in die kulturelle und humane Gegenwart
emporzuarbeiten, was immer mit heroischer Anstrengung verbunden ist.
Wir streifen hierbei den Schutt der Jahrtausende ab, den Kindheit, Jugend und
Kulturumwelt auf uns ablagern. Wir erobern uns den Stand der derzeitigen
Menschheitsentwicklung, wenn wir den Mut haben, uns mit unserer Epoche und
der Geschichte als Ganzem produktiv auseinander zu setzen.«

– Josef RATTNER & Gerhard DANZER

D er bekannte Psychotherapeut Wolfgang SCHMIDBAUER (1999, S. 26f.) stellt fest: »Eifersucht ist weder unvernünftig noch ist der vernünftige Umgang mit ihr möglich.« – Dem ersten Teil dieses Zitats stimme ich vorbehaltlos zu. Manchmal ist Eifersucht in der Tat *vernünftig* (aber ich benutze lieber den Ausdruck »folgerichtig«). Wir haben ja gesehen, dass Vertreter der Evolutionstheorie Missgunst generell als sinnvoll ansehen. Tatsächlich hält Eifersucht auch effektiv viele Paare zusammen, und das ist, metaphysisch betrachtet, sehr relevant. Dass in einigen Fällen ein Othello-Syndrom vorliegt, das der Beziehung schwer zusetzen kann, ist in Bezug auf die Gesamtheit aller Zweierbeziehungen auf Erden unwesentlich. Im Klartext: Die meisten Paare erleben ein durchschnittliches Maß an Eifersüchteleien, was letztendlich unserer Natur entspricht. – So lautet bekanntlich die Meinung vieler Evolutionstheoretiker; auch Sigmund FREUD war dieser Auffassung.

Dem anderen Teilaspekt der SCHMIDBAUERschen Aussage hingegen, ein vernünftiger Umgang mit Eifersucht sei nicht möglich, möchte ich widersprechen. Er ist grundsätzlich möglich! Aber natürlich nur unter der Voraussetzung, dass ein eifersüchtiger Mensch mit Vernunft, Interesse und Offenheit an den Gegenstand herantritt und wirklich den steinigen Weg der Selbsterkenntnis gehen will. Was das in diesem Kontext bedeutet, möchte ich erklären.

Jeder Mensch ist im Stande, über die verschiedenen wissenschaftlichen Erkenntnisse und Schlussfolgerungen, die wir hier besprochen haben, zu reflektieren, das steht fest. Mit Sicherheit wird man sich von spezifischen Einsichten angezogen fühlen, andere weit von sich weisen. Selbstverständlich sind gerade die abgewehrten Darstellungen *deshalb* unbedingt zu berücksichtigen. Wir fürchten uns vor nichts so sehr, als vor der Wahrheit.

Doch wie dem auch sei: Selbsterkenntnis jedweder Art macht einen Rückfall in determinierte Strukturen und gewöhnliche Alltagshandlungen aus Eifersucht, die sich zwanghaft permanent wiederholen (wenn sie provoziert werden), unwahrscheinlicher.

Wir haben verschiedene Erkenntnisse im vorliegenden Rahmen erschlossen, welche in Frage kommen, Verhältnisse zu verbessern, Eifersucht zu mindern.

Jemand kann demnach, etwa weil er sich dort am ehesten selbst erkennt, die *Evolutionstheorie* bedenken: »Okay, Eifersucht ist angeboren, daher muss ich mich zunächst einmal grundsätzlich nicht dafür schämen. Mein Partner soll ernsthaft bei Zwiegesprächen dazu Stellung nehmen, ob meine Neigung zur Missgunst ihm insgesamt hinderlich erscheint. Wenn dem so ist, will ich mir bewusst machen, dass (a) ich mich oft irre, wenn ich ihn anklage (Fehler-Management-Theorie), (b) ich in *bestimmten* Situationen notwendigerweise zur Missgunst neige, je nachdem, ob ich ein Mann oder eine Frau bin, (c) Männer und Frauen zu ihren charakteristischen natürlichen Antrieben, einen Seitensprung erleben zu wollen, auch »Nein!« sagen können (sobald sie ihnen bewusst sind).

Ein anderer Leser wird vielleicht *tiefenpsychologische Entdeckungen* präferieren, weil er durch sie ein Stück weit mehr Bewusstheit über seine Biografie erfahren hat, beispielsweise so: »Ich glaube, ich neige u.a. deshalb zur ausgeprägten Missgunst, weil ich früher jahrelang eine Bezugsperson erlebte, die fast nie von meiner Seite wich und mir alle möglichen Wünsche umgehend befriedigte. Vielleicht übertrage ich die idyllische Situation von damals auf meine derzeitige Beziehung und erwarte Ähnliches von meinem Partner.« Auf der anderen Seite ist auch möglich, dass man sich seine spezielle Eifersucht, die nur in bestimmten Momenten auftaucht, besser erklären kann, weil man starke Ausprägungen von oralen, analen, phallisch-narzisstischen oder hysterischen Charakterstrukturen an sich selbst erkannt hat.

Auf Grund solcher Feststellungen kann man mit Sicherheit neue Wege erschließen, etwa Persönlichkeitsentwicklung betreiben. Eifersucht wird bei praktizierter Selbstentwicklung gewiss vermindert.

Ein wiederum anderer Leser findet an sich verinnerlichte Verhaltensmuster wieder, weil er sich mit PAWLOW, SKINNER und Co. auseinandergesetzt hat. Demnach ist ihm ab jetzt bewusst, dass sein Partner lediglich Reiz-Reaktions-Mechanismen auslöst, die bei einem anderen Menschen auch andersartig ausfallen würden. Ja, möglicherweise bringt es der lerntheoretisch interessierte Leser fertig, sich selbst oder einen zur Missgunst neigenden Menschen zu ent-konditionieren. Zur Auswahl stehen ihm ja verschiedene Methoden, die er ins Auge fassen kann, z.B.: Umstrukturierung des Denkens, Token-Ökonomie, operantes Ent-Konditionieren (nach SKINNER).

Die Grenzen der Tradition sprengen?

> »Wenn eine Partnerschaft die Chance haben soll, erotisch und sexuell attraktiv zu bleiben, ist sie sowohl auf Nähe als auch auf Distanz angewiesen, also auf den Wechsel von beidem. Die Nähe könnte die Partner dann von der Einsamkeit befreien und die Distanz vom Zusammensein.«
> – *Michael MARY* (2002, S. 46)

Wer hingegen zu denjenigen Menschen gehört, die *ganz* neue Wege gehen und die Traditionen *wirklich* hinter sich lassen wollen, der präferiert über kurz oder lang eventuell andere Arten des Zusammenlebens. Diese Wege kann man jedoch nur zu *zweit* gehen. Sie bedürfen also der Zustimmung des Partners. Unüblich sind andersartige Beziehungsformen gewiss nicht.

Der in Fachkreisen beachtete Paartherapeut Michael MARY beschreibt in seinem innovativen Buch *5 Wege, die Liebe zu leben* (2002) innovative Partnerschaftsformen, die überwiegend mit den traditionellen Vorstellungen brechen. Derartige Bindungen kommen dessen ungeachtet heute vor, und zwar wahrscheinlich nicht ganz so selten, wie man annehmen würde. Sie sind nicht gesellschaftlich konform ausgerichtet, was bedeutet, dass man leider nicht so einfach an Daten und Fakten herankommt.

MARY hat demnach folgende Partnerschaftsformen beobachtet, die reale Alternativen zu »normalen« Bindungen darstellen (die erste Art, *arrangierte Beziehung*, habe ich außen vor gelassen):

➤ *distanzierte Beziehung:* »Sie [die Partner] würdigen den Abstand als Bedingung der Leidenschaft in besonderer Weise«;

➤ *serielle Beziehung:* »Sie geben der Leidenschaft den Vorzug vor der Dauer und nehmen wiederholte Partnerwechsel in Kauf«;

➤ *parallele Beziehung:* »Sie ermöglichen die Vielfalt in der Pflege zweier gleichzeitiger Beziehungen«;

➤ *kontrolliert freie Beziehung:* »Sie gewähren im Rahmen ihrer exklusiven Beziehung der Sexualität mit anderen Partnern begrenzte Freiheit« (2002, S. 62).

Nach MARY sind diese Partnerschaftsformen nicht von stabiler Natur. Das heißt, man kann z.B. in Abhängigkeit von Erfahrungen und Lebensalter mit einem Pendant irgendwann eine neue Art praktizieren wollen.

Wer von Ihnen, liebe Leserin, lieber Leser, zeitlebens von einer traditionellen Vorstellung nicht abrücken will, der wird mit den erwähnten Bindungsarten wenig anfangen können, kein Zweifel. Denn insbesondere müssten Sie eine besondere Fähigkeit mitbringen, ohne die gar nichts geht: Affektkontrolle! Ihr Eifersuchts-Potenzial darf schließlich nicht die »Marke« überschreiten, an der die jeweils beziehungsrelevanten Rahmenbedingungen in Frage gestellt werden. Mit anderen Worten, man muss sehr tolerant und gönnerhaft sein, und zwar u.a. in Bezug auf sexuelle Bewegungsfreiheit.

Könnten Sie beispielsweise, falls Sie ein traditioneller Typ sind, der von seinem Partner sexuelle und emotionale Treue fordert, mit diesem auf einen anderen Level umschalten? – Also »einfach so« von jetzt auf gleich zwei Bindungen gleichzeitig führen (parallele Beziehung)? Auf der anderen Seite müssten Sie Ihrem Partner natürlich *dasselbe* Recht zugestehen? Denken Sie einmal darüber nach. – *Wenn* Sie sich dafür entscheiden, dann hat das sicherlich auch weit reichende Auswirkungen: »Wer [Derartiges] wirklich annehmen will, kann nicht mehr zurück in das traditionelle Denken von Treue, Besitz und Schicksal« (LAUSTER 1980/2003, S. 57).

Ethische Grundsätze in einer klassischen Partnerschaft

Wer die oben genannten andersartigen Beziehungsformen nicht in Betracht ziehen will, der muss sich schlechterdings mit den Themen »Seitensprung«, »Flirt«, »Untreue« und »Eifersucht« auseinandersetzen. Darüber hinaus ergeben sich auch Regeln bzw. ethische

Fragestellungen, z.B. diese: »Wenn mein Partner davon ausgeht, dass ich treu bin, gilt das auch dann, wenn er ein Abenteuer nicht und niemals herausbekommen würde?«

Nun gibt es Menschen, die bezüglich dieser Angelegenheit sehr tolerant sind – sich selbst gegenüber. Sie betrügen bewusst und mit voller Absicht den anderen, und zwar bei jeder sich bietenden Gelegenheit. Das ist schon unerfreulich genug (wenn diese Verhaltensweise nicht von den Partnern erlassen wurde, also für beide gelten würde).

Doch üblich ist ferner auch, dass untreue Menschen, die nur sich selbst Seitensprünge gestatten, sowohl gegenüber dem Pendant unehrlich sind als auch eine hochgradig eifersüchtige Gesinnung offenbaren. Der Grund liegt darin, dass sie ihre eigenen bemerkenswerten Seitensprung-Ambitionen auf das Gegenüber projizieren, besonders dann, wenn er (oder sie) sich in »brisante« Situationen begeben will. Als brisant erscheinen sie aber meist nur dem tatsächlich Untreuen. Demnach ist der andere in diesen Fällen wirklich der Gelackmeierte an sich: Einerseits wird man permanent betrogen, andererseits auch noch mit wahnhaften Eifersüchteleien belegt. – Dass ich derartige Verhaltensweisen höchst unmoralisch und peinlich finde, brauche ich nicht zu erwähnen.

Was außerdem stets bedacht werden muss: Wenn jemand aus Ihrem Bekanntenkreis an den Pranger gestellt wird, weil er (oder sie) treulos war, dann heißt das noch lange nicht, dass der Untreue der Täter, der Hintergangene das Opfer ist. Ausnahmen gibt es, davon haben wir oben gesprochen. Manchmal stellen nämlich sexuelle Abenteuer Kompensationsversuche dar: man demonstriert damit gegen ein exorbitantes und unerträgliches Herrschaftsverhältnis in der Zweierbeziehung. In anderen Fällen treibt einer der beiden den anderen Partner gerade *durch* seine manische Eifersucht in die Arme eines Dritten. Und weiter: Wer es nicht übers Herz bringt, eine unbefriedigende Zweierbeziehung vernünftig aufzulösen, kann mithilfe eines praktizierten und gebeichteten Seitensprungs den *anderen* dazu zwingen, was natürlich unbewusst abläuft. Ebenso unbewusst ist etwa auch der Antrieb von (meist depressiven) Frauen, bei der Partnerwahl ausschließlich rustikale Partner zu berücksichtigen, die mittels Macho-Gehabe und Seitensprünge das nachteilige Selbstbild von ihr immer wieder bestätigen (= komplementäre Beziehung).

Das alles ist schon vorgekommen und wird vorkommen, solange es Menschen gibt. Wir dürfen also stets beide Seiten der Medaille betrachten, wenn uns zu Ohren kommt, jemand hat seinen Partner hintergangen. Anzumerken ist noch: Ich finde, bei traditionellen Partnerschaften sollten die eifersuchtsrelevanten Themen verbal (!) abgeklärt sein, es muss diesbezüglich ein grundsätzliches Übereinkommen bestehen, sonst entwickeln sich schnell Missverständnisse. Reden Sie darüber, z.B. in Zwiegesprächen.

Wer sich also für eine »normale« Beziehung entscheidet, hat sich auch automatisch für die Treue entschieden. Auf der anderen Seite hat sich auch der Partner dahingehend verpflichtet. An alle, die sich durch diese Worte vor den Kopf gestoßen fühlen: Diese

Partnerschaftsform muss nicht starr sein (siehe oben), vielleicht kommen mit den Lebensjahren neue Ideen und Entwürfe.

Stellen Sie sich zum Abschluss noch eine gemischtgeschlechtliche Beziehung vor, die bereits acht Jahre lang besteht. Was, wenn ein einmaliger Ausrutscher, ein One-night-stand passiert? Das kommt dann und wann einmal vor. Soll man ihn beichten oder nicht? Soll man, wenn dieses Malheur dem anderen passiert ist, ihn (oder sie) vor die Tür setzen? – Es gibt natürlich Menschen, die sich bei solchen Konstellationen konsequent an vorher vereinbarte Wenn-dann-Voraussagen halten, und zwar in jeder Hinsicht.

Dies sind spannende Fragen, ohne Zweifel. Selbst die Paartherapeuten sind sich hierbei uneins. Falls Sie, liebe Leserin, lieber Leser, einmal in derartige Situationen geraten, überlegen Sie gut, welche Schlüsse Sie ziehen. Bleiben Sie unbedingt bei sich oder suchen Sie einen Therapeuten auf, aber fragen Sie bitte nicht Ihr soziales Umfeld, was zu tun ist. Sie werden stets unterschiedliche Meinungen hören, je nachdem, welche Persönlichkeit Ihnen gerade gegenüber sitzt. Dabei spielen dann jeweils unterschiedliche eigene Konflikte mit der Thematik »Seitensprung« mit. Das hilft Ihnen wohl nicht viel weiter.

Noch ein letztes Wort, weil es um ethische Fragen geht, zu phallischen Narzissten und hysterischen Frauen. Diese Charaktere offenbaren meist, wie oben erwähnt, eine ausgeprägte Flirtbereitschaft und lassen selten Gelegenheiten aus, mit andersgeschlechtlichen charismatischen Menschen zu flirten – selbst wenn der Partner währenddessen anwesend ist. Wir können annehmen, dass es in diesen Zweierbeziehungen daher besonders oft zu Eifersüchteleien kommt. Infolgedessen kann häufig ein regelrechter *Flirtwettbewerb* entstehen, wo es darum geht, wer den anderen *noch effektiver* eifersüchtig machen kann. Förderlich in Hinsicht auf die Partnerschaftsqualität wird dies keinesfalls sein.

Obwohl Männer wie auch Frauen dann und wann den Partner aus seiner Lethargie, aus seinem Alltagstrott reißen wollen, indem sie mit Dritten flirten, und obwohl dies manchmal funktioniert: Bedenken wir, dass Eifersucht im Großen und Ganzen zur Leidenschaft anwachsen kann, »die mit Eifer sucht, was Leiden schafft«. Gehen wir daher lieber vernünftig und rücksichtsvoll mit Angelegenheiten um, die mit ihr zu tun haben.

Literatur

Adler, A. (1927/2001). *Menschenkenntnis* (34. Aufl.). Frankfurt a.M.: Fischer.

Alexander, F. (1950). *Psychosomatic Medicine.* Chicago.

Allport, G.W. (1937). *Personality: A psychological interpretation.* New York: Holt, Rinehart & Winston.

Ayllon, T. & Azrin, H.H. (1965). The measurement and reinforcement of behavior of psychotics. *Journal of the Experimental Analysis of Behavior*, 8, pp. 357–383.

Baker, R.R. & Bellis, M. (1991). *Human sperm competition.* London: Chapman Hall.

Bandura, A. (1976). *Lernen am Modell.* Stuttgart: Klett.

Bandura, A. & Walters, R.H. (1963). *Social Learning and Personality Development.* New York.

Bateson, G., Jackson, D.D., Haley, J. & Weakland, J.H. (1969). *Schizophrenie und Familie.* Aus dem Amerikanischen. Frankfurt a.M.: Suhrkamp.

Berne, E. (1964/2005). *Spiele der Erwachsenen: Psychologie der menschlichen Beziehungen* (5. Aufl.). Reinbek: Rowohlt.

Bierhoff-Alfermann, D. (1989). *Androgynie: Möglichkeiten und Grenzen der Geschlechterrolle.* Opladen: Westdeutscher Verlag.

Bodenmann, G. (2002). Paartherapie aus verhaltenstherapeutischer Sicht. In: M. Wirsching & P. Scheib (Hrsg.). *Paar- und Familientherapie.* Heidelberg u.a.: Springer, S. 107–120.

Bowlby, J. (1975). *Bindung. Eine Analyse der Mutter-Kind-Bindung.* Aus dem Amerikanischen. München: Kindler.

Bowman, H.A. (1960). *Marriage for moderns.* New York: McGraw Hill.

Buss, D.M. (1994). The strategies of human mating. *American Scientist*, 82, pp. 238–294.

Buss, D.M. (1998). Sexual strategies theory: Historical origins and current status. *Journal of Sex Research*, 34, pp. 19–31.

Buss, D.M. (2003). *Wo warst du? Der Sinn der Eifersucht.* Aus dem Amerikanischen. Reinbek: Rowohlt.

Buunk, B.P. & Dijkstra, P. (1998). Jealousy as a function of rival characteristics: An evolutionary perspective. *Personality and Social Psychology Bulletin*, 24, pp. 1158–1166.

Damasio, A.R. (2004). *Descartes' Irrtum: Fühlen, Denken und das menschliche Gehirn.* Aus dem Amerikanischen. München: List.

Damm, M. (2004a). *Psychologie der Kommunikation: Erfolgreich Partnersuche, Zweierbeziehung und Berufsalltag meistern.* Paderborn: Junfermann.

Damm, M. (2004b). *Psychosoziales Geschlecht und Ehekonflikte.* Frankfurt a.M.: Lang.

Damm, M. & Weiß, A. (2005). *Direktive Kommunikation: Grundlagen einer sinnvollen Verständigung.* Paderborn: Junfermann.

Damm, M. (2006). *Angst bezwingen: Ursachen, Formen und Therapie von Ängsten* (in Vorbereitung).

Danzer, G. (1998). *Psychosomatik: Gesundheit für Körper und Geist.* Darmstadt: Wissenschaftliche Buchgesellschaft.

Eibl-Eibesfeldt, I. (1997). *Die Biologie des menschlichen Verhaltens* (3. Aufl.). Weyarn: Seehammer.

Fischer-Epe, M. (2004). *Coaching: Miteinander Ziele erreichen* (4. Aufl.). Reinbek: Rowohlt.

Fischmann, B. (1996). *Weiblicher Zyklus, Ausgehverhalten und Kleidungsstil.* Dissertation an der Naturwissenschaftlichen Fakultät der Universität Wien.

Fisher, R.A. (1930). *The genetical theory of natural selection.* London, Oxford: University Press.

Forward, S. & Buck, C. (1991/1999). *Die dunkle Seite der Liebe: Wenn Leidenschaft zur Besessenheit wird.* Aus dem Amerikanischen. München: Goldmann.

Freud, S. (1922/2000). Neurotische Mechanismen bei Eifersucht, Paranoia und Homosexualität. In: S. Freud. Studienausgabe (7. Bd.). *Zwang, Paranoia und Perversion.* Frankfurt a.M.: Fischer, S. 217–229.

Fromm, E. (1955/2004). *Wege aus einer kranken Gesellschaft: Eine sozialpsychologische Untersuchung* (4. Aufl.). München: dtv.

Fromm, E. (1956/2001). *Die Kunst des Liebens.* München: Heyne.

Fromm, E. (1976/2003). *Haben oder Sein* (31. Aufl.). München: dtv.

Gangestad, S.W. & Thornhill, R. (1997). The evolutionary psychology oft extrapair sex: The role of fluctuating assymmetry. *Evolution and Human Behavior,* 18, pp. 69–88.

Gerhold, D. (2005). *Das Kommunikationsmodell der Transaktionsanalyse.* Paderborn: Junfermann.

Grau, I. & Bierhoff, H.W. (Hrsg.) (2003). *Sozialpsychologie der Partnerschaft.* Berlin u.a.: Springer.

Grossmann, K. & K. (2004). *Bindungen – das Gefüge psychischer Sicherheit.* Stuttgart: Klett-Cotta.

Hagemann-White, C. (1984). *Sozialisation: Weiblich – männlich?* Aus dem Amerikanischen. Opladen: Leske & Budrich.

Hantel-Quitmann, W. (1997). *Beziehungsweise Familie.* Band 3. Gesundheit und Krankheit. Freiburg: Lambertus.

Haselton, M.G. & Buss, D.M. (2000). Error management theory: A new perspective on biases in cross-sex mind reading. *Journal of Personality an Social Psychology,* 78, pp. 81–91.

Jellouschek, H. (2001). *Wie Partnerschaft gelingt – Spielregeln der Liebe.* Freiburg: Herder.

Johnson, R.E. (1970). Some correlates of extramarital coitus. *Journal of Marriage and the Family,* 32, pp. 449–456.

Jung, C.G. (1928/2001). *Die Beziehungen zwischen dem Ich und dem Unbewußten.* München: dtv.

Kast, V. (2003). *Neid und Eifersucht* (5. Aufl.). München: dtv.

Klann, N. (2002). *Institutionelle Beratung – ein erfolgreiches Angebot: Von den Beratungs- und Therapieschulen zur klientenzentrierten Intervention.* Freiburg: Lambertus-Verlag.

Künkel, F. (1928/2003). *Einführung in die Charakterkunde* (18. Aufl.). Hamburg: Nikol Verlagsgesellschaft.

Lauster, P. (1980/2003). *Die Liebe: Psychologie eines Phänomens* (34. Aufl.). Reinbek: Rowohlt.

Mary, M. (2002). *5 Wege, die Liebe zu leben.* Hamburg: Hoffmann und Campe.

Merkle, R. (2000). *Eifersucht: Woher sie kommt und wie wir sie überwinden können* (7. Aufl.). Mannheim: PAL.

Moeller, M.L. (2001). *Gelegenheit macht Liebe: Glücksbedingungen in der Partnerschaft.* Reinbek: Rowohlt.

Moore, M.M. (1985). Nonverbal courtship patterns in women: context and consequences. *Ethology and Sociobiology,* 6, pp. 237–247.

Nietzsche, F. (1886/1982). *Menschliches, Allzumenschliches: Ein Buch für freie Geister.* Frankfurt a.M.: Insel Verlag.

Pawlow, I.P. (1927). *Conditioned reflexes.* London: University Press.

Perret, D.I., May, K. & Yoshikawa, S. (1994). Attractive characteristics of female faces: preferences for non-average shape. *Nature,* 368, pp. 239–242.

Pervin, L.A. (2000). *Persönlichkeitstheorien.* Aus dem Amerikanischen. München: Reinhardt.

Rattner, J. (1996). *Charakterstudien.* Berlin: Verlag für Tiefenpsychologie.

Rattner, J. & Danzer, G. (2000). *Grundbegriffe der Tiefenpsychologie und Psychotherapie.* Darmstadt: Wissenschaftliche Buchgesellschaft.

Rattner, J. & Danzer, G. (2001). *Liebe und Ehe: Zur Psychologie der Zweierbeziehung.* Darmstadt: Wissenschaftliche Buchgesellschaft.

Rattner, J. & Danzer, G. (2003). *Erziehung zur Persönlichkeit.* Darmstadt: Wissenschaftliche Buchgesellschaft.

Reich, W. (1933/2002). *Charakteranalyse* (7. Aufl.). Köln: Kiepenheuer & Witsch.

Rhode, R., Meis, M. & Bongartz, R. (2003). *Angriff ist die schlechteste Verteidigung.* Paderborn: Junfermann.

Richter, H.E. (1970/2001). *Patient Familie* (22. Aufl.). Reinbek: Rowohlt.

Riemann, F. (1961/1999). *Grundformen der Angst: Eine tiefenpsychologische Studie* (32. Aufl.). München: Reinhardt.

Ringel, E. (1955/2004). *Selbstschädigung durch Neurose*. Frankfurt a.M.: Verlag Dietmar Klotz.

Rosenberg, M.B. (2001). *Gewaltfreie Kommunikation: Aufrichtig und einfühlsam miteinander sprechen*. Aus dem Amerikanischen. Paderborn: Junfermann.

Roth, G. (2004). *Fühlen, Denken, Handeln*. Frankfurt a.M.: Suhrkamp.

Schmidbauer, W. (1999). *Die heimliche Liebe: Ausrutscher, Seitensprung, Doppelleben*. Reinbek: Rowohlt.

Schopenhauer, A. (1851/1999a). *Parerga und Paralipomena I*. In: Arthur Schopenhauers Werke in fünf Bänden. Band IV. Herausgegeben von Ludger Lütkehaus. Zürich: Haffmans.

Schopenhauer, A. (1851/1999b). *Parerga und Paralipomena II*. In: Arthur Schopenhauers Werke in fünf Bänden. Band V. Herausgegeben von Ludger Lütkehaus. Zürich: Haffmans.

Schulz von Thun, F. (1981/2001). *Miteinander Reden 1: Störungen und Klärungen. Allgemeine Psychologie der Kommunikation*. Reinbek: Rowohlt.

Schulz von Thun, F. (2002). *Miteinander Reden 3: Das «Innere Team» und situationsgerechte Kommunikation* (9. Aufl.). Reinbek: Rowohlt.

Silverstein, S. (2005). *Die Geschichte vom Missing Piece*. Aus dem Amerikanischen. Paderborn: Junfermann.

Skinner, B.F. (1953). *Science and human behavior*. New York: Macmillan.

Smith, R.L. (1984). Human sperm competition. In: Smith, R.L. (Ed.): *Sperm competition and the evolution of animal mating systems*. London: Academic Press, pp. 601–659.

Störig, H.J. (1950/1999). *Kleine Weltgeschichte der Philosophie*. Frankfurt a.M.: Fischer.

Storch, M. (2002). *Die Sehnsucht der starken Frau nach dem starken Mann*. Goldmann: München.

Storr, A. (1999). *Freud*. Freiburg: Herder.

Thomann, C. & Schulz von Thun, F. (2003). *Klärungshilfe 1. Handbuch für Therapeuten, Gesprächshelfer und Moderatoren in schwierigen Gesprächen*. Reinbek: Rowohlt.

Todd, O. (2001). *Albert Camus: Ein Leben*. Reinbek: Rowohlt.

Walster, E., Traupmann, J. & Walster, G.W. (1978). *Equity and extramarital sexuality. In: Archives of Sexual Behavior*, 7, pp. 127–176.

Watson, D. (1989). Stranger's ratings of the five robust personality factors: Evidence of a surprising accurance. *Journal of Personality and Social Psychology*, 57, pp. 120–128.

Watzlawick, P., Beaven, J.H. & Jackson, D.D. (1969/2003). *Menschliche Kommunikation. Formen. Störungen. Paradoxien* (10. Aufl.). Aus dem Amerikanischen. Bern: Huber.

White, G.L. (1980). »Introducing jealousy: A power perspective«. *Personality and Social Psychology Bulletin*, 6, pp. 222–227.

Willi, J. (1975/2001). *Die Zweierbeziehung: Spannungsursachen – Störungsmuster – Klärungsprozesse – Lösungsmodelle: Analyse des unbewußten Zusammenspiels in Partnerwahl und Paarkonflikt: das Kollusionskonzept* (13. Aufl.). Reinbek: Rowohlt.

Williams, J. & Best, D.L. (1990). *Measuring sex stereotypes. A multination study*. Beverly Hills: Sage.

Anhang: Fragebogen

1. Ich bin ein Mann ... ☐

2. Ich bin eine Frau ... ☐

3. Alter: _____

4. Beruf: _____

Wenn Sie ein Mann sind:
Ihre Freundin (wenn Sie gerade keine haben, stellen Sie sich vor, Sie hätten eine) erzählt unter Tränen, dass sie vor drei Monaten nach einem Diskobesuch mit einem unbekannten Typen einen One-night-stand gehabt hätte. Sie wisse nicht genau, warum sie es getan hat, wahrscheinlich zu viel Alkohol. Sie hat den Typen, der an diesem Abend nur zufällig in der Stadt war, daraufhin nie wieder gesehen und wird ihn auch nie wieder sehen. Eine einmalige Sache also. Es war »nur« Sex – ohne Gefühl, ohne Emotion.

Bitte kreuzen Sie folgende Reaktionen an (Mehrfachnennungen sind möglich). *Ich würde ...*

☐ a) ... aus »Rache« selbst einen ONS erleben wollen.

☐ b) ... gegenüber ihr aggressiv werden.

☐ c) ... ihr irgendwann verzeihen können.

☐ d) ... (insgeheim) unbedingt wissen wollen, was der Typ zu bieten hatte, was ich nicht habe.

Wenn Sie eine Frau sind:

Ihr Freund (wenn Sie gerade keinen haben, stellen Sie sich vor, Sie hätten einen) erzählt unter Tränen, dass er vor drei Monaten nach einem Diskobesuch mit einer unbekannten Frau einen <u>O</u>ne-<u>n</u>ight-<u>s</u>tand gehabt hätte. Er wisse nicht genau, warum er es getan hat, wahrscheinlich zu viel Alkohol. Er hat die Frau, die an diesem Abend nur zufällig in der Stadt war, daraufhin nie wieder gesehen und wird sie auch nie wieder sehen. Eine einmalige Sache also. Es war »nur« Sex – ohne Gefühl, ohne Emotion.

Bitte kreuzen Sie folgende Reaktionen an (Mehrfachnennungen sind möglich). *Ich würde ...*

☐ a) ... aus »Rache« selbst einen ONS erleben wollen.

☐ b) ... gegenüber ihm aggressiv werden.

☐ c) ... ihm irgendwann verzeihen können.

☐ d) ... (insgeheim) unbedingt wissen wollen, ob die Frau attraktiver war als ich.